U0455124

宁夏法治蓝皮书

宁夏蓝皮书系列丛书

宁夏法治蓝皮书
宁夏法治发展报告
（2025）

中共宁夏回族自治区委员会全面依法治区委员会办公室　宁夏社会科学院　编

李保平／主编

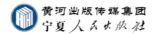

黄河出版传媒集团
宁夏人民出版社

图书在版编目（CIP）数据

宁夏法治蓝皮书：宁夏法治发展报告. 2025 / 李保平主编. -- 银川：宁夏人民出版社，2024. 12
（宁夏蓝皮书系列丛书）. -- ISBN 978-7-227-08148-7

Ⅰ. D927.43

中国国家版本馆 CIP 数据核字第 2025U6W730 号

中共宁夏回族自治区委员会
全面依法治区委员会办公室　编
宁夏社会科学院

宁夏蓝皮书系列丛书
宁夏法治蓝皮书：宁夏法治发展报告（2025）　　　　　　李保平　主编

责任编辑　姚小云　闫金萍
责任校对　杨敏媛
封面设计　张　宁
责任印制　侯　俊

黄河出版传媒集团 宁夏人民出版社 出版发行

出 版 人　薛文斌
地　　　址　宁夏银川市北京东路 139 号出版大厦（750001）
网　　　址　http://www.yrpubm.com
网上书店　http://www.hh-book.com
电子信箱　nxrmcbs@126.com
邮购电话　0951-5052104　5052106
经　　　销　全国新华书店
印刷装订　宁夏银报智能印刷科技有限公司
印刷委托书号　（宁）0031679

开本　720 mm×1000 mm　1/16
印张　20.5
字数　300 千字
版次　2024 年 12 月第 1 版
印次　2024 年 12 月第 1 次印刷
书号　ISBN 978-7-227-08148-7
定价　54.00 元

目　录

总　报　告

法治领域篇

法治专题篇

法治实践篇

法治调研篇

法治市域篇

总报告

ZONG BAOGAO

2024年宁夏法治发展状况与2025年宁夏法治发展展望

李保平

2024年即将过去，我们将迎来新的一年。回顾2024年，注定是不平凡的一年。2024年，在以习近平同志为核心的党中央坚强领导下，我国经济社会发展取得了长足的进步，在面临国内外严重复杂的形势下，党领导全国人民，努力奋发，勇毅前行，全面完成了年初制定的各项发展目标任务，推动我国经济社会发展上了新台阶。2024年，也是中华人民共和国成立75周年，全国人民代表大会制度建立70周年，回顾我们所取得的一系列成绩，更加坚定了我们走中国特色社会主义道路的决心和信心。2024年也是"十四五"规划实施的关键年份，中国式现代化建设步入快车道，7月召开的中共二十届三中全会全面擘画了下一步改革发展的蓝图，为中国式现代化指明前进的方向。我们相信，只要我们坚持发展不动摇，以改革开放为抓手，坚持以人民为中心的发展思想，中国的明天会更加美好。2024年，在自治区党委、政府的领导下，宁夏各项事业发展取得较好成绩，人民群众生活稳步改善，社会长期保持和谐稳定，民族团结，宗教和顺，是开启中国式现代化宁夏新篇章的重要一年，也是宁夏历史上最好的发展时期。在自治区党委、政府的领导下，法治建设也取得长足进步，有效维护了宁夏安定团结的政治局面，为经济社会发展创造了良好的发展环境。

作者简介 李保平，宁夏社会科学院社会学法学研究所所长、研究员。

一、2024 年宁夏法治建设总体情况

全面依法治国是中国特色社会主义的本质特征。2024 年，宁夏党委、政府坚持以中国特色社会主义法治体系建设为总抓手，全面落实依法治区战略部署，在法治宁夏、法治政府、法治社会建设方面取得了积极成果，法治已经成为宁夏未来核心竞争力的重要标志。

（一）稳步推进平安宁夏建设，维护社会安定有序发展的合力正在形成

1. 深入学习法治思想，在学思践悟和贯彻落实上下功夫、出实招，筑牢政法为民的思想根基

2024 年，宁夏政法机关开展以"七个深刻领悟"为重点的学习研讨，围绕习近平法治思想、习近平总书记考察宁夏重要讲话精神等开展联组学习研讨。按照"关于完善作风建设常态化长效化制度机制"的要求，建立党纪学习教育每周调度推进机制，制定加强政法队伍党的纪律建设 7 个方面 36 条措施。贯彻落实中央和自治区关于整治形式主义为基层减负的部署要求，全面清理规范性文件，集中纠治矛盾纠纷排查化解中数据重复录入、多头填报等形式主义突出的问题。

2. 在完善制度机制上下功夫，破解政策落实不到位的问题

法律的生命在于实施，政策的生命在于落实。通过建立五种机制，畅通政策执行阻碍。一是建立常态化扫黑除恶斗争工作机制。系统总结专项斗争中的打法战法，在工作运行、线索排查、案件办理、打伞破网、源头治理、督导督办六个方面，分类建立了 19 项制度机制。二是建立经济金融风险传导防控机制。针对经济金融重大涉稳风险，成立法律服务和维稳信访专门工作组，先后 5 次专题向自治区党委报送研判报告。与山西、江苏等 15 个省区建立协同落实稳控措施机制。严厉打击经济金融犯罪，破获各类经济犯罪案件 268 起，抓获犯罪嫌疑人 295 人，挽回经济损失 1.5 亿元。三是建立防汛救灾维护稳定机制。加强与应急管理、消防救援等部门协同联动，持续做好洪水、火灾等自然灾害和突发事故场景应急响应处置。依托"塞上枫桥"基层法治工作机制，统筹基层法治力量，加强各类事故灾害隐患排查报告。四是建立涉法网络舆情应对协调机制。会同自治区党委

宣传部、网信办等部门，建立涉法网络舆情应对协调机制，主动塑造有利态势，有效导控网络舆情，成功处置 2 起重大涉法网络舆情，有力推动"三同步"工作从"被动灭火"向"主动防火"转变。五是进一步完善建强做实"塞上枫桥"基层法治工作机制。坚持以派出所主防警务协作为主线，与人民调解、司法行政调节和治安保卫综合治理防线拧成"一股绳"，突出县（区）枢纽统筹、乡镇（街道）协调化解、村（社区）防范发现能力，牵引基层法治力量协调联动。牢牢把握"深、准、狠"总要求，持续构建"防、查、改、教、强、技、制、督、调、究"主动预防基层法治模式。村（社区）每日组织基层法治力量巡查网格，做到掌握矛盾纠纷"日清日结"、化解矛盾"日清周结"。乡镇（街道）每周联席会商，做到矛盾纠纷化解"周清季结"。县（区）每月下沉，集中攻坚化解难题。2024 年1—10 月，全区排查各类矛盾纠纷 4.3 万件，化解率 98.5%，刑事案件同比下降 26.3%，"盗抢骗"案件同比下降 27.6%，电诈案件立案数、财损数同比分别下降 33.8%、22.2%。在全区地市各确定 1 个县（区）信访工作法治化先行试点，紧紧依托"塞上枫桥"基层法治机制，成立由政法单位组成的涉法涉诉信访工作组，在信访局集中攻坚化解，各市、县（区）也参照自治区做法，通过专门机制攻坚化解涉法涉诉信访积案。2024 年 1—8 月，全区信访总量同比下降 9.65%，重复信访同比下降 23.08%，涉法涉诉信访同比下降 5.99%。

3. 全面贯彻落实党的二十届三中全会精神，深入推进政法领域改革

一是对标中央政法委职责机构调整，优化党委政法委内设机构，单独成立宣传与网络社会治理处。落实最高人民检察院应勇检察长来宁夏调研指示要求，自治区、市级检察院完成检察侦查机构专设，成为全国第七个实现市级检察院侦查机构全覆盖省区。将市县级法学会纳入机构编制管理序列，推动市、县、乡三级法学会基层服务站点实现全覆盖。二是出台优化法治化营商环境 50 条措施，开展涉不平等对待企业的法规规章、政策文件和罚款等制度清理工作，排查起底法规规章、政策文件 17 万余件。示范建设重点开发区和商务圈营商环境法治化工作站，全区 5 个地市 22 个县（区）全部建成行政争议调解中心，着力推进营商环境行政调解。2024 年

全区行政复议案件同比增长 53.49%，行政诉讼案件同比下降 4.95%。专项监督涉企行政执法问题，区、市、县、乡四级行政执法协调监督体系已推动整改 6 个方面 1094 个涉企行政执法突出问题，宁夏实施"法治政府建设提升工程"的经验做法得到司法部宣传推介。高级人民法院、检察院全面整合法官、检察官、法官检察官助理、书记员权责清单，明确审委会、检委会、专业法官会议等办案组织司法责任，实现执法办案有章可循。公安厅定期开展巡查检查和通报问责，行政案件查结率明显提高。司法厅研究制定自治区监狱管理局、戒毒管理局监督管理职责清单，层层厘清违规干预、插手、不当过问案件与履行法定职责正当监督管理的界限，切实将权力关进制度的"笼子"。三是深化以审判为中心的刑事诉讼制度改革，出台量刑指导意见的实施细则。有序完成四级法院审级职能定位改革试点工作，研究制定实施意见规范提级管辖案件办理程序。健全完善侦查监督与协作配合机制，加强"一网统管"执法监督，全区公安机关批捕率、起诉率同比分别上升 4.2%、9.9%，检察机关纠正违法数同比下降 40.9%，执法风险防控平台被公安部在全国推广建设应用。四是制定视频会商系统分级保护方案和普通密码保障方案，从硬件指标、软件指标以及运行机制等方面构建涉密安全保障完整体系。制定科技兴警三年行动计划，2900 余个数据模型赋能一线实战，图侦技术支撑破案率达到 70% 以上。宁夏被最高人民检察院确定为全国唯一酒驾综合治理监督模式试点省区，积极推进宁夏酒驾综合治理平台建设，全区醉酒驾驶刑事案件同比下降 40%。

4. 系统推进"一小一老一新一重"法治化服务保障，系统推进未成年人法治化保护

老龄化、少子化是未来发展的趋势，新就业形态人群的权益保障以及重点人群管理是社会治理的重点任务。一是强化未成年人保护，以中卫市沙坡头区为试点，坚持立足预防、家庭为重，立足教育、学校为本，立足法治、社区为要，持续推动家庭、邻居、小区（单元）热心群众"里三层"与社区基层法治力量、学校、群团组织和社会组织"外三层"协同联动，系统推进未成年人法治化保护。集聚政法资源力量，接续开展未成年人法治化保护 5 月宣传、6 月强基主题行动，取得良好社会效果。2024 年上半

年，全区未成年人违法犯罪同比下降 21.5%。二是系统推进老龄社会法治化服务。以石嘴山市大武口区为试点，探索将积极老龄观、健康老龄化理念融入基层法治工作机制，持续优化老年人公共法律服务，协同促进社区适老化改造法治服务，积极保障老年人社会参与合法权益，严厉打击侵犯老年人权益违法犯罪，积极构建与人口老龄化进程相适应的老年友好型法治社会。大武口区 2024 年已化解涉老矛盾纠纷 213 件，侦办侵害老年人权益违法犯罪案件 24 起，正在积极推进综合养老服务中心"法治家园"建设、长生花园社区适老化改造。三是系统推进新就业形态法治化引领。以银川市兴庆区为试点，积极适应新就业形态组织方式平台化、劳动关系自主灵活等特征，依托"塞上枫桥"基层法治工作机制，推动政法机关、行业部门、群团组织、协会商会、平台企业等协同共为，树立办事依法法治思维、倡导遇事找法法治方式、完善解决问题用法法治机制、畅通化解矛盾靠法法治渠道，系统构建有利于新就业形态创新创业创造的法治化引领新格局。兴庆区建设"塞上红色驿站"201 个，统筹"三官一师一员"协同开展法治服务，化解新就业形态劳动者矛盾纠纷 213 件。四是系统推进重点群体法治化管理。依托"塞上枫桥"基层法治工作机制，在全区 2883 个村（社区）全部成立由村（社区）书记、治保主任、妇女主任组成的重点人群服务管理小组，跟进关注掌握刑满释放、社区矫正等群体，逐一落实动态管理和帮扶帮教措施，严防漏管失控。

（二）构建发展全过程人民民主制度体系，积极推进全过程人民民主落地落实

全过程人民民主是中国特色社会主义民主政治的本质特征，全面贯彻落实全过程人民民主，不但是中国特色社会主义民主制度优势的体现，也是法治宁夏建设的重要内容。

1. 有序扩大人民民主参与渠道，让人民民主切实有形、有感、有效

全过程人民民主的理念是 2019 年习近平总书记在上海市长宁街道古北市民中心考察社区治理和服务情况时首次提出来的。2021 年，在中央人大工作会议上，习近平总书记第一次全面系统阐述了全过程人民民主的价值内涵、制度要求和具体措施。全过程人民民主不仅是一种民主理论，更是

一种民主实践，只有把全过程人民民主落到实处，才能真正体现中国特色社会主义民主政治的优越性。法律化（政策化）、制度化、机制化是思想规范发挥作用的载体和渠道，没有制度化机制化，各种思想和规范只能停留在宣示阶段而无法发挥真正的作用，这是规范运行的一般规律。全过程人民民主如果没有规范化制度化建设，也同样无法发挥其应有的作用。在2024年7月党的二十届三中全会通过的《中共中央关于进一步全面深化改革、推进中国式现代化的决定》（以下简称《决定》）中，把健全全过程人民民主制度体系作为重点改革任务来部署，实现了全过程人民民主从理论到实践的巨大飞跃。宁夏回族自治区人大常委会高度重视发展全过程人民民主，2024年，自治区人大常委会相继通过了《关于邀请公民旁听自治区人大常委会会议办法》，修正《宁夏回族自治区人民代表大会及其常务委员会立法程序规定》《宁夏回族自治区人民代表大会及其常务委员会组成人员守则》，规范人大及其常委会会议制度和工作程序，健全完善人大自身工作运行机制和制度规定。这是宁夏在发展全过程人民民主方面的重大举措，也是落实党的二十届三中全会《决定》的重要内容，必将对推动宁夏发展全过程人民民主产生重大影响。同时，自治区人大常委会在发展全过程人民民主中高度重视代表的主体地位和作用，通过健全代表履职制度机制，规范代表履职内容、提升代表履职能力，充分利用信息化优势，把代表履职与人民群众诉求有机结合，充分实现了"人民选我当代表，我当代表为人民"，把人大代表履职真正落实落地。

2. 以建立立法联系点为抓手，扩大人民群众参与立法的渠道，为科学立法、民主立法奠定基础

建立立法联系点，是在立法领域贯彻以人民为中心的发展思想的重要体现，也是科学立法、民主立法、依法立法的具体要求。全国人大高度重视立法联系点建设工作，在全国范围内，相继建立了45个立法联系点，形成了16万名信息员的队伍，并相应开展了制度化、规范化建设，奠定了科学立法、民主立法的载体基础。宁夏平罗县人大常委会被全国人大常委会法工委确定为宁夏唯一的国家级立法联系点，为此，平罗县委、人大、政府高度重视，成立由县委、人大、政府领导担任组长与副组长的基层立法

联系点工作领导小组,明确由人大法工委具体负责工作落实。宁夏回族自治区人大常委会高度重视立法联系点建设,人大常委会主要领导多次带队实际考察立法联系点建设情况,提出具体要求。截至2024年,宁夏回族自治区人大常委会设立基层立法联系点24个,宁夏司法厅设立15个基层立法联系点,依托司法所确定245名立法信息联络员。在实际立法工作中,充分发挥基层立法联系点吸纳民意、汇集民智的重要作用,畅通基层群众民意表达渠道,先后征集立法意见建议800多条,内容涵盖立法项目、立法条目、立法效果等,立法机关积极吸纳有价值的意见建议,把立法工作建立在坚实的民意基础上,让每部法规都满载民意、贴近民生、顺应民心,反映人民群众的诉求和期待。

3.围绕自治区党委重点部署开展重点领域、新兴领域立法工作,大力探索推进区域立法,坚持以立法引领改革

2024年,宁夏回族自治区人大常委会紧紧围绕经济社会发展大局,通过立、改、废,为全区经济社会发展提供了有力的法律支撑。据不完全统计,2024年,宁夏人大及其常委会共制定2件地方性法规:《宁夏回族自治区社会救助条例》《宁夏回族自治区知识产权保护条例》;修订法规17件,主要有:《宁夏回族自治区行政复议条例》《宁夏回族自治区湿地保护条例》《宁夏回族自治区环境保护条例》《宁夏回族自治区征兵工作条例》《宁夏回族自治区奶产业发展条例》《宁夏回族自治区人民代表大会常务委员会规范性文件备案审查条例》等;废止法规1件:《宁夏回族自治区执行〈中华人民共和国婚姻法〉的补充规定》。审查批准设区市立、改、废条例16件,其中制定4件:《固原市河道管理保护条例》《银川市海绵城市建设管理条例》《石嘴山市湿地保护条例》《中卫市停车场管理条例》;修订9件:《银川市燃气管理条例》《石嘴山市市容环境和卫生管理条例》《固原市城市环境卫生管理条例》《吴忠市城乡容貌和环境卫生治理条例》《银川市物业管理条例》《银川市城市供水节水条例》《银川市餐厨垃圾管理条例》《中卫市城乡居民饮水安全保护条例》《银川市城市房地产开发经营管理条例》;废止3件:《银川市村庄和集镇规划建设管理条例》《银川市矿产资源管理办法》《银川市公共餐饮具卫生管理条例》。

同时，在立法工作中，除坚持"双组长"机制外，自治区各级人大积极探索跨区域协同立法，加强与毗邻的甘肃省、内蒙古自治区之间的联系，探索开展腾格里沙漠边缘荒漠化防治协同立法实践，为全面打赢黄河"几字弯"攻坚战，加快建设黄河流域生态保护和高质量发展先行区建设提供法律支撑。积极探索"小切口"立法，以"小而快"及时回应人民群众需求和社会关切，极大提高了立法的精准性和实效性，避免了"大而全"的立法模式带来的不精准和低效率。

4. 履行法定职责，推动备案审查工作取得积极成果

备案审查是宪法法律赋予人大及其常委会的重要职责，也是人大履行监督职责的重要形式。2024 年，自治区人大及其常委会按照"有件必备、有备必审、有错必究"的原则，向全国人大常委会、国务院报备地方性法规备案审查文件 20 件，收到自治区人民政府、设区市人大、政府报送备案审查的规范性文件 12 件，其中自治区人民政府规范性文件 6 件、设区市人大规范性文件 4 件、设区市政府规章 2 件，报备审查率 100%，并做到依法审查，确保法规、规章和规范性文件符合法律规定，具有较高的质量。

（三）持续深化法治政府建设"八大提升行动"，推动法治政府建设提质增效，法治化营商环境正在加速形成

法治政府建设是全面依法治国的主体工程，也是法治国家建设的"牛鼻子"工程，直接决定法治国家建设的成效。2021 年 8 月，中共中央、国务院印发《法治政府建设实施纲要（2021—2025 年）》（以下简称《纲要》），明确提出要健全政府机构职能体系、依法行政制度体系、行政决策制度体系、行政执法工作体系、突发事件应对体系、社会矛盾纠纷行政预防调处化解体系、行政权力制约监督体系、法治政府建设科技保障体系以及法治政府建设推进机制等八大体系和一个机制建设的总体要求。2024 年，是全面完成《纲要》任务的关键一年，对 2025 年全面完成《纲要》所确定的任务具有重要意义。党的二十届三中全会《决定》以完善中国特色社会主义法治体系为题，对深入推进依法行政，从推进政府机构、职能、权限、程序、责任法定化，促进政务服务标准化、规范化、便利化，完善

覆盖全国的一体化在线政务服务平台方面提出明确要求。2024 年自治区深化健全和完善重大决策、规范性文件合法性审查机制，加强政府立法审查，深化行政执法监督体制改革，完善基层综合执法体制机制，健全行政执法监督体制机制等 11 个方面做了全面部署。

1. 全面依法履行政府职能取得新进展

为高水平全方位推进法治政府建设工程，制定《持续深化法治政府建设"八大行动"（2024）工作方案》，以完成《宁夏回族自治区政府建设指标体系》为目标导向，推动法治政府建设走深走实。一是着力深化行政执法领域改革，明确权责，推进清单式管理。完善《自治区政府部门行业系统权力清单指导目录》，完善知识产权、数据管理等新兴领域体制机制，持续推进政府机构、职能、权限、程序、责任法定化。健全乡镇（街道）履行职责清单和村（社区）工作事务指导目录，选取 7 个县（区）的 24 个乡镇（街道）开展权责清单试点工作，以清单形式列明履职事项，编制基本履职清单 131 项、配合履职清单 89 项、收回上级部门履职事项 70 项，有效破解基层执法"小马拉大车"突出问题。深化市场监管、应急管理等 6 个领域综合执法改革，将农业行政执法职能从市级"大综合行政执法"中剥离出来，新成立 6 支县级农业综合行政执法大队，实现 22 个县（市、区）全覆盖。在全国率先推行派出所"两不办理"①，近 3 年全区行政案件快办案件查结数比重从 11.3% 上升到 49.7%。公安机关与 18 个部门分领域建立完善行刑衔接双向机制，执法风险监督管理改革工作经验在全国公安系统交流。二是着力提升行政执法质量效率。深入开展提升行政执法质量三年行动，通过"问题梳理+专项治理"方式，在交通运输、生态环境、住房城乡建设、农业农村、卫生健康等 37 个行业领域开展专项整治 343 起，核查发现问题 898 个。印发《关于进一步规范涉企行政执法行为 优化法治化营商环境的通知》，围绕执法检查、行政处罚、执法监督 3 方面提出 14 项具体举措，全方面规范涉企执法行为。开展行政执法"三项制度"自查

---

① 两不办理：原由派出所办理的刑事案件以及涉黄赌毒的行政案件全部调整至各专业警种办理。

评估，从机制建设、制度落实等方面进行全面体检，进一步健全配套制度、完善执法程序。三是着力加大重点领域执法力度。率先在全国推行省级"河长+检察长+警长"机制，年均巡查河湖近30万次，助力黄河水质连续6年保持Ⅱ类进Ⅱ类出，劣Ⅴ类水体、城市黑臭水体、河湖"四乱"问题动态清零，用最严密的执法守护黄河安澜。纵深推进"昆仑""黄河""亮剑"等专项行动，加强与周边省（区）生态环境、自然资源、林草、公安等部门协作配合机制，近4年启动实施生态修复项目402个，完成废弃矿山和国土综合整治生态修复56.48万亩，治理荒漠化土地270万亩，绿色发展活力不断增强。

2. 法治化营商环境加速形成，行政权力制约与监督取得实效

法治化营商环境是法治政府建设的重要内容，从根本上说，法治化营商环境也是法治政府建设效果的试金石、检验器。2024年，自治区政府高度重视营商环境建设，政府主要领导先后3次主持召开民营企业纾困解难集中办公会，对企业提出的生产经营、市场拓展、产品创新、资金周转、政策落实等问题，逐项研究答复、现场协调解决，形成了政企双向奔赴、同频共振的良好氛围，有力促进了法治化营商环境的形成。一是强化行政决策制度机制设计，防止程序空转和权力滥用。制定《宁夏回族自治区重大行政决策材料归档管理办法》，修订《宁夏回族自治区重大行政决策事项目录编制指引》。省级层面连续5年编制并公布重大行政决策事项目录，区、市、县三级人民政府全部编制公布重大行政决策事项目录，将93项社会普遍关注、事关群众切身利益的事项纳入目录管理，从源头上规范权力运行。二是充分发挥法律顾问"外脑作用"。组建第5届自治区人民政府法律专家库，聘任40名法律咨询委员和20名法律顾问，专家人数由上届的43人增加到60人，增长了28.33%。截至2024年10月底，自治区人民政府法律顾问列席政府常务会议、专题会议43人次，参与立法论证63人次，审核重要文件45件次。三是连续2年召开民营经济高质量发展暨营商环境全方位提升推进大会。实施"优化法治化营商环境提升行动"、民营经济高质量发展三年行动，建立支持民营经济发展"十项机制"。健全区、市、县三级政府主要领导常态化为企业纾困解难机制，健全

重大项目分级包联、专班推进、定期调度机制，46 个部门联合建立厅际联席会议制度，27 个市、县（区）政府全部明确常态化联系服务民营企业三级责任人，全方位构建了全区营商环境服务保障"一张网"。出台《营商环境提质升级行动方案》《持续优化法治化营商环境若干措施》等政策。打造"12345"企业纾困解难"总客服"，2024 年 1—8 月，受理涉企诉求 1.6 万件，办结率 99%。四是深化推进行政执法协调监督工作体系建设。自治区本级和 27 个市、县（区）全部启用"行政执法协调监督局"印章，673 个市、县（区）行政执法部门明确行政执法监督机构，339 名司法所工作人员申领行政执法监督证，基本建成区、市、县、乡四级行政执法协调监督工作体系。印发行政执法协调监督工作指引、行政执法监督示范文本、行政执法监督工作流程图、行政执法监督员管理办法等配套措施，持续规范行政执法协调监督工作。开展涉企行政执法专项监督，对 384 件涉企行政复议纠错和行政诉讼败诉案件逐案倒查，286 件政务服务热线和信访投诉举报涉企执法问题线索逐个核查，推动 253 条自查问题全部整改清零。自觉接受党内监督、人大监督、民主监督、司法监督等各类监督，确保行政权力制约监督全覆盖、无缝隙。

3. "关键少数"作用发挥明显，政务服务水平持续提升

一是充分发挥党政主要负责人"头雁效应"。自治区党委主要负责同志多次研究部署法治工作、听取专题汇报，并对优化法治化营商环境、信访工作法治化等重点工作指示批示、协调督办。首次举办区、市两级政府主要领导旁听的庭审活动，自治区主席张雨浦带头参与，5 个设区的市政府负责人、全区 32 家行政机关主要负责人现场旁听庭审，进一步提升领导干部的法治思维和法治能力。严格落实行政机关负责人出庭应诉制度，2024 年上半年，全区 30 余名"一把手"带头出庭应诉，行政机关负责人出庭应诉率达到 100%。二是实施"13+1+7+N 高效办成一件事"行动。县级以上政务服务大厅全面推行"周末不打烊"服务，24 个园区设立企业服务站，让企业办事"直达快享""免申即享"。加快推进一体化政务大数据体系建设，自治区本级政府一体化政务服务能力总体指数被评定为"非常高"级别，一体化政务服务能力连续 6 年位居西北第一。探索推行"一业

一照一码""准入即准营、拿照即开业"改革，企业开办实现 3 小时办结。实施政府和社会资本合作新机制，建立自治区重点民间投资项目库，首次公开推介 100 个鼓励支持民间资本参与的重大项目，涵盖 80% 以上的国民经济行业，总投资超过 670 亿元。实行投资审批容缺办理、多评合一、区域评估机制，首创 1000 万元及以下政府投资项目工程建设领域免缴投标保证金制度，项目审批时限、受理时限分别压减 89.9%、40%。三是加快转变政务公开职能，政务公开向村级延伸实现全覆盖。有效提升政府公信力、执行力和透明度。严格执行《宁夏回族自治区政府信息公开申请办理规范》，截至 2024 年 10 月底，自治区本级办理公开申请 76 件。四是加大行政工作人员执法能力培训。政府组成部门主要负责同志每年带头讲法不少于 1 次，县级以上政府及部门每年组织领导干部旁听庭审活动不少于 1 次。每年至少组织 1 次学法用法考试。2024 年前，各级执法部门完成对本部门（含乡镇、街道）行政执法队伍全员培训，鼓励跨部门联合开展培训。

4. 多元化纠纷解决机制发挥社会稳定"定海神针"作用，"塞上枫桥"经验稳步推进

一是复议主渠道作用充分发挥。修订《宁夏回族自治区行政复议条例》，制定行政应诉工作办法、行政复议案件调解工作指引等制度标准，提升行政复议规范化水平。健全容缺受理、"线上+线下"、繁简分流等工作机制，在全区设立行政复议窗口、代收点 298 个，实现乡镇（街道）全覆盖；申请复议"零次跑"比例达 70% 以上，区本级审查受理时间、平均办案时间分别压缩至法定时限的 1/3、2/3。2024 年 1—9 月，全区收到行政复议申请 2410 件，增幅达 96.1%，受案量首次超过法院一审行政诉讼案件量，案件数比值达 1.4∶1，行政复议决定履行率 100%，复议案件被诉率连续 3 年下降，行政复议化解行政争议作用实现转折性提升。二是健全"塞上枫桥"基层法治工作机制，织密人民调解"四张网"。在自然资源、网络消费等领域设立调解组织 210 个。开展百日矛盾纠纷大排查大调解专项活动，排查纠纷 14.8 万人次，化解矛盾 6.3 万余件，成功率达 96.9%。三是解纷"多元化"格局逐步形成。构建政府牵头、法院主导、检察院参与的

行政争议协调化解工作格局，市、县两级全部设立行政争议协调化解中心，全区十余个市、县（区）探索建立败诉责任追究制度，有效推动行政争议实质化解、有效化解。出台深化"访调对接"推进信访工作法治化实施意见，成立自治区信访事项人民调解委员会，实现市、县、乡三级"访调对接"全覆盖。深化"一重点两重复双交办"机制，深入开展源头治理三年攻坚行动、信访积案化解、初信初访初网专项整治等工作，截至2024年10月，全区信访事项总量12711件次，同比下降9.65%，信访事项及时受理率达到100%，按期答复率达到99.82%。四是公共法律服务建设成效显著，普法宣传有创新突破。2024年，宁夏建成了覆盖城乡的公共法律服务网络，实现了派出所警力下沉社区，每个社区、村庄均实现法律顾问全覆盖。"八五"普法在原有工作经验基础上，在宣传内容、方式方法，以及传播技术方面紧跟时代步伐和群众需要，法治宣传取得较好效果。

综上，总体来看，2024年宁夏法治政府建设成绩突出、亮点纷呈，与全国其他兄弟省区相比，有许多工作走在了全国的前列。当前全国对法治政府建设情况进行科学测评的有两家权威机构，一家是中国社会科学院国家法治指数研究中心，另外一家是中国政法大学法治政府研究院，它们分别每年出版《中国法治发展报告》（中国社科院）和《中国法治政府评估报告》（中国政法大学），对国务院各部委、各省区、较大市以及部分县区进行测评。从2024年最新出版的《中国法治发展报告》和《中国法治政府评估报告（2023）》评估内容看，宁夏法治政府建设成绩显著。在《中国政府透明度指数报告（2023）》中，关于政府透明度指数设置了五个一级指标，分别是民主科学决策、优化营商环境、规范政府管理、民生保障信息公开、公开平台与机制建设。从评估结果看，宁夏回族自治区在31个省、自治区、直辖市中，综合排名为第20名，银川市在70个地级市中排名为第27名，银川市兴庆区在70个县（市、区）中排名第54名。在中国政法大学出版的《中国法治政府评估报告（2023）》中，设置了政府职能依法全面履行、法治政府建设的组织领导、依法行政制度体系完善、行政决策、行政执法、政务公开、行政权力的制约与监督、法治政府对法治社会的带动、优化营商环境的法治保障、数字法治政府、社会公众满意度调查等 11 项一级指标，评估对象为 100 个城市，银川市作为宁夏唯一参加评估的对象城市在列。从评估结果看，银川市虽然没有进入前 30 名，但一些指标在全国较为靠前。其中政府职能依法全面履行、依法行政制度体系完善、政务公开、行政权力的制约与监督、法治政府对法治社会的带动、优化营商环境的法治保障、数字法治政府等 7 项一级指标总得分均高于全国平均水平。

（四）以高水平司法，服务高质量发展

在法治国家，司法不论在监督政府权力还是在维护社会稳定，保护人民群众生命财产安全方面都发挥着不可替代的重要作用，被认为是维护社会公平正义的最后一道防线。2024 年，宁夏司法机关坚持"以人民为中心"的司法理念，在维护全区社会稳定，打击各种犯罪，保障人权，维护社会公平正义等方面发挥了重要作用，是推进宁夏高质量发展、高水平法治的重要参与者。

1. 正确履行司法机关职责，维护国家安全和社会正常秩序

2024 年 1—10 月，全区人民法院审结危害国家安全和严重危害社会治安犯罪案件 2252 件，多发性财产犯罪案件 1392 件。常态化开展扫黑除恶斗争，依法严惩电信网络诈骗案件 551 件 885 人，判处罚金 746.75 万元。审结涉企案件 6.9 万件，依法审慎用好失信惩戒措施，推动清理拖欠中小企业账款。探索"执破融合"工作衔接机制，发布全区破产审判白皮书，审结清算与破产案件 136 件。深化知识产权"三合一"审判机制，审结知识产权案件 523 件。人民检察院依法惩治危害国家安全、社会安定、人民安宁各类犯罪行为，2024 年 1—10 月，批准和决定逮捕 2965 人，起诉 6581 人。常态化推进扫黑除恶斗争，办理涉黑恶犯罪 24 人，依法查处涉众型经济犯罪 39 人，有力维护经济金融安全。

2. 以"如我在诉"的理念，切实体现人民司法价值追求，维护人民群众利益，全力保障人民合法权益

2024 年，宁夏法院妥善审理教育、就业、医疗、养老、住房等涉民生案件 3.6 万件，为困难当事人缓减免缴诉讼费 1277 万元，发放司法救助金 317.57 万元。依法保障妇女、儿童等弱势群体权益，开辟妇女儿童维权诉

讼"绿色通道"，审结婚姻家庭纠纷 1.3 万余件，审结涉未成年案件 5090件。全力兑现涉诉权益。巩固完善综合治理执行难的工作大格局，执结案件 9.14 万件，执行到位 139.36 亿元。宁夏检察机关纵深推进"检护民生"专项行动，主动邀请人大代表、政协委员、人民监督员、社区居民代表等听取诉求意见，与司法、民政、妇联、工会等部门靶向建立"检察+工会"等 60 余项协作机制，紧扣群众心声精准开展 62 个"小专项"监督活动，真正将检察工作做到群众"心坎上"。统筹"四大检察"一体履职，办理网络、金融、社保、食药等各类民生领域案件 5012 件，不断用检察"力度"提升民生"温度"。深入开展"工程建设领域劳动报酬权益保护""老年人司法保护"等专项活动，支持农民工起诉讨薪维权 328 件，向因案致困的妇女儿童、残疾人等重点人群发放司法救助金 409 万元，为老年人挽回财产损失 125.77 万元，切实兜牢民生底线。

3. 以高水平智慧司法，夯实基层治理基础

基层治理是社会治理的基石，也是社会治理的难点，2024 年，宁夏司法机关依托科技优势，在化解社会矛盾纠纷，构建多元化纠纷解决机制方面发挥了重要作用。截至 2024 年 10 月 31 日，全区法院网上立案 6.6 万件，线上调解 48.4 万件，互联网庭审 7825 场次，电子送达 16.4 万次。网上立案占同期一审民商事立案总量的 40.23%，电子送达率达 87.33%，在线委托鉴定率达 98.85%。联合自治区党委宣传部等 13 家单位建立"总对总"在线诉调对接机制，人民法院调解平台累计入驻调解组织 435 个、调解员 900 人，调处纠纷 2.3 万件，占诉前调解案件的 5.25%。全区 67 个基层法庭全部入驻人民法院调解平台，对接基层治理单位 1542 家，基层治理力量得到有效整合。开展"枫桥式人民法庭"创建，设立 91 个审务工作站、65个法官工作室、191 个巡回审判点。针对审判工作中暴露出的社会治理问题，发出司法建议 187 份。人民检察院统筹"治已病"与"治未病"协同发力，向有关部门制发社会治理检察建议 305 件，推动反复性、顽固性问题系统治理、源头治理。全面准确落实宽严相济刑事政策，深化适用认罪认罚从宽制度，认罪认罚制度适用率 85%以上。全域开展审查起诉阶段律师辩护全覆盖试点工作，依法不起诉刑事犯罪 1584 人，对应受行政处罚提

出检察意见、移送主管机关 432 件，促进矛盾化解、增进社会和谐。积极融入"塞上枫桥"基层法治机制，迭代升级"枫桥 12309"、"双助理"联动、"五心工作法"等治理机制，三级检察长带头接访信访案件 492 件，以上率下推动案件全部做到程序性回复，实现接收信访数、涉法涉诉信访数、重复信访数"三个下降"。

4. 司法改革深入推进，司法队伍建设成效明显

压实院庭长审判监督管理责任，加强法答网建设应用，促进统一法律适用，法答网累计咨询答疑 3992 件。深度应用司法大数据分析预警功能，建成"宁夏法院审判质量管理分析可视化"系统，实现全类型案件、全流程节点、全质效指标可比可查可考。发挥好审判质量管理指标体系"体检表"作用，深化数据会商，强化案件全周期监管，全区法院审限内结案率同比上升 2.59%，平均结案时间减少 7 天，超 12 个月未结案件比下降 0.05%，期限内案件归档率 100%。推进交叉执行，异地交叉执行涉党政机关、消极执行、受到不当干预等案件 597 件，262 件取得实质性进展。推进"终本清仓"行动，恢复执行首执终本案 1.36 万件，实际到位金额 27.06 亿元。统筹推进全国法院"一张网"建设和安可替代工作，建成覆盖全区法院的三级网络，高清科技法庭和互联网法庭覆盖率均达 100%，居全国法院前列。持续推进"3331 工程"，大力培养选拔优秀年轻干部，全区法院先后有 20 名"80 后""90 后"年轻干部走上领导岗位，遴选 81 名法官充实审判力量。人民检察院积极推动完善以证据为中心的刑事指控体系，依法提前介入侦查 367 次，自行补充侦查 699 件，举办宁夏回族自治区检察官与律师论辩赛，以赛带训提升出庭指控能力。积极推动轻罪治理提质增效，打造酒醉驾综合治理平台。积极推动完善刑事诉讼制约监督体系，市、县（区）全覆盖设立 41 个侦查监督与协作配合办公室，积极推动"挂案清理"，监督公安机关撤案数量保持增长。聚焦历史资源、红色资源、文化资源司法保护，部署开展长城保护公益行动、长征文物和文化保护公益诉讼检察专项监督活动，立案办理公益诉讼案件 41 件，切实以法治之力守护中华文脉。积极争取地方党委支持，推动实现自治区、市级检察院检察侦查部门单设，成为全国第七个实现市级检察院侦查机构全覆盖省

份。紧盯群众反映强烈的司法不公问题，立案侦查司法工作人员利用职权实施犯罪 13 人，运用机动侦查权立案 4 人，有罪判决率 100%，办案质效显著提升。加大年轻干部培养选拔使用力度，在全区政法机关率先完成"3331 工程"配备目标，协调推动市、县级检察院配备党组副书记，配备率达 100%。

（五）政治建警，制度强警，公安工作成效显著

公安工作是最贴近人民群众生活的工作，关乎人民生命财产安全。2024 年，在自治区党委、政府领导下，宁夏公安工作扎实推进，为平安宁夏作出了重要贡献。

1. 政治建警，打造公安铁军

严格落实党委理论学习"第一议题"、研讨交流"第一主题"、教育培训"第一主课"制度，持续深化厅党委理论学习中心组示范领学、基层党组织集中促学、领导干部带头深学、党员民警主动跟学、网上网下交叉互学的"五学联动"机制，全区各级公安机关开展政治轮训 148 期，参训民辅警 1.9 万余人次。全面开展政治督察，坚持从政治上看、从政治上察，开展两轮对 4 个市局和 2 个厅属部门的政治督察，发现并督促整改 4 类 56 个问题，确保党的绝对领导落实到公安工作和队伍建设各方面、全过程。严格落实各项铁规禁令，从严执行公安机关领导干部禁业范围有关规定和领导干部个人有关事项报告制度，组织开展政商"旋转门""逃逸式离职"专项整治，对 10 名离职民警从业情况建立专项档案。深化"四警六廉"工程，开展厅机关廉政警示教育周，组织"一会两学三谈四查"和五项活动，推动警示教育入脑入心。开展全区公安机关警务实战大比武，累计培训专业警种 30 余期 1500 余人次，着力提升队伍职业素质和履职能力。探索开展特殊紧缺人才招录，首次面向国内知名高校招录选调生，打开了招录高层次人才新通道。建立民警身体健康管理、心理健康管理、家访、困难帮扶、警营文体活动"五项制度"。畅通特别优秀警务辅助人员入警通道，提振辅警工作积极性。

2. 立足本职，服务大局，维护社会和谐稳定

针对群众反映强烈的网络治理问题，依法严厉打击整治网络谣言案件

287 起，清理网络谣言及有害信息 2180 条，面向社会发布 11 批 82 个典型案例，营造和谐清朗的网络舆论环境。强化风险评估、监测预警、安全检查、秩序维护、应急处突等各项安保措施，确保了中国（宁夏）国际葡萄酒文化旅游博览会、中国—中亚合作论坛等重大活动绝对安全。始终坚持和发展新时代"枫桥经验"，强化重心下移、关口前移，常态化开展矛盾纠纷排查化解工作，持续深化"百万警进千万家"活动，推动落实属地管理责任、源头治理措施、多元化解机制，排查各类矛盾纠纷问题 4 万余件，矛盾纠纷整体化解率超 97%，最大限度把矛盾和问题化解在萌芽状态。建立健全特定对象、群体服务管理机制，协同属地党委、政府有关部门，及时开展人文关怀、心理疏导、帮教转化、干预矫治等工作。纵深推进信访问题源头治理三年攻坚行动，推动化解一批公安信访积案，全区公安信访总量同比下降 11.6%。以"夏季治安打击整治行动"为牵引，打击严重暴力犯罪、夏季多发犯罪和新型违法犯罪，加大夏夜治安巡查宣防、区域会战和风险清理力度，检查治安复杂场所 3.4 万余家次，全区"110"刑事警情、治安警情同比分别下降 25.6%、18%。聚焦人民群众对平安品质的更高期待，深入研究新形势下违法犯罪的规律特点，快侦快办醉酒滋事、入室盗窃、骚扰猥亵、黄赌毒等高发易发案件，2024 年 1—10 月，全区刑事案件、盗窃案件、危害公共安全案件同比分别下降 23.9%、18.9%、43.7%，最大限度让人民群众感到安全触手可及、安宁就在身边。严厉打击经济犯罪活动，非法集资发案同比下降 46.9%，金融领域案件发案同比下降 50.48%，挽回经济损失 2.91 亿元，有力守护人民群众的"钱袋子"。纵深推进打击电信网络诈骗治理工作，全区电诈案件立案数、财损数分别同比下降 30.2%、20.2%，预警见面劝阻率达到 95.2%。巩固禁毒示范城市创建成果，禁毒"拔钉追逃"工作取得近三年最大战果，戒断三年巩固率提升至 96% 的新高。深化交通事故预防"减量控大"工作，强化路面管控和疏堵保畅，全区道路交通事故起数、死亡人数、受伤人数和财产损失同比分别下降 9.9%、10.9%、11.4%、25.8%。深化打击整治枪爆违法犯罪专项行动，对涉危涉爆单位开展地毯式全覆盖的安全检查，排查整改各类安全隐患 4146 处。全面加强街面巡逻防控，围绕机关、学校、车站、机场等重点部位和夜经济"商圈"、网红打卡点、小吃夜市等人员密集场所开展巡逻防范，不定期开展临查临检 300 余次，投入巡防警力 5.1 万人次，发动群防群治力量 4.2 万余人。

3. 严格执行中央和自治区党委、政府要求，严禁违规插手经济纠纷案件，营造法治化营商环境更加自觉

围绕"六新六特六优+N"产业，推广"项目警长""企业管家""警企联络员"等特色做法，完善靠前服务、精准联系、常态走访机制，持续擦亮"亲清塞上"护企安商服务品牌，不断提升市场主体感受度。依法维护市场经济秩序，建立健全新兴领域包容审慎监管机制，全域推行重大涉企案件"报案快理、案件快侦、损失快追"反应机制。优化提升出入境服务，严格落实签证"受理、审核、审批、研判、制证、发放"闭环管理，推动实现"12367"服务平台和"12345"政府热线一键转接、工单互通，累计审批签发出入境证件 11.3 万余本，"12367"服务平台咨询满意率100%。打造"警企零距离"知识产权保护警务模式，建立 90 家驻企知识产权警务工作站，实现全区 24 个重点工业园区全覆盖，查处知识产权和制售伪劣商品侵权案件同比增长 24%。研究出台惠民利企见行见效"29 项措施"，下放审批权限 11 项、增加服务 27 项、压减时限 8 项，公安厅营商环境评价考核较 2023 年提升 18.2%。国务院、自治区"高效办成一件事"涉及公安的 10 项重点事项全部上线运行，全区政务服务公安专区"一窗通办"改革落实落地，"一网通办"累计减免材料 75%，事项办理时限压减50% 以上。深化"互联网+交管"政务，持续推进便利城市货车通行、轻微交通事故线上视频快处，线上处理简易事故 1.79 万起，公安交管网上服务网办率、满意度均达到 99% 以上。深化户籍改革，在银川市、吴忠市全域试点临时身份证明、亲属关系证明、户口注销证明、婚姻状况变更、文化程度变更全程网办。

4. 公安改革稳步推进，制度机制建设更加完善

立足"省级主责、市县主战、派出所主防"的职能定位，深入推进地方公安机关机构编制管理改革，积极推进市县公安机关大部门大警种制改革，加快构建符合新时代要求、体现实战化特点、具有宁夏特色的现代警

务体系。深化"情指行"一体化机制改革，建立健全覆盖区、市、县派出所和直达一线的"五级"指挥调度体系，实现市级公安机关统一接警派警，做到了警力上图、可视调度，全区重大涉稳风险预警率、行动性线索核查稳控率均达 100%。建立敏感警情"提级盯办"、预案指令"关联推送"、网上网下"同步应对"等工作机制，修订完善各类应急预案 45 个，常态化组织开展实战演练，确保随时拉得出、顶得上、打得赢。扎实开展重复警情治理，紧盯扬言极端、家庭暴力、自杀类重复警情，建立健全"研交办督结"工作机制，家庭暴力及走失寻人类警情同比分别下降 11.4%、6.1%，最大限度防止发生"民转刑""刑转命"案件，严防发生个人极端暴力犯罪案件。深入开展"出警快一秒、平安多一分"专项攻坚行动，全区 1 分钟内警情签收率较 2023 年度同比提升 9.2 个百分点，城镇警情到达现场时间较 2023 年度同比提升 10.3%，全区公安机关持续推动 110 接处警再提速，跑出守护平安"加速度"。持续推进派出所工作三年行动计划各项任务，全面推行派出所"两队一室""一村（格）一警"等警务模式，派出所所长全部进乡镇（街道）班子，探索建立三级基础管控中心，加快推进"一社区一警两辅"和"一村一辅警"全覆盖，提升"两队一室"运行质效，健全完善力量保障、权责清单等配套政策措施，落实基层装备配备标准，管好用好现有各类装备，切实把公安工作的地基挖深打牢。深入实施科技兴警三年行动计划，组织开展科技兴警"五大行动"，加快推进公安大数据中心、"三圈三网"等项目建设。打通政府部门和行业单位的数据资源，新接入自治区信访局、教育厅、民政厅、检察院等 9 家单位 8700 万余条数据，创新研发风险评估、预警防范、态势感知、智能研判等各类数据模型 10252 个。

二、2024 年宁夏法治建设存在的问题

2024 年宁夏法治建设从历时性视角看，在一些关键领域、关键环节取得了显著的成绩，有力维护了宁夏社会稳定和谐，为经济社会创造了良好的环境，实现了宁夏法治建设的巨大进步。从共时性视角看，与全国兄弟省区相比，宁夏在法治建设上的成绩和经验也是可圈可点，有的经验做法

在全国范围内被推广。法治建设没有最好只有更好。法治建设也是一项永恒的事业，需要我们不断努力，持续奋进。所以，在法治宁夏建设中，我们在看到取得成绩的同时，也要清醒意识到我们存在的不足和短板弱项，看到与发达地区法治建设的差距，只有如此，才能锚定问题，解决问题，不断取得进步。

（一）在深入学习习近平法治思想上还不够深入，造成认识理解上有差距，实践上有误区

习近平法治思想是马克思主义法治理论与中国实际相结合的最新理论成果，是指导当代中国法治实践的理论指南，法治宁夏建设要取得成果，离不开习近平法治思想的指导。2024 年，宁夏政法机关把学习贯彻习近平新时代中国特色社会主义思想作为"第一议题"，在学中干，在干中学，较好实现了理论与实践的互促互进。但同时我们也看到，习近平法治思想是贯通古今中外，具有极强科学性、规范性、逻辑性、实践性的复杂系统，需要持续不断深入学习，才能领会精神实质，指导法治实践。当前宁夏法治实践中还存在一些对习近平法治思想的模糊认识，主要表现为以下几个方面。一是对习近平法治思想系统学习不够，学习中注重知识性的灌输，在系统深入学习理解上存在不足。对一些基本概念包括法治、全面依法治国是中国特色社会主义本质特征等还缺少深入理解，对习近平法治思想的逻辑性、体系性把握不够，存在认识表面化问题。二是对以法治引领改革的重大意义认识不到位，实践上存在误区。受传统治理路径的影响，还没有切实从传统治理路径上转化过来，习惯个人说了算或者以规范性文件决定重大改革事项。三是对一些基本概念认识不清，导致法治实践存在片面化问题。比如法治的概念是习近平法治思想中的核心概念，但对什么是法治，在认识上存在不一致问题，往往把法治等同于法律，把法治化等同于法律化，重视政府治理，忽视了德治、自治在社会治理中的作用，给基层治理体系建设造成一定的负面影响。四是作为"关键少数"的领导干部法治意识还有待进一步提高。在法治建设中抓住领导干部这个"关键少数"是习近平法治思想的重要内容。虽然经过不断学习，"关键少数"的法治意识有所提高，但是个别领导干部，特别是一些青年干部，法治意识还没有完全建立起来，现实中出现的腐败现象、违法违纪、一言堂等问题，都与领导干部不敬畏法治、法治意识淡薄有密切关系。

（二）发展全过程人民民主存在薄弱环节

全过程人民民主是中国特色社会主义民主政治的本质特征，全面贯彻落实全过程人民民主的理念、要求，虽然我们做了大量工作，但仍然存在薄弱环节。一是全过程人民民主制度体系还没有建立起来。全过程人民民主既是一种民主理念，更是民主实践，要发展全过程人民民主，只有建立起完善的制度机制体系，才能真正落到实处。现实生活中，全过程人民民主更多体现为一种价值宣示，缺少具体的制度体系保障和相应内容，不能完全满足信息化条件下人民群众对人民民主的新需求和新期待。二是科学立法、民主立法、依法立法有差距，影响了立法质量的提升。首先是地方立法研究不够。地方立法是国家立法体系的重要组成部分，但长期以来，受制于人才等各种原因，我们对地方立法缺乏研究，在国家立法告别"宜粗不宜细"、地方立法空间被压缩的背景下，地方立法应该怎么立？立什么？"小切口"立法的适用条件和适用层级、省级立法、设区市立法各自的立法范围等，都需要进行深入研究。其次是地方立法质量有待进一步提升，特别是设区市立法，立法质量还有较大的提升空间，导致立法修改频繁，缺少稳定性。宁夏地域面积较小，如何处理好省级层面立法与设区市立法的职能配置，避免重复立法、多头立法，是我们应该关注的重要方面。再次是地方立法使用效率不高，在司法判决和社会生活中引用率较低，规制作用发挥不明显。最后是立法联系点建设存在重建轻用问题，作用发挥不是特别明显，立法论证不充分，立法后评估开展不平衡，对立法质量的促进作用不够。三是各级人大代表在发展全过程人民民主中的作用发挥不充分。各级人大代表是人民代表大会制度的主体，只有充分调动起各级人大代表参与全过程人民民主的积极性，构建适合人大代表发挥作用的制度机制，实现人大代表具体职业与承担职能的合理化配置，才能够较好发挥人民代表大会在发展全过程人民民主中的重要载体和主渠道作用。

（三）法治政府建设存在短板弱项

法治政府是法治国家建设的基础工程，也是最难啃的"骨头"，从中国社会科学院2024年《中国法治发展报告》和中国政法大学《中国法治政府评估报告（2023）》的内容看，宁夏法治政府在取得进步的同时，也存在一些需要进一步改进的问题。一是一些评估指标与发达地区差距正在拉大。在2024年的《中国法治发展报告》中，宁夏法治政府建设中民主科学决策得分69.3，优化营商环境得分66.5，而上海民主科学决策和优化营商环境得分则分别为91.3和90，银川市民生保障信息公开得分仅为38.5分，而得分最高的广州市为83.2分。中国政法大学《中国法治政府评估报告（2023）》对全国100个城市2023年法治政府建设情况进行评估，宁夏银川市参与测评，从测评结果看，银川市在法治政府建设的组织领导、行政执法、社会公众满意度三个指标上低于全国平均水平。二是行政诉讼和行政复议案件数量较多，反映了法治政府建设中存在行政执法单位法治理念不强、行政执法规范化程度不高等问题。多年来，宁夏行政诉讼案件数量和行政机关败诉率一直维持在一个较高的水平。由于数据采集原因，我们无法获取2024年行政诉讼案件的具体数据，但从宁夏2023年度行政审判白皮书反映的情况看，2023年，宁夏各级法院依法审理各类行政案件4385件，审结4151件，其中受理一审行政案件2324件（不含行政赔偿案件），同比上升16.08个百分点。2024年，宁夏行政复议案件数量则增加明显。仅2024年1—10月，全区收到行政复议申请2834件，较上一年同比增长107.62%，其中"事实不清、证据不足""程序违法""不履行或拖延履行法定职责"为行政案件败诉三大主因，基本上也是行政复议案件形成的主要因素。三是腐败案件多发高发，且主要集中在权力资源富集的部门，说明行政决策程序存在空转现象，权力制约和监督需要进一步加强。从中纪委官网公布的消息看，2024年上半年，全国纪检监察机关共接收信访举报175.4万件次，其中检举控告类信访举报47.7万件次，处置问题线索97.1万件。立案40.5万件，其中立案省部级干部41人、厅局级干部2127人、县处级干部1.7万人、乡科级干部5.6万人；立案现任或原任村党支部书记、村委会主任4.7万人。处分33.2万人，其中，党纪处分26.6万人、政务处分 9.3 万人；处分省部级干部 25 人，厅局级干部 1806 人，县处级干部 1.3 万人，乡科级干部 4.3 万人，一般干部 4.6 万人，农村、企业等其他人员 22.9 万人。2024 年上半年，全国纪检监察机关运用"四种形态"批评教育和处理 87.9 万人次。坚持受贿行贿一起查，立案行贿人员 1.2 万人，移送检察机关 1941 人。截至 2024 年 11 月，宁夏共有 6 名厅级干部、19 名处级干部接受纪律审查和监察调查，还有大量被给予各种不同处分的干部，特别是青年干部违规违纪数量在不断上升，说明权力在有效制约和监督方面存在不足，需要引起高度重视。四是干部队伍素质还不能完全适应法治化营商环境建设需要，人民群众对法治政府建设的满意度存在温差。法治化营商环境涉及政府工作的方方面面，是法治政府工作成效的集中体现。近年来，自治区政府高度重视营商环境建设，取得了一定的成绩，人民群众满意度逐年提高，但与发达地区相比，还存在明显的差距。从现实情况看，在涉及民生领域，特别是方便群众办事方面，人民群众对法治政府的满意度较高，但涉及行政执法、行政审批等领域，人民群众的满意度还有待进一步提升。改革开放以来，我国充分发挥后发立法优势，在立法内容、立法技术、执法措施等方面走在了世界前列，可以说，我国的法律体系相比于发达国家数十年前甚至上百年前的立法，体现出鲜明的现代化优势。比如，我国的民法典就被认为是最具现代水平的信息化时代的民法典。但之所以在法治国家建设中往往出现许多问题，归根结底是人的素质还不能完全适应现代化建设的需要。费孝通先生在谈到我国改革开放后的发展历程时说，我国的发展经历了农业文明、工业文明、信息化时代，他形象地称之为"三级两跳"，这种情况既体现了我国高速发展的优势，但也反映出人的现代化存在不足，许多人从物质层面已经进入现代化，但在精神层面往往还处于农业文明或工业化时代的前期，不能完全适应信息化时代的需要。以前我们认为这种情况多发生在农村和农民身上，实际上在我们许多领导干部身上也有明显的体现，传统对每个人的影响都会在我们的言行中留下痕迹，只不过有些是显性的，有些则是隐性的。中国式现代化不但包括物质现代化，也包括精神文化现代化，但关键是人的现代化。在法治国家建设中出现的许多问题，包括不依法办事、贪污腐化、不重视程序、不尊重人权和财产权保护，究其本质而言，是人的素质特别是法治素质不高造成的。物质现代化可以实现跨越式，但思想精神的现代化是不可能跨越的，是需要经过长期的补课才能完成的。我国落后地区往往不是体现为物质层面的落后，更多是精神文化观念层面的落后。五是法治政府建设对法治社会建设带动作用不明显。党的十八届四中全会《决定》指出，要推进法治国家、法治政府、法治社会一体建设，之所以是一体而非分治，就是看到法治国家、法治政府、法治社会之间具有较为密切的关联关系，由于法治政府在法治国家建设中具有基础地位，所以法治政府建设不但是法治国家建设的重要内容，也是法治国家建设的标志，同时，也会对法治社会建设产生强大的带动作用。中国古代有"以吏为师"的传统，也是寄希望通过官员的模范带头作用，推动整个社会道德水平的提升。2024年，宁夏法治社会建设进步明显，人民的法治意识、诚信意识、守法意识稳步提升，但由于法治政府建设特别是基层行政执法中存在的问题和个别基层政府的不诚信，"新官不理后账"，部分消解了法治社会建设的成效。

（四）司法审判质效距离让人民群众在每一起司法案件中都感受到公平正义还有差距，司法监督作用有待进一步加强

一是因为司法审判引发的涉法涉诉信访持续增加，说明审判质效还不高。虽然有些案件并不完全是司法机关本身的问题，但大量上访案件存在，说明司法的公正性还不高，司法公信力有待进一步提升，从现实情况看，个别案件确实存在审判不公甚至司法腐败问题。二是涉诉信访案件较多，影响社会稳定。大量对司法审判不满的当事人，如果其诉求得不到有效回应，不排除采取极端行为，有可能对社会稳定和人民群众生命财产安全造成严重威胁。虽然宁夏还没发生类似事件，但也应该未雨绸缪，切实做好释疑解惑工作，消除当事人心结，让他们重新回归社会正常生活。三是司法监督还有待进一步加强。司法监督是中国特色社会主义法治监督体系的重要组成部分，对有效监督公权力依法运行，维护人民群众合法权益发挥着重要作用。司法监督包括人民法院的审判监督和人民检察院的法律监督。从目前行政诉讼、行政复议案件数量持续上升的情况看，司法机关的监督质效还不高，检察建议权威性不足，震慑作用还不强，距离实质性化解行政争议还存在一定距离。四是在巩固现有司法改革成果基础上，对司法权运行监督制约机制仍需进一步完善。党的十八大，特别是十八届四中全会以来，我国新一轮司法改革取得显著成效，司法公正效率得到有效提升。但在实践中，仍然存在一些亟待解决的问题，特别是司法权规范有序运行，防止公器私用或作为个别人谋私的工具。在当下情况下，要特别注意公权力，特别是要避免各级党委"一把手"对司法活动的不当干预，以免影响司法权威，造成不良社会舆论，损害司法改革的声誉。

（五）法治社会建设任重道远，基层治理基础不牢固，社会整体法治意识、创新意识不强，法治宣传、法学研究水平相对滞后，不能完全满足法治宁夏建设需要

法治国家建设是一项复杂的系统工程，其中法治社会建设是基础。一是对法治社会建设存在认识误区。长期以来，我们在法治社会建设上有一个误区，习惯把法治社会建设看成是一个独立的领域，忽视了法治社会与政治、经济、社会、文化等的关系，比较注重从历史文化、人民群众素质等方面理解法治社会建设的问题，而往往忽略了现实的法治状况对法治社会形成的影响。不是先有法治社会才有法治政府、法治国家，三者之间是相互影响、相互促进的关系。但三者地位性质并不一样，法治国家是目标，法治政府是关键，法治社会是基础。在法治社会建设中，法治政府不但具有引领示范作用，而且直接关系到法治社会能否建成，法治社会建设虽然名义在社会，但重心在政府。二是基层治理体系还没有完全建立起来，公共法律服务虽然普及率高，但实效性有待提高。经过多年的努力，宁夏打造了覆盖城乡的公共服务体系，这些公共服务机构，基本上是政府主导建立起来的，自治程度低，德治缺乏具体抓手，距离建成自治、法治、德治相结合的基层治理体系还存在一定距离。基层公共法律服务体系更多的是发挥了案件引流器作用，实质性化解各种矛盾纠纷成效不显著，这从近年来人民法院受理案件数量持续上升就可以清楚看出来。三是法治文化建设、法治宣传教育水平有待提高，法治文化建设和法治宣传教育存在形式化问题。法治文化除来源于一个国家的历史文化传统外，在很大程度上是由一个国家的法治实践决定的。法治文化不是抽象的理论，而是现实中指导人们行为的准则。脱离开具体的社会现实，抽象地谈法治文化是没有意义的，也是不符合马克思主义、历史唯物主义基本原理的。宁夏政法机关高度重视法治文化建设和法治宣传，但由于缺乏对法治文化、法治宣传规律性、时代性的认识，往往存在传统路径依赖，缺乏与社会的互动交流，形式化程度较高。四是法学研究水平不高，服务宁夏法治建设能力不强，制约了法治宁夏建设和对外开放的水平。2023 年 2 月，中共中央办公厅、国务院办公厅印发了《关于加强新时代法学教育和法学理论研究的意见》。这是在新的发展方位上，我国法学教育和法学理论发展史上的一件大事，必将对宁夏法学教育和法学理论研究从指导思想、工作原则、目标任务、研究范式到教学体系、研究体系、学科建设等方面产生重大影响，是推动宁夏法学教育和法学理论高质量发展的重大历史机遇。由于历史与现实原因，宁夏法学研究整体水平与发达地区相比还有较大差距，在涉外法治教育方面，许多方面还是空白。目前宁夏开展法学教育的高校、研究机构仅有 4 家，宁夏大学、北方民族大学有法学院培养本科法学人才，宁夏大学是一级法学硕士点授权单位，北方民族大学仅有法律硕士专业学位点，宁夏社会科学院和宁夏党校虽然设有法学研究所（教研部），但从事法学研究教学的科研人员规模体量较小。宁夏的法治人才培养基础较为薄弱，尤其涉外法律人才稀缺，整体法治人才断层现象严重，法学专业硕士研究生占比低于全国平均水平，为全国 5 个法学博士点空白省区之一。法学研究缺乏科研项目支撑，现有的一些项目不但小，且比较分散。在全国范围内缺少有影响力的学科带头人，在全国法学研究中缺少话语权。这些客观因素一定程度上制约和影响了习近平法治思想的研究阐释工作水平，也对宁夏法治建设的质量效益产生一定的负面影响。

三、2025 年宁夏法治发展展望

2025 年是"十四五"规划的收官之年，也是《法治政府建设实施纲要（2021—2025 年）》全面完成的年份，时间紧，任务重，需要我们加倍努力，才能实现预定目标任务。同时，2025 年，我们将面对更加严峻复杂的国内外形势。在 2024 年中央经济工作会议上，对我们所面临的形势有较为清晰的认识。随着外部环境变化带来的不利影响加深，我国经济运行仍然面临不少困难和挑战，主要是国内需求不足，部分企业生产经营困难，群众就业增收面临压力，风险隐患仍然较多。从社会治理规律来讲，经济发展问题或迟或早就会外溢到社会层面，造成社会和谐稳定的压力加大。但历史经验告诉我们，越是在这样一种情况下，我们越是要坚持法治、维护法治、守护法治、信赖法治，因为只有法治，才能从根本上解决我们当前面临的一系列经济社会问题，带领中国经济走出困境，迈向辉煌。同时，我们要全面完成 2025 年经济工作会议提出的总体要求，全面贯彻落实党的二十大和二十届二中、二十届三中全会精神，坚持稳中求进工作总基调，完整准确全面贯彻新发展理念，加快构建新发展格局，扎实推动高质量发展，进一步全面深化改革，扩大高水平对外开放，建设现代化产业体系，更好统筹发展和安全，实施更加积极有为的宏观政策，扩大国内需求，推动科技创新和产业创新融合发展，稳住楼市股市，防范化解重点领域风险和外部冲击，稳定预期、激发活力，推动经济持续回升向好，不断提高人民生活水平，保持社会和谐稳定，高质量完成"十四五"规划目标任务，为实现"十五五"良好开局打牢基础。上述工作任务的顺利完成，不但需要全体人民的共同努力，也需要充分发挥市场在资源配置中的决定性作用，更好发挥政府的作用，充分调动社会参与的积极性。但市场、政府两种作用的发挥，均离不开法治化营商环境的塑造和法治政府建设的成效。在未来发展征程中，法治不但发挥着最为基础的稳预期、固根本作用，也是推动经济社会发展的重要动力。

（一）全面贯彻落实二十届三中全会《决定》要求，宁夏的法治建设将会迈上新的台阶，人民群众的获得感、满意度将会进一步提升

2024 年，党的二十届三中全会通过的《决定》，吹响了新一轮改革的号角。从《决定》有关法治改革的内容看，本轮改革更加重视制度机制建设，更加重视改革取得实效。《决定》从深化立法领域改革、深入推进依法行政、健全公正执法司法体制机制、完善推进法治社会建设机制、加强涉外法治建设等五个方面对法治改革进行了全面擘画。我们相信，2025 年，随着《决定》要求的贯彻落实，宁夏的法治建设将会取得更大成绩。

（二）发展全过程人民民主将会取得积极进展，发展全过程人民民主是中国式现代化的本质要求，也是中国特色社会主义制度优越性的具体体现

《决定》中专门对发展全过程人民民主从加强人民当家作主制度建设、健全协商民主机制、健全基层民主制度、完善大统战工作格局等四个方面做了全面部署。人们对美好生活的向往，是党和政府不懈的追求。人民群众的美好愿望，在新的历史时期，已经不再完全是物质层面的需求，而是体现为更高层级的精神追求，其中就包括对民主法治的强烈要求。2025 年，是全面贯彻落实《决定》要求的第一年，随着各种制度机制的建设落实，人民民主将会进入新的发展时期，中国特色社会主义民主政治的优势将会持续显现。

（三）《纲要》确定的任务将全面完成，法治政府建设进入新的发展阶段

2025 年是《纲要》的收官之年，法治政府建设的任务将会更加繁重。随着《纲要》规定的任务和指标的顺利完成，宁夏法治政府建设将会取得进一步成效，在规范权力运行监督、程序公正、执法水平提升、人民群众满意度增加、涉外法治建设等方面将会有明显改善，为 2035 年基本建成法治政府打下坚实基础。党的二十届三中全会《决定》明确了下一步依法行政的改革内容和任务，目标明确，针对性强，全面落实《决定》规定的改革任务，是 2025 年法治政府建设的主要内容和发展方向。

（四）司法在社会治理中的作用进一步发挥，司法监督质效显著提高

在现代社会，司法不仅仅是定分止争，同时，现代司法在对公权力监督制约、人权保障、型塑社会风尚、打造法治化营商环境等方面均发挥着重要作用，是现代社会治理的基础性力量。2025 年，随着法治国家建设的推进和公正司法体制机制的建立，司法在维护社会公平正义，保护人民生命财产安全，守护社会稳定秩序方面将会发挥更大作用。司法机关与公安机关、司法行政机关相互配合、相互制约的体制机制将会更加完善，司法机关的法律监督职责将会进一步强化，审判权与执行权分离改革将会稳步推进，司法公开、落实和完善司法责任制、人权司法保障等将会有新的举措。

（五）基层社会治理成效显著，法治社会建设稳步推进

随着经济周期性波动，社会治理的难度和复杂性在增加，给基层治理提出了挑战。按照二十届三中全会《决定》的要求，2025 年，在法治社会建设方面，我们将健全覆盖城乡的公共法律服务体系，并切实发挥基层公共法律服务在纠纷解决、矛盾化解、隐患排查、法治引导等方面的作用。进一步深化律师制度、公证体制、仲裁制度、调解制度、司法鉴定管理制度改革，使得上述制度建设能够深入基层、相互配合、相互衔接，形成治理合力。法治宣传教育将会出现新的创新举措，更加贴近人民群众需求，更能发挥主渠道宣传优势，提高法治宣传教育的质效。针对社会反映强烈的教育问题、就业问题、未成年人保护等问题，都会在法治轨道上有序推进。

（六）法学研究和法学教育长期滞后的局面将会有所改观，法学研究服务经济社会发展能力进一步提升

法学研究水平从某种意义上代表了一个地方的法治水平。2024 年，为贯彻落实中共中央办公厅、国务院办公厅印发的《关于加强新时代法学教育和法学理论研究的意见》，自治区出台了《关于进一步加强法学教育和法学理论研究的若干措施》，对宁夏法学研究和法学教育作了全面规划部署。2025 年，宁夏的法学研究和法学教育要争取在以下方面取得实质性突破。一是在自治区层面，把法学学科建设摆上重要议事日程，将法学学科作为自治区重点学科来布局，纳入自治区哲学社会科学发展"十五五"规划，对宁夏社会科学院、宁夏大学法学学科在经费保障、人员编制、机构设置等方面给予倾斜。二是借鉴教育厅教育科学研究项目经验，积极推动将自治区法学会课题纳入宁夏哲学社会科学规划项目管理，提升项目位次，增加经费保障，提高法学会课题研究的水平和影响力。三是开展宁夏中青年法学家评选活动。资深法学家、中青年法学家、优秀青年法学家评选活动在中国法学会和部分省区已经开展了多年，其中有的已经评选十届，旨在推动全国乃至本省区法学领军人才脱颖而出，成效十分显著。建议从 2025

年开始，启动宁夏中青年法学家评选活动，推动法学研究、法学教育、法治人才脱颖而出。四是在自治区党委政法委统一领导下，由宁夏法学会牵头组织，设置若干宁夏法学研究重大课题，加大课题投入力度，开展法治宁夏重大项目研究，以高质量的法治研究，为法治宁夏建设提供智力支撑，同时也为以实践为导向的法学教育培养机制的建立提供载体。

（本报告在撰写过程中参考了本书有关篇章数据内容，特此说明。）

法治领域篇

FAZHI LINGYU PIAN

2024年平安宁夏发展工作报告

宁夏回族自治区党委政法委课题组

2024年以来，全区政法系统深入学习贯彻习近平法治思想和总体国家安全观，坚决贯彻党的二十届三中全会和习近平总书记考察宁夏重要讲话精神，全面落实中央政法工作会议部署，紧扣铸牢中华民族共同体意识主线，坚持政法在"干"，筑牢"塞上枫桥"法治机制，为统筹高质量发展和高水平安全夯实法治基础，努力建设更高水平平安宁夏、法治宁夏。

一、2024年平安宁夏发展成效

（一）切实加强平安宁夏建设的政治统领

一是集中推进"七个深刻领悟"。统筹自治区政法各单位轮值理论学习中心组双月联组学习制度，指导自治区政法各单位通过理论学习中心组学习会方式，开展以"七个深刻领悟"为重点的学习研讨，围绕习近平法治思想、习近平总书记考察宁夏重要讲话精神等开展联组学习研讨7次。研究制定深化政法改革、"塞上枫桥"基层法治、法治护航主线和生态法治四项任务清单。依托"塞上枫桥"法治讲堂集中开展7期专题研讨，并邀

作者简介　宁夏回族自治区党委政法委课题组成员：孙健嵘，自治区党委政法委综合治理督导处处长；高亚军，自治区党委政法委政策研究处副处长；赵磊，自治区党委政法委综合治理督导处一级主任科员。

请社区书记介绍"推进社区基层法治服务做深做细做到位"的示范做法。二是抓紧抓实党纪学习教育。按照"关于完善作风建设常态化长效化制度机制"的重要指示，建立党纪学习教育每周调度推进机制，制定加强政法队伍党的纪律建设7个方面36条措施。坚持每月查找纪律意识、纪律修养、纪律能力、纪律作风等方面的突出问题，持续唤醒政法干警党的纪律意识。三是整治形式主义为基层减负。贯彻落实中央和自治区整治形式主义为基层减负的部署要求，集中纠治矛盾纠纷排查化解中数据重复录入、多头填报等形式主义突出的问题，"塞上枫桥"基层法治工作平台与人民调解综合管理平台数据实现有机融合，矛盾纠纷录入事项压减到极简，人民调解卷宗简化为一张表，一类案件补贴提高到2300元，实现减负增效。四是系统推进以学铸魂增智正风促干。深入基层一线专题宣讲习近平总书记考察宁夏重要讲话精神，分片联系包抓各市、县（区），机关各支部围绕"把基层法治服务做深做细做到位"主题，开展季度"基层工作周"活动，深入贯彻落实习近平总书记考察长城花园社区的重要指示精神。

（二）系统完善平安宁夏建设工作机制

一是建立常态化扫黑除恶斗争工作机制。系统总结专项斗争打法战法，在工作运行、线索排查、案件办理、打伞破网、源头治理、督导督办6个方面，分类建立了19项制度机制。组织摸排涉黑涉恶问题线索282条，立涉恶案件6起，查封扣押冻结涉案资产1.02亿元，起诉1件11人，审判生效2件43人。二是建立经济金融风险传导防控机制。针对经济金融重大涉稳风险，成立法律服务和维稳信访专门工作组，先后5次专题向自治区党委研判报告。与山西、江苏等15个省区协同落实稳控措施。严厉打击经济金融犯罪，破获各类经济犯罪案件268起，抓获犯罪嫌疑人295人，挽回经济损失1.5亿元。三是建立防汛救灾维护稳定机制。加强与应急管理、消防救援等部门协同联动，持续做好洪水、火灾等自然灾害和突发事故场景应急响应处置。依托"塞上枫桥"基层法治工作机制，统筹基层法治力量，加强各类事故灾害隐患排查报告，协同处置"4·18"强降雨贺兰山山洪等灾害。四是建立涉法网络舆情应对协调机制。会同自治区党委宣传部、网信办等部门，建立涉法网络舆情应对协调机制，主动塑造有利态势，有效导控网络舆情，成功处置 2 起重大涉法网络舆情，有力推动"三同步"工作从"被动灭火"向"主动防火"转变。

（三）建强做实"塞上枫桥"基层法治工作机制

一是"三条线"一股绳牵引。坚持以派出所主防警务协作为主线，与人民调解、司法行政调节和治安保卫综合治理防线拧成"一股绳"，突出县（区）枢纽统筹、乡镇（街道）协调化解、村（社区）防范发现能力，牵引基层法治力量协调联动。二是"10+3"一根筋落实。牢牢把握"深、准、狠"总要求，一根筋持续构建"防、查、改、教、强、技、制、督、调、究"主动预防基层法治模式。村（社区）每日组织基层法治力量巡查网格，做到掌握矛盾纠纷"日清日结"、化解矛盾"日清周结"。乡镇（街道）每周联席会商，做到矛盾纠纷化解"周清季结"。县（区）每月下沉，集中攻坚化解难题。三是政法"数字底座"支撑。持续开展以"一标三实"为重点的基础信息摸底采集，实现"人、地、事、物、情、组织"协同全量掌握，按照"专业+机制+大数据"新型警务运行模式，常态化推进扫黑除恶和重点人群服务管理。2024 年 1—10 月，全区排查各类矛盾纠纷 4.3 万件，化解率 98.5%，刑事案件同比下降 26.3%，"盗抢骗"案件同比下降 27.6%，电诈案件立案数、财损数同比分别下降 33.8%、22.2%。四是信访法治化机制推进。在全区地市各确定 1 个县（区）为信访工作法治化先行试点，紧紧依托"塞上枫桥"基层法治机制，坚持每季度调度推进信访工作法治化重点工作。自治区党委政法委统筹政法各单位，成立由政法单位组成的涉法涉诉信访工作组，在信访局集中攻坚化解，各市、县（区）也参照自治区做法，通过专门机制攻坚化解涉法涉诉信访积案。2024 年 1—8 月全区信访总量同比下降 9.65%，重复信访同比下降 23.08%，涉法涉诉信访同比下降 5.99%。

（四）纵深推进政法领域全面深化改革

一是持续优化政法机构职能。对标中央政法委职责机构调整，优化党委政法委内设机构，单独成立宣传与网络社会治理处。落实应勇检察长来宁夏调研指示要求，自治区、市级检察院完成检察侦查机构专设，成为全国第七个实现市级检察院侦查机构全覆盖省区，2024 年已立案侦查 11 人。

将市、县级法学会纳入机构编制管理序列，推动市、县、乡三级法学会基层服务站点实现全覆盖。二是积极营造法治化营商环境。出台优化法治化营商环境 50 条措施，开展涉不平等对待企业法规规章政策文件和罚款规定清理，排查起底法规规章、政策文件 17 万余件。示范建设重点开发区和商务圈营商环境法治化工作站，全区 5 个地市 22 个县（区）全部建成行政争议调解中心，着力推进营商环境行政调解。2024 年全区行政复议案件同比增长 53.49%，行政诉讼案件同比下降 4.95%。专项监督涉企行政执法问题，区、市、县、乡四级行政执法协调监督体系已推动整改 6 个方面 1094 个涉企行政执法突出问题，宁夏实施"法治政府建设提升工程"经验做法得到司法部宣传推介。三是全面准确落实司法责任制。高级人民法院、检察院全面整合法官检察官、法官检察官助理、书记员权责清单，明确审委会、检委会、专业法官会议等办案组织司法责任，实现执法办案有章可循。公安厅定期开展巡查检查和通报问责，行政案件查结率明显提高。司法厅研究制定自治区监狱管理局、戒毒管理局监督管理职责清单，层层厘清违规干预、插手、不当过问案件与履行法定职责正当监督管理的界限，切实将权力关进制度的"笼子"。四是深化诉讼制度改革。深化以审判为中心的刑事诉讼制度改革，出台量刑指导意见的实施细则。有序完成四级法院审级职能定位改革试点工作，研究制定实施意见规范提级管辖案件办理程序。健全完善侦查监督与协作配合机制，加强"一网统管"执法监督，全区公安机关批捕率、起诉率同比上升 4.2%、9.9%，检察机关纠正违法数同比下降 40.9%，执法风险防控平台被公安部在全国推广建设应用。五是加强科技信息化建设。制定视频会商系统分级保护方案和普通密码保障方案，从硬件指标、软件指标以及运行机制等方面构建完整涉密安全保障体系。制定科技兴警三年行动计划，2900 余个数据模型赋能一线实战，图侦技术支撑破案率达到 70% 以上。宁夏被最高人民检察院确定为全国唯一酒驾综合治理监督模式试点省区，积极推进宁夏酒驾综合治理平台建设，全区醉酒驾驶刑事案件同比下降 40%。

（五）系统推进"一小一老一新一重"法治化服务保障

一是系统推进未成年人法治化保护。以中卫市沙坡头区为试点，坚持立足预防、家庭为重，立足教育、学校为本，立足法治、社区为要，持续推动家庭、邻居、小区（单元）热心群众"里三层"与社区基层法治力量、学校、群团组织和社会组织"外三层"协同联动，系统推进未成年人法治化保护。集聚政法资源力量，接续开展未成年人法治化保护 5 月宣传、6 月强基主题行动，取得良好社会效果。2024 年上半年，全区未成年人违法犯罪同比下降 21.5%。二是系统推进老龄社会法治化服务。以石嘴山市大武口区为试点，探索将积极老龄观、健康老龄化理念融入基层法治工作机制，持续优化老年人公共法律服务，协同促进社区适老化改造法治服务，积极保障老年人社会参与合法权益，严厉打击侵犯老年人权益违法犯罪，积极构建与人口老龄化进程相适应的老年友好型法治社会。大武口区 2024 年已化解涉老矛盾纠纷 213 件，侦办侵害老年人权益违法犯罪案件 24 起，正在积极推进综合养老服务中心"法治家园"建设、长生花园社区适老化改造。三是系统推进新就业形态法治化引领。以银川市兴庆区为试点，积极适应新就业形态组织方式平台化、劳动关系自主灵活等特征，依托"塞上枫桥"基层法治工作机制，推动政法机关、行业部门、群团组织、协会商会、平台企业等协同共为，树立办事依法法治思维、倡导遇事找法法治方式、完善解决问题用法法治机制、畅通化解矛盾靠法法治渠道，系统构建有利于新就业形态创新创业创造的法治化引领新格局。兴庆区建设"塞上红色驿站"201 个，统筹"三官一师一员"协同开展法治服务，化解新就业形态劳动者矛盾纠纷 213 件。四是系统推进重点群体法治化管理。依托"塞上枫桥"基层法治工作机制，在全区 2883 个村（社区）全部成立由村（社区）书记、治保主任、妇女主任组成的重点人群服务管理小组，跟进关注掌握刑满释放、社区矫正等群体，逐一落实动态管理和帮扶帮教措施，严防漏管失控。

（六）着力构建先行区生态法治新安全格局

制定《关于贯彻落实自治区党委十三届五次全会精神　系统推进生态环境治理法治化的实施意见》，通过加强生态环境领域公益诉讼等 9 条方法路径和区域协作等 5 项保障机制，统筹推进落实依法保障黄河"几字弯"攻坚战等 8 项重点任务。一是统筹加强生态环境领域公益诉讼。充分发挥

"检察一体化"领导体制优势，强化检察侦查职能和公益诉讼协作机制，积极推动与林草系统开展"检察蓝"防护"林草绿"行动。2024 年以来，已办理生态环境领域案件 501 件。2024 年全国两会期间，宁夏代表团继 2020 年之后再次提交关于加快制定检察公益诉讼法的议案，积极推进检察公益诉讼立法进程。二是依法严打环境资源违法犯罪。2024 年以来，公安机关侦办污染环境、破坏生态资源类刑事案件 71 起，同比上升 17.9%。自治区公安厅 2024 年在成功侦破"1·09"案的基础上，继续循线深挖，又侦破"5·19"特大危害珍贵濒危野生动物案，系宁夏侦破的保护级别最高的特大涉野刑事案件。三是持续深化环境资源案件集中管辖。推进环境资源审判庭实质化运行和案件"三合一"集中审理，2024 年以来集中管辖审理环资类案件 1435 件。银川市铁路运输法院办理的危害珍贵濒危野生动物案，入选最高人民法院司法服务黄河流域生态保护和高质量发展十大典型案例。四是建立完善黄河流域司法协作机制。积极参与黄河流域九省区司法协作，倡导建立"丝绸之路经济带"（国内西北段）生态环境检察对接协作机制，法治化保护黄河"几字弯"。针对腾格里沙漠环境污染案，中卫市中院连续 7 年协同开展执行回访，督促 8 家企业投入修复资金 5.69 亿元。

（七）统筹政法系统"一盘棋"，推进政治建警从严治警

一是树牢和践行政法正确政绩观。出台《关于进一步牢固树立和笃信践行正确政绩观的指导意见》，明确严守绝对忠诚、崇尚法律尊严、维护公平正义、坚持扶正祛邪、始终甘于奉献等 5 条政绩导向，持续素能训练、善于调查研究、践行实干担当、强化考核问效、学习政法英模等 5 条塑造路径，引领全区政法干警牢固树立和笃信践行正确政绩观。二是常态加强政法干警素能训练。制定《关于常态化加强新时代政法干警素质能力训练的实施意见》，将"四个以学"具体化为 27 项工作措施，把政治训练贯穿政法干警成长全周期，提升政法干警政治能力、思维能力、法治能力、实践能力。2024 年以来，举办"塞上枫桥"法治讲堂 26 期，贯通区、市、县、乡四级，重点强化数字素能、经济金融、涉外法治专业训练，系统推进政法系统"新质警务战斗力"建设。三是加快落实政法"3331"工程。全面推进政法系统优秀年轻干部选拔培养"3331"工程，用三年时间实现区、市、县政法机关领导岗位年轻干部分别达到 30% 的配备目标。目前，区直政法机关"80 后"中层正职占比比实施前提升 6.9 个百分点，5 个地级市政法机关"80 后"班子副职占比提升 22.2 个百分点，县（市、区）公检法机关"80 后"主要负责人占比提升 12.1 个百分点，县（市、区）政法机关"90 后"班子正副职实现从无到有，预期实现占 30% 的配备目标。四是统筹政法在"干"三年行动。出台《贯彻落实习近平总书记考察宁夏重要讲话精神奋力推进新时代新征程政法工作现代化三年行动实施方案》，统筹推进基层法治、执行质效、公益诉讼等七个专项行动，加强动态评估、迭代升级，引领推动政法工作思想观念、工作体系、工作能力现代化。五是坚持不懈正风肃纪反腐。纵深推进政法系统全面从严治党，建立保持不敢腐的亮剑能力、做实不能腐的制度机制、构建不想腐的法治文化"三不腐"一体推进机制，加强党委政法委执法监督与检察机关法律监督、法治督察与纪检监察协同发力，坚决查处了李永宁、李清伟等害群之马。深入开展执法监督检查和案件评查，严格实施错案责任追究和违法违纪惩戒，不断强化法律制度的刚性约束，引导政法干警知敬畏、存戒惧、守底线。

二、平安宁夏建设存在的问题和发展展望

（一）平安宁夏建设存在的问题

推进社会治理现代化，建设更高水平的平安宁夏、法治宁夏是应对百年未有之大变局、有效防范化解重大风险的战略举措。当前，平安宁夏建设还面临多重风险压力。面对新形势新任务，平安宁夏建设还存在明显短板弱项。进一步解放思想，运用创新思维和改革办法破解平安建设工作难题、新题的能力有待进一步加强；学习贯彻习近平法治思想，运用法治思维和法治方式化解矛盾风险、维护稳定的水平有待进一步提高；党建引领社会治理的协调机制还有待完善，"两企三新"党建工作基础仍然薄弱；社会治安整体防控意识尚未完全建立，工作体系还不够健全，资金投入保障还不够充足，基础工作还比较薄弱，基层力量尚不能有效支撑，社会治理基础数据共建共享还需持续推进。

（二）平安宁夏建设展望

下一步，宁夏政法系统将全面贯彻党的二十届三中全会精神，坚决落实中央政法委部署要求，充分发挥党委政法委职能作用，统筹政法在"干"，坚定维护政治安全、社会稳定、法治统一，以政法工作现代化系统支撑和服务中国式现代化的宁夏篇章。一是严格落实维稳责任。切实抓好《维护社会稳定责任制规定》的贯彻落实，充分用好提示社会稳定风险实施办法，持续推进维护社会稳定责任制与平安建设机制有效衔接、有机协同。二是持续推进基层法治。准确把握县（区）、乡镇（街道）、村（社区）职能定位，推动"塞上枫桥"基层法治工作机制规范运行，引导更多单位把更多力量放在矛盾纠纷预防化解上。三是严密防范重大风险。着力加强人民防线建设，增强基层法治工作机制发现能力，及时阻断不同领域风险的转化通道，坚决做到各类风险细致排查、精致预防、极致管控。四是纵深推进政法改革。推进审判权监督制约改革、检察侦查办案组织和办案机制改革、公安机关机构编制管理改革和行政复议体制改革，坚定以法治生态新安全格局保障先行区建设。五是全面加强法治建设。充分发挥法治固根本、稳预期、利长远的保障作用，统筹推进科学立法、严格执法、公正司法、全民守法，持续加强营商环境、生态环境、网络社会等司法保障，不断夯实"办事依法、遇事找法、解决问题用法、化解矛盾靠法"的基层法治基础。六是纵深推进自我革命。全面加强政法队伍党的纪律建设，推动执法监督、法律监督、法治督察与纪检监察协同发力，引领政法干警始终保持战场的意识、战斗的姿态、战时的纪律作风。

2024 年宁夏立法工作发展报告

周继军

2024 年，自治区人大及其常委会坚持以习近平新时代中国特色社会主义思想为指导，深入学习贯彻习近平法治思想和习近平总书记关于坚持和完善人民代表大会制度的重要思想，全面贯彻落实党的二十大和二十届三中全会精神，深入推进科学立法、民主立法、依法立法，不断完善党委领导、人大主导、政府依托、各方参与的立法工作格局，以高质量立法推动高质量发展，为加快建设美丽新宁夏、奋力谱写中国式现代化宁夏篇章提供了坚实有力的法治保障。

一、2024 年宁夏立法工作成绩

在自治区党委的正确领导下，自治区人大常委会按照年度立法工作计划安排，认真行使宪法法律赋予的立法职权，有效发挥立法的引领、规范、推动和保障作用。截至 2024 年 11 月底，审议通过法规 20 件，其中：制定 2 件，修改 17 件，废止 1 件；审查批准设区的市法规 16 件。

（一）坚持党对立法工作的全面领导

始终坚持把党的全面领导贯彻落实到地方立法全过程各方面，做到立法规划、计划，法规起草等全流程向同级党委请示汇报，并在相关工作规

作者简介　周继军，宁夏回族自治区人大常委会法制工作委员会办公室一级调研员。

定中细化了立法规划草案、立法计划草案等报审议流程，做到地方立法任务明确、推进有序。围绕贯彻自治区党委工作重点来谋划、来展开、来推进立法工作，推动和服务自治区党委确定的重大立法事项按时限、高质量完成。严格执行请示报告制度，自觉做到立法工作中的重大决策、重大事项、重要情况，及时主动向自治区党委请示报告。

（二）着力提高立法工作质量和效率

围绕中心、服务大局、突出重点，坚持以良法促进发展，保障善治，加强重点领域、新兴领域立法，充分发挥法治固根本、稳预期、利长远的重要作用。制定《宁夏回族自治区社会救助条例》，建立托底线、救急难、保民生、促公平的基础性社会保障制度，为实现全区人民共同富裕的奋斗目标奠定法治基础。制定《宁夏回族自治区知识产权保护条例》，全方位提高全区知识产权保护法治化水平，营造更好的营商环境，激发创新活力，促进高质量发展。修订《宁夏回族自治区行政复议条例》，发挥行政复议在化解行政争议中的主渠道作用，有效预防和化解社会矛盾，提高行政复议的公信力，提升社会治理效能，更好地保护人民群众合法权益。修订《宁夏回族自治区湿地保护条例》，维护湿地生态功能和生物多样性，促进湿地资源的可持续利用，进一步健全完善全区生态环境保护法规制度体系。修订《宁夏回族自治区环境保护条例》，切实解决全区生态环境保护监督管理领域面临的新情况新问题，持续强化精准治污、科学治污、依法治污，为促进绿色发展提供法律依据。修订《宁夏回族自治区征兵工作条例》，以适应国防和军队改革为目标，以促进依法征兵为主线，围绕全区征兵工作全流程、各环节作出程序性规定，推动征兵工作全方位优化升级，提升征兵工作法治化、制度化、规范化水平。修订《宁夏回族自治区奶产业发展条例》，及时跟进自治区党委确定的"六新六特六优+N"产业发展的立法需求，加强政策支持，鼓励创新引领，优化推进措施，促进全区奶产业提质增效、做大做强、振兴发展。修订《宁夏回族自治区档案条例》，加强档案管理，规范档案收集、整理工作，有效保护和利用档案，提高档案信息化建设水平。修订《宁夏回族自治区各级人民代表大会常务委员会规范性文件备案审查条例》，完善和加强备案审查制度，提高备案审查能力水平和工作质量，更好地发挥备案审查制度作用。修正《宁夏回族自治区人民代表大会及其常务委员会立法程序规定》，认真贯彻落实立法法的规定，全面规范地方立法工作流程和制度规定。修正《宁夏回族自治区人民代表大会及其常务委员会组成人员守则》，规范人大及其常委会会议制度和工作程序，健全完善人大自身工作运行机制和制度规定。

（三）不断探索创新立法工作制度机制

持续完善和优化人大及政府有关负责同志担任"双组长"的立法工作专班机制，围绕自治区党委确定的年度重大立法项目，做好提前介入、调动力量、协调推动等方面的工作，将立法的重点难点问题解决在前端。按照"小切口"立法要求，制定《宁夏回族自治区电动自行车管理规定》，聚焦电动自行车通行安全、规范停放、充电安全等治理重点难点问题和风险隐患，形成职责明确、安全有序、处罚适当的电动自行车管理立法。积极探索协同立法，加强与毗邻的甘肃省、内蒙古自治区之间的联系，探索开展腾格里沙漠边缘荒漠化防治条例协同立法实践，为全面打赢黄河"几字弯"攻坚战，加快建设黄河流域生态保护和高质量发展先行区建设提供法律支撑。主动沟通协调，选择社会关注度高、贴近民生保障的自治区社会救助条例，与自治区政协开展立法协调，收集到来自各行各业的政协委员的意见建议60多条。注重发挥基层立法联系点吸纳民意、汇集民智的重要作用，畅通基层群众民意表达渠道，征集立法意见建议800多条，把立法工作建立在坚实的民意基础上，让每部法规都满载民意、贴近民生、顺应民心，更接地气、更有力量。

（四）充分发挥人大在立法中的主导作用

坚持和完善党委领导、人大主导、政府依托、各方参与的立法工作格局，不断改进法规项目征集、意见征求、专家论证、审议修改、表决通过、普法宣传等环节的工作，切实把好立项关、起草关、审议关，形成项目征集、确定计划、征求意见、论证听证、会议审议、普法宣传的全链条闭环管理，着力提高立法的精细化、精准度。认真研究吸纳常委会组成人员、人大代表、专家学者和各方面各层次的意见建议，通过立法咨询、立法听证、立法协商等形式，在集思广益、凝聚共识的基础上作出立法决策。充分发挥立法机关在表达、平衡、调整社会利益方面的重要作用，加强对立法工作的统筹协调，及时研究解决立法中的重大分歧和问题，有效整合立法资源和力量，形成立法工作合力，提高立法工作质量和效率，推动法规项目按计划提请审议。

（五）不断推动备案审查工作提质增效

坚持"有件必备"，将所有行政规范性文件、监察规范性文件、司法规范性文件全部纳入备案审查范围。2024年，向全国人大常委会和国务院报送备案地方性法规36件，接收自治区政府和设区的市人大常委会、政府报备的规范性文件12件，其中，设区的市人大及其常委会决定决议4件，设区的市的政府规章2件。坚持"有备必审"，积极开展依职权审查、依申请审查、专项审查、联合审查等工作，着力增强备案审查制度刚性，对报备的规范性文件进行合法性、适当性审查，严格落实备案审查制度规定，进一步强化审查实效。坚持"有错必纠"，认真开展法规清理工作，根据全国人大常委会法工委的通知要求和自治区党委部署，先后组织开展了涉民族宗教领域法规集中清理、涉不平等对待企业法规专项清理和明显滞后不适合继续适用法规专项清理，依据清理情况，及时废止《宁夏回族自治区执行〈中华人民共和国婚姻法〉的补充规定》，修改《宁夏回族自治区实施〈中华人民共和国工会法〉办法》和《宁夏回族自治区实施〈中华人民共和国水法〉办法》，对于清理筛查出的其他相关法规，统筹安排列入下一年度立法工作计划，做到该修改的坚决修改，该废止的坚决废止，保持法规的连续性、稳定性、开放性，维护国家法制统一。

二、宁夏立法工作存在的主要问题

宁夏地方立法工作在取得显著成绩的同时，也存在一些问题，需要在今后工作中认真加以改进，主要体现在以下几个方面。

（一）立法质量还需要进一步提高

地方立法质量有待提高。有的法规在制度设计上原则性、倡导性条款多，解决实际问题的创制性规定少，结合区情实际对上位法细化、量化不够，缺乏约束力和执行力，针对性、适用性、可操作性不够强，还不能很好地适应经济社会发展的需要。

（二）开展立法研究的能力需要加强

地方立法研究力量不足、成果不多。例如，针对重点领域、新兴领域的立法研究不够深入，在立法项目的选择和立法资源的配置等方面缺乏系统性和前瞻性。立法咨询专家的智库作用发挥不够有效。立法工作的信息化、智能化建设尚处于探索发展阶段。

（三）立法人才队伍建设还比较薄弱

立法工作的政治性、专业性、理论性、实践性都很强，需要高素质的立法工作队伍支撑。全区立法工作队伍无论是在人员编制、专业结构、年龄梯次等方面，还是在业务工作能力、人才培养机制等方面均有不足，难以满足日益繁重的立法工作任务需求。

三、2025 年宁夏立法工作展望

党的二十大报告明确指出，法治是中国式现代化的重要保障。2025 年宁夏地方立法工作在持续深化贯彻落实党的二十大和二十届三中全会精神的同时，结合地方发展实际，不断深化立法领域改革，实现改革与法治相统一，坚持在法治轨道推进改革，在改革中完善法治，确保宁夏经济社会发展在深刻变革中既生机勃勃又井然有序，推动进一步全面深化改革走深走实。

（一）统筹做好法规案的起草和审议工作

科学制定 2025 年度立法工作计划，加强重点领域、新兴领域立法，确保立法与改革发展相适应、相衔接。按照自治区党委十三届九次全会的部署要求，制定出台《宁夏回族自治区数据条例》，建立数据可信流通体系，实现数据要素供给调整优化和高效配置，保障数据安全，发挥数据要素赋能行业发展的重要作用；紧跟国家立法进程，适时制定《宁夏回族自治区民营经济促进条例》，完善民营企业政策支持制度，优化非公有制经济发展环境；启动《宁夏回族自治区工业园区发展条例》立法调研，研究论证制约园区发展的重点难点问题，规范园区运行管理制度机制，优化园区服务保障和政策供给，推动园区高质量发展。制定出台《宁夏回族自治区精神卫生条例》，修订《宁夏回族自治区慈善事业促进条例》《宁夏回族自治区实施〈中华人民共和国未成年人保护法〉办法》《宁夏回族自治区体育条例》等，废止《宁夏回族自治区煤炭资源勘察开发与保护条例》。

（二）进一步加快推进全面深化改革的立法

按照中央和自治区党委关于深化人大立法领域改革的要求，加快推进与改革措施相配套的立、改、废工作，对实践证明行之有效的政策制度，及时上升为地方性法规，以立法形式确认改革经验和成果；对立法条件还不成熟的，依法及时作出授权决定，对有关改革事项进行实践探索，既不允许随意突破法律红线，也不允许简单以现行法律法规没有依据为由迟滞改革；对不适应改革要求的有关法规，及时修改或者废止，不让那些过时的法规条款成为深化改革的"绊马索"，不断完善重点领域、新兴领域立法，健全治理体系和治理能力现代化急需的、人民群众生活需要必备的、维护和谐安全稳定所急的法规制度，通过立法促进制约自治区改革发展的深层次矛盾和障碍的破解，及时把改革成果上升为法规制度。

（三）坚持和践行全过程人民民主重大理念

不断丰富和拓展公众有序参与立法的途径，做好法规草案公开征求意见工作，综合运用调研、座谈、论证、听证、评估等方式，把立法工作建立在坚实的民意基础上。充分发挥基层立法联系点的立法"直通车"作用，让基层群众的意见建议直达立法机关，不断健全完善吸纳民意、汇聚民智的工作机制，认真吸取人民群众的意见建议，及时回应社会关切，广泛凝聚立法共识，努力让每一部法规都满载民意、贴近民生、顺应民心，使立法过程成为满足人民需要、扩大人民参与、接受人民监督的生动民主实践。

（四）不断加强和改进立法工作制度机制

注重发挥人大在立法工作中的主导作用，担当起、行使好立法职权。进一步发挥好"双组长"立法工作专班的作用，有效整合立法资源和力量，加强对立法工作的组织协调，调整好各方面的利益关系，形成立法工作合力，提高立法质量效率。完善自治区人大常委会立法论证办法、立法后评估办法、常态化法规清理制度等工作制度，适时开展自治区电动自行车管理规定实施情况的立法后评估。继续探索开展"小切口""小快灵"立法和区域协同立法。加强立法信息公开，及时公布立法计划、法规草案及其说明、审议结果的报告、立法工作进展情况等信息，保障公众的知情权和参与权。加强业务培训和立法研究，以学代训、以学促干，提高实操能力和理论功底。讲好立法故事，做好宣传工作，充分利用互联网、新媒体等手段，积极解读地方立法成果，让人民群众了解法规出台的背景、内容和意义，推动法规有效贯彻实施。

（五）进一步强化备案审查制度和能力建设

按照自治区党委十三届九次全会改革任务要求，进一步抓好备案审查和常态化法规清理制度落实，建立责任明确、运行有序、决策科学、领导有力的备案审查工作制度。健全完善人大常委会和"一府一委两院"的工作衔接联动机制，以及人大常委会内部工作配合协作机制，分工合作，形成合力，提高质效。加强备案审查工作队伍建设，通过开展业务培训、座谈讨论、现场指导、调研走访等形式，加强学习交流和业务指导，提高备案审查工作人员能力水平。加大对报备单位监督力度，结合执法检查、专题调研等时机，发现各类法规和规范性文件中与全面深化改革决策部署相抵触、不一致的，坚决予以纠正，切实做到有错必纠，维护宪法法律权威和国家法制统一。

2024年宁夏审判工作发展报告

朱丽梅 康 莹

2024年，全区法院坚持以习近平新时代中国特色社会主义思想为指导，全面贯彻落实党的二十大精神，学思践悟习近平法治思想、习近平总书记考察宁夏重要讲话精神，聚焦"公正与效率"主题，全面实施政治素养、司法业务、法治保障、群众服务、改革创新、科技应用"六项能力水平提升工程"，扎实推进审判工作现代化，以高质量司法服务保障全区经济社会高质量发展。1—10月，全区法院共受理案件31.07万件，办结25.9万件，结案率83.37%。

一、2024年宁夏审判工作发展成效

（一）坚持党的绝对领导，做到旗帜鲜明讲政治

强化理论武装。认真落实"第一议题"制度和党组理论学习中心组学习制度。扎实开展党纪学习教育，常态化开展政治轮训，组织各类培训12期2064人次，举办领导干部专题研讨班，创新开展"知践"青年理论学堂，党的创新理论培训覆盖率达100%。把准政治方向。对标习近平总书记考察宁夏重要讲话和自治区党委十三届八次全会明确的重点任务，找准法

作者简介　朱丽梅，宁夏回族自治区高级人民法院研究室主任；康莹，宁夏回族自治区高级人民法院研究室干部。

院工作切入点和着力点，细化制定 53 条具体落实措施，明确任务书、时间表、路线图，动态跟进落实。严格落实意识形态工作责任制，强化阵地管理，坚定不移走中国特色社会主义法治道路。严格执行党规党纪。严格执行政法工作条例和重大事项请示报告制度，主动向最高人民法院、自治区党委、党委政法委请示报告重大事项 20 次，确保法院工作正确的政治方向。积极融入平安宁夏建设工作，先后 12 次部署安全稳定工作，深入开展风险隐患大排查大整治，推行机关网格化安全管理模式。严格落实"三同步"原则，依法稳妥处理"丁学福等人涉黑案""于天华执行异议案"等重大敏感案事件。践行全过程人民民主。坚持党的领导、人民当家作主和依法治国有机统一，充分发挥制度优势，主动接受监督，开展首次"代表委员法院行"活动，邀请各级代表委员 2000 余人次视察工作、旁听庭审、见证执行，办理回复代表建议 120 件、委员提案 61 件，向自治区人大常委会专项报告环境资源审判工作，切实将制度优势转化为发展效能。

（二）坚持服务保障大局，助力美丽新宁夏建设

服务高水平安全。审结危害国家安全和严重危害社会治安犯罪案件 2252 件，多发性财产犯罪案件 1392 件。常态化开展扫黑除恶斗争，依法严惩电信网络诈骗案件 551 件 885 人，判处罚金 746.75 万元。坚持把铸牢中华民族共同体意识融入审判执行工作，依法打击非法宗教活动，积极打造"石榴籽"法官工作室、人民调解室、法治综合平台等，坚定维护民族团结、宗教和顺。服务高质量发展。审结涉企案件 6.9 万件，依法审慎用好失信惩戒措施，推动清理拖欠中小企业账款，组织开展"暖企行动""送法进企"活动。探索"执破融合"工作衔接机制，发布全区破产审判白皮书，审结清算与破产案件 136 件。深化知识产权"三合一"审判机制，引入知识产权案件技术调查官制度，发布知识产权司法保护白皮书和典型案例，审结知识产权案件 523 件。西夏区法院创新设立知识产权"枫桥式共享法庭"，取得良好成效。服务先行区建设。坚持用最严格的制度、最严密的法治保护生态环境，审结环境资源案件 2355 件，判处罚金 469.1 万元、生态修复金 931.8 万元，建成 4 个环境资源审判法治宣传教育及修复示范点。推进环境资源审判改革，建立环境资源审判咨询制度，完善生态环境司法保护协同制度，加快构建跨区域生态环境保护司法协作机制，相关工作得到自治区党政主要领导批示肯定。服务高标准法治。开展行政审判质效提升专项行动，审结行政案件 3198 件，委派行政争议协调化解中心调处纠纷 699 件、成功化解 136 件，行政机关负责人出庭应诉率 99.83%。召开府院联席会议，出台关于共同预防和化解行政争议的意见、行政争议协调化解中心工作规定，邀请自治区、市两级政府主要领导旁听庭审活动，开展行政复议行政审判同堂培训，相关工作得到自治区政府主席批示肯定。

（三）坚持聚焦群众关切，着力提升司法获得感。

全力保障人民合法权益。妥善审理教育、就业、医疗、养老、住房等涉民生案件 3.6 万件，为困难当事人缓减免交诉讼费 1277 万元，发放司法救助金 317.57 万元。依法保障妇女、儿童等弱势群体权益，开辟妇女儿童维权诉讼"绿色通道"，审结婚姻家庭纠纷 1.3 万余件，审结涉未成年案件 5090 件。全力兑现涉诉权益。巩固完善综合治理执行难的工作大格局，执结案件 9.14 万件，执行到位 139.36 亿元。构建上下级法院执行联动机制，协商建立查人找物、执行案件易货执行、司法查封闲置土地清理处置等联动工作机制，组织开展"百日执行攻坚""交叉执行""终本清仓""涉农民工工资"集中执行等专项行动，执行质效明显提升。全力提升诉讼服务质效。持续巩固一站式诉讼服务成效，加大人民法院在线服务十大平台应用，持续提升"12368"服务热线质效，截至 2024 年 10 月 31 日，全区法院网上立案 6.6 万件，线上调解 48.4 万件，互联网庭审 7825 场次，电子送达 16.4 万次。网上立案占同期一审民商事立案总量的 40.23%，电子送达率达 87.33%，在线委托鉴定率达 98.85%。依法化解涉诉信访。出台全区法院涉诉信访工作法治化实施办法，做实"有信必复"工作，制定院长信箱办理规程，落实领导包案责任制，完善院庭长接访制度，院领导包抓 12 件重点案件，推动一批疑难复杂案件取得实质性进展。推行全流程网上申诉信访工作模式，涉诉信访案件在线交转办反馈率 100%。主动融入基层治理。联合自治区党委宣传部等 13 家单位建立"总对总"在线诉调对接机制，人民法院调解平台累计入驻调解组织 435 个、调解员 900 人，调处纠纷 2.3 万件，占诉前调解案件的 5.25%。全区 67 个基层法庭全部入驻人民法院调解平台，对接基层治理单位 1542 家，基层治理力量得到有效整合。开展"枫桥式人民法庭"创建，设立 91 个审务工作站、65 个法官工作室、191 个巡回审判点。针对审判工作中暴露出的社会治理问题，发出司法建议 187 份。

(四) 坚持全面深化改革，推进审判工作现代化

全面准确落实司法责任制。压实院庭长审判监督责任，加强法答网建设应用，促进统一法律适用，法答网累计咨询答疑 3992 件。积极参与人民法院案例库建设，累计推荐案例 244 篇，类案检索适用率达 100%，有效促进裁判尺度统一。联合公安、检察、财政等单位围绕刑事诉讼涉案财物管理处置、未成年人刑事案件指定集中管辖等任务，出台相关制度 15 项。联合出台量刑指导意见实施细则，80% 的一审刑事案件适用实施细则审理。做实做细审判管理。深度应用司法大数据分析预警功能，建成"宁夏法院审判质量管理分析可视化"系统，实现全类型案件、全流程节点、全质效指标可比可查可考。发挥好审判质量管理指标体系"体检表"作用，深化数据会商，强化案件全周期监管，全区法院审限内结案率同比上升 2.59%、平均结案时间减少 7 天、超 12 个月未结案比下降 0.05%、期限内案件归档率 100%，审判工作全面提质增效。深化执行体制机制改革。推进交叉执行，异地交叉执行涉党政机关、消极执行、受到不当干预等案件 597 件，262 件取得实质性进展。推进"终本清仓"行动，恢复执行首执终本案 1.36 万件，实际到位金额 27.06 亿元。召开现场会推进"以保促调、以保促执"工作，截至 10 月 31 日，全区法院保全案件收案 1.38 万件，增长 154.22%，保全率 10.71%，同比翻一番。完成执行流程管理系统智能化改造，实现案件上诉、委托执行等工作线上流转。加强数字法院建设。统筹推进全国法院"一张网"建设和安可替代工作，建成覆盖全区法院的三级网络，高清科技法庭和互联网法庭覆盖率达 100%，居全国法院前列。上线阅核信息化系统，提供法答网问题解答"直通车"服务。制定《宁夏回族自治区高级人民法院数据安全管理办法（试行）》，建成数据资源异地备份

系统，编制重要数据目录，多举措提升网络安全防护能力，在全国法院2024年度网络安全攻防演练中取得防守综合排名全国第二的成绩。

（五）加强干部队伍建设，锻造高素质法院铁军

坚持以党建带队建促审判。加强基层党组织建设，开展"树立和践行正确政绩观"系列活动，打造"贺兰雪""六盘峰""沙坡情"等文化品牌，深化红色教育，弘扬英模精神，激励干警强党性、做先锋。抓实抓好人才梯队培养。聚焦"六项能力水平提升工程"，广泛开展法官讲坛、岗位比武、庭审观摩等活动，定期选派干警到人案矛盾突出、社会矛盾尖锐、新型案件集中的地区和部门接受锻炼。优化审判资源配置，选派25名法官到人案矛盾最为突出的金凤法院挂职锻炼，相关经验做法写入最高法院工作报告，并在《法治日报》《人民法院报》刊发。加强年轻干部选育管用带。持续推进"3331工程"，大力培养选拔优秀年轻干部，全区法院先后有20名"80后""90后"年轻干部走上领导岗位，遴选81名法官充实审判力量。建立年轻干部导师帮带制度，为16名干部指定导师，实行一对一帮扶。修订法官审判业绩评价办法、案件权重系数标准，优化分级分类考核规则，考核"指挥棒"作用得到有效发挥。

二、宁夏审判工作发展存在的问题和展望

总结成效的同时，全区法院工作也还存在一些问题和不足。新征程新阶段新形势，宁夏审判工作立足经济社会发展需求，将持续深化推动宁夏审判工作高质量发展。

（一）宁夏审判工作发展存在的主要问题

一是司法服务矛盾纠纷的前端治理、源头化解还需持续发力，与其他基层治理主体的协调联动仍需加强；二是综合运用司法大数据分析研判案件背后深层次原因，有针对性地提出司法对策建议，延伸审判职能作用的能力需要加强；三是司法体制改革过程中，司法权力制约监督和规范化程度仍需要进一步加强；四是司法理念、执法水平与新时代新要求相比，与群众期待相比还有差距。

（二）宁夏审判工作发展展望

坚持凝心铸魂，以更强定力铸牢政治忠诚。坚持不懈把学习贯彻习近平新时代中国特色社会主义思想作为长期坚持的重大政治任务，把党的绝对领导落实到法院工作各领域各方面各环节，确保党中央决策部署和最高法院、自治区党委工作要求不折不扣地在全区法院得到全面贯彻落实。依法履职尽责，以实际举措服务中心大局。依法严惩各类危害国家安全犯罪、严重暴力犯罪、多发性侵财犯罪，持续推进扫黑除恶常态化，坚定维护安全稳定局面。依法保护民营企业产权和企业家合法权益，深化破产审判府院协作，持续优化法治化营商环境。践行"两山"理念，更好发挥环境资源审判功能。加强民生司法保障，妥善审理和执行涉民生案件，不断优化诉讼服务，切实解决执行难的问题。主动延伸司法职能，积极融入党委领导下的基层社会治理大格局，促进矛盾纠纷源头化解、实质化解，助力提升社会治理整体效能。坚持改革创新，以更大力度深耕主责主业。全面准确落实司法责任制，持续深化司法体制综合配套改革，扎实推进环资案件集中管辖改革，稳妥推进行政案件跨区域集中管辖改革，落实审判权和执行权分离改革要求，健全公正执法司法体制机制，深化和规范司法公开，全面推进信访工作法治化，不断提升全区法院审判工作现代化水平。

坚持严管厚爱，以更严标准加强队伍建设。坚持抓党建带队建促业务，不断加强理想信念教育、审判业务培训，一体推进广大干警的政治能力、业务能力和职业道德水平。严格贯彻新时代党的组织路线和好干部标准，大力培养选拔优秀年轻干部，强化领导干部交流轮岗，推动形成干事创业、争先创优的良好氛围。持续强化党风廉政建设，锲而不舍落实中央八项规定及其实施细则，努力锻造忠诚干净担当的法院铁军。

2024年宁夏检察工作发展报告

刘　毅　金　刚

2024年以来，在自治区党委和最高人民检察院的坚强领导下，宁夏全区检察机关坚持以习近平新时代中国特色社会主义思想为指导，积极践行习近平法治思想，深入学习贯彻党的二十届三中全会和习近平总书记考察宁夏重要讲话精神，认真学习贯彻自治区党委十三届全会精神，全面落实中央政法工作会议、全国检察长会议和自治区党委政法工作会议部署，以铸牢中华民族共同体意识为主线，坚持高质效办好每一个案件，持续做好为大局服务、为人民司法、为法治担当的工作，为加快建设社会主义现代化美丽新宁夏提供有力检察保障。

一、2024年宁夏检察工作发展现状

(一) 围绕中心助发展，全力服务经济社会发展大局

1. 以检察履职保障高水平安全

坚定不移贯彻总体国家安全观，依法惩治危害国家安全、社会安定、人民安宁的各类犯罪行为，2024年1—10月，批准和决定逮捕2965人，起诉6581人。常态化推进扫黑除恶斗争，办理涉黑恶犯罪24人。持续深

作者简介　刘毅，宁夏回族自治区人民检察院法律政策研究室副主任；金刚，宁夏回族自治区人民检察院法律政策研究室检察官助理。

化金融领域执法司法衔接协作，与自治区地方金融监管局会签《共同服务保障金融高质量发展　强化执法　司法衔接配合工作备忘录》，依法查处涉众型经济犯罪 39 人，有力维护经济金融安全。

2. 以检察履职护航高质量发展

坚持以"检察护企"专项行动为重要抓手，制定涉企办案社会调查、矛盾纠纷实质化解等护企安商"十项措施"，与工商联会签常态联络、治理联动等"十项机制"，纵深推进挂案清理、空壳公司打击治理等 7 个业务小专项，依法起诉破坏市场经济秩序的犯罪 366 人、清理涉企"挂案"20件，倾力打造"检察护企"宁夏名片。聚焦自治区"六新六特六优+N"产业发展，开展"中宁枸杞""泾源黄牛肉"等地理标志注册商标保护专项行动，起诉侵犯知识产权犯罪 33 人，依法助力创新驱动发展。开展"检察官进万企"活动，在工业园区、经济开发区等设立检察工作站（室）、联络点等 36 个，在 12309 检察服务中心设立绿色通道 26 个，化解涉企纠纷 61件，打通服务企业"最后一公里"。

3. 以检察履职守护高颜值生态

坚持用最严密法治保护生态环境，依法严厉打击破坏生态环境和资源保护犯罪。坚持联抓联管、联防联治，聚焦"一河三山"生态基准线，与自治区林业和草原局建立林业草原行政执法与检察监督协作机制，与相关部门共同设立贺兰山、哈巴湖、西大湖等生态保护修复基地，与周边省（区）院联合建立河湖管理保护、黄河流域生态环境保护等跨区域协作机制，共同凝聚生态环境司法保护合力。统筹推进生态修复与损害赔偿，积极开展生态环境惩罚性赔偿金适用探索，督促当事人缴纳赔偿金67.5 万余元，修复林草地 120 余亩，让公益破坏者变为守护者。部署开展"黄河保护公益诉讼检察基层行"专项活动，持续深化黄河保护重点领域公益诉讼专项办案，立案办理行政公益诉讼案件 148 件，依法守护黄河安澜。

（二）为民司法护民生，不断纾解人民群众急难愁盼

1. 全力守护人民群众美好生活

纵深推进"检护民生"专项行动，主动邀请人大代表、政协委员、人民监督员、社区居民代表等听取诉求意见，与司法、民政、妇联、工会等部门靶向建立"检察+工会"等60余项协作机制，紧扣群众心声，精准开展62个小专项监督活动，真正将检察工作做到群众心坎上。统筹"四大检察"一体履职，办理网络、金融、社保、食药等各类民生领域案件5012件，不断用检察力度提升民生温度。深入开展"工程建设领域劳动报酬权益保护""老年人司法保护"等专项活动，支持农民工起诉讨薪维权案件328件，向因案致困的妇女儿童、残疾人等重点人群发放司法救助金409万元，为老年人挽回财产损失125.77万元，切实兜牢民生底线。跨区域开展"盐池滩羊"品牌保护，针对掺假售假、虚假宣传、食品安全等问题制发类案检察建议，联合市场监管部门对银川市、吴忠市163家"盐池滩羊"授权经营店、129家羊肉销售店铺逐一排查，推动30余家羊肉经营店铺完成整改，切实保护人民群众"舌尖上的安全"。

2. 积极维护未成年人合法权益

依法对侵害未成年人犯罪提起公诉296人。依托法检会商工作机制，取消未成年人刑事案件集中管辖。与自治区教育厅会签《关于涉案未成年人控辍保学协作配合工作办法》，合力帮助74名涉案失学辍学未成年人重返校园。推动石嘴山、固原两所专门学校建设完成并正式运行，使50名罪错未成年人入校接受矫治教育。推进落实未成年人法治化保护36条措施，出台《关于加强全区未成年人检察工作的意见》，推动解决无户籍儿童保护、强制报告、入职查询、校车安全等问题，会同民政等部门选聘未成年人司法保护联络员3192名，全方位保护未成年人合法权益。围绕供港蔬菜基地外来务工人员子女失学辍学、早婚早育、监管不力易遭侵害等问题，与辖区12个部门联合印发帮教协作方案，赴劳力主要输出地贵州省安顺市和黔南布依族苗族自治州、四川省凉山彝族自治州等地市县检察院逐一签订《关于加强来吴供港蔬菜基地务工人员未成年子女合法权益保护跨区域检察协作的协议》，凝聚多方合力为未成年人健康成长撑起法治蓝天。

3. 主动融入社会治理工作格局

统筹"治已病"与"治未病"协同发力，向有关部门制发社会治理检察建议305件，推动反复性、顽固性问题系统治理、源头治理。全面准确落实宽严相济刑事政策，深化适用认罪认罚从宽制度，认罪认罚制度适用率85%以上。全域开展审查起诉阶段律师辩护全覆盖试点工作，依法不起诉刑事犯罪1584人，对应受行政处罚提出检察意见、移送主管机关432件，促进矛盾化解，增进社会和谐。积极融入"塞上枫桥"基层法治机制，迭代升级"枫桥12309"、"双助理"联动、"五心工作法"等治理机制，三级检察长带头接访信访案件492件，以上率下推动案件全部做到程序性回复，实现接收信访数、涉法涉诉信访数、重复信访数"三个下降"。

（三）聚焦主责强监督，积极推进法律监督提质增效

1. 持续做优刑事检察

积极推动完善以证据为中心的刑事指控体系，依法提前介入侦查367次，自行补充侦查699件，举办宁夏回族自治区检察官与律师论辩赛，以赛带训提升出庭指控能力。积极推动轻罪治理提质增效，打造酒醉驾综合治理平台。积极推动完善刑事诉讼制约监督体系，市、县（区）全覆盖设立41个侦查监督与协作配合办公室，积极推动"挂案清理"，监督公安机关撤案数量保持增长。

2. 持续做强民事检察

依法办理各类民事检察案件2381件，提出监督意见1167件，采纳率85%以上，不断提升民事诉讼监督质效。深入开展虚假诉讼专项监督活动，健全监督纠正机制，审结民事虚假诉讼案件48件，向法院提出监督意见44件，助推社会诚信体系建设。针对民事执行活动违法等问题，提出检察建议517件，法院采纳率85.3%。

3. 持续做实行政检察

与自治区政府联合印发《关于建立府检联动机制深入推进法治政府建设的意见》，围绕先行区建设、法治化营商环境优化、民生领域法治保障等7个方面确立共治重点，合力打造"依法行政+检察监督"社会治理新模式。依法办理各类行政检察案件1671件，并向自治区人大常委会专题汇报行政检察工作情况，主动接受监督。准确把握行政诉讼监督中发现行政违法行为这一职能边界，共向行政机关提出检察建议360件，促进依法行政、规范执法。严格把握"可处罚性"原则，规范办理行刑反向衔接案件1095件。

4. 持续做好公益诉讼检察

聚焦历史资源、红色资源、文化资源司法保护，部署开展长城保护公益行动、长征文物和文化保护公益诉讼检察专项监督活动，立案办理公益诉讼案件41件，切实以法治之力守护中华文脉。部署开展以"检察蓝"守护"国防绿"的专项监督活动，联合27家军地单位签订5项共管共治共护意见，与周边省区建立贺兰山区域军事设施权益保护跨区域检察协作机制，有效维护军人军属和军事设施合法权益。

5. 持续稳妥推进检察侦查

积极争取地方党委支持，推动实现自治区、市级检察院检察侦查部门单设，成为全国第七个实现市级检察院侦查机构全覆盖省份。紧盯群众反映强烈的司法不公问题，立案侦查司法工作人员利用职权实施犯罪13人，运用机动侦查权立案4人，有罪判决率100%，办案质效显著提升。

(四) 守正创新激活力，积极推动自身建设更加过硬

1. 全面实施数字检察

建成自治区检察院大数据法律监督平台模型中心并投入使用，打通检察工作网与电子政务外网、政法网"一网运行"数据融通通道，"一网赋能"取得实质性进展，实现自治区政府政务数据共享交换平台连接。坚持以数字驱动法律监督由个案办理到类案监督实现系统治理，建用模型389个，成案2048件，7个宁夏特色法律监督模型被最高人民检察院面向全国推广，三级检察院模型应用率100%，警务辅助人员违法担任见证人法律监督模型在全国模型推广优胜院中排名17位。

2. 着力加强队伍建设

加大年轻干部培养选拔使用力度，在全区政法机关率先完成"3331工程"配备目标，协调推动市、县级检察院配备党组副书记，配备率达100%。建立政法专业年轻干部库、具有法律职业资格的年轻干部库、领导干部备选人选储备库，储备年轻干部533名，提拔使用、职级晋升干部8批25人次，激活干部队伍"一池春水"。构建"外派+上挂+下派"挂职锻炼机制，协调推进自治区检察院2名正处级领导干部到县（区）院任检察长，选调1名"80后"基层院检察长到自治区检察院任部门负责人，上派下挂 6 名业务骨干交流锻炼，推动干部经风雨、见世面、强筋骨。

3. 深化"检校合作"提素能

积极推进国家检察官学院宁夏分院建设，全面打造"检察官讲堂"培训品牌，广泛开展政治轮训、实案实训、业务竞赛等业务实战。探索"检校合作"新模式，西北政法大学、宁夏大学、北方民族大学等高校 46 名法学名师入选检察院师资库，推荐课程 85 门。强化检察理论研究，7 项课题获最高人民检察院检察应用理论研究课题立项，立项数同比上升 16.67%；40 项课题被宁夏法学会批准立项，占立项课题总数 37.7%。5 名检察人员入选全国检察理论研究人才库。

4. 坚定不移从严治检

常态化开展党风廉政建设分析研判，分析查找廉政风险点并完善防控措施，严格执行防止干预司法"三个规定"，检察人员主动记录报告有关事项。积极开展对下政治督察，对银川铁路运输检察院分党组"四个落实"情况开展政治巡察，对固原市检察院政治督察反馈意见整改情况开展"回头看"，联合吴忠市委对吴忠市检察院开展政治巡察，始终保持严的基调、严的措施、严的氛围正风肃纪反腐。

二、宁夏检察工作存在的问题

回顾 2024 年宁夏检察工作，虽然取得了一定的成绩，但还存在以下问题。

（一）检察服务保障经济社会发展仍需持续发力

近年来，自治区检察系统始终坚持把检察工作放在全区经济社会发展大局中谋划和推进，为铸牢中华民族共同体意识示范区、黄河流域生态保护和高质量发展先行区、法治化营商环境优化等建设任务持续发力，坚持把防控风险、化解矛盾贯穿司法办案始终，积极推进更高水平的平安宁夏建设。但仍存在检察服务和保障经济社会高质量发展职能发挥的体制机制和现实桎梏与短板，需持续加强健全和完善制度体系建设和深化推进检察体制机制改革，增强检察监督和司法服务保障经济社会高质量发展效能。

（二）检察队伍高质量发展需持续深化推进

随着检察改革纵深推进，部分检察人员办案理念与新的发展要求不完全适应，与运用"三个善于"做实"高质效办好每一个案件"的要求还有差距，检察队伍的办案理念、办案能力和办案质效等仍需持续加强。具体办案过程中，检察人员面对违法犯罪行为逐渐呈现复杂化、隐蔽化、智能化趋势，需加强检察队伍的法律素养、专业水平、新技术和新业务等的培训与知识更新。

三、宁夏检察工作高质量发展的对策建议

2025 年，全区检察机关将坚持以习近平新时代中国特色社会主义思想为指导，持续深入贯彻党的二十届三中全会和习近平总书记考察宁夏重要讲话和重要指示批示精神，认真落实自治区党委和最高人民检察院部署，以更强的政治自觉、法治自觉、检察自觉，高质效履行法律监督职责，为美丽新宁夏建设作出检察贡献。

（一）持续推进全面深化检察改革

认真落实最高人民检察院《2023—2027 年检察改革工作规划》，以改革的思维、改革的办法、改革的举措持续推进法律监督理念、体系、机制、能力现代化。深化司法体制综合配套改革，完善和落实司法责任制，健全检察官惩戒、司法责任追究等内部监督制约机制，推进检察官惩戒制度实质化运行。加强执法司法相互配合、相互制约，持续深化与政府、法院等部门建立的一系列协作配合、交流会商、监督制约机制，共同推进法治宁夏、平安宁夏建设。深入实施数字检察战略，加快推进自治区大数据法律监督平台建设，着力打造宁夏检察工作高质量发展数字引擎。

（二）竭力保障经济社会高质量发展

坚持党的中心工作推动到哪里，检察工作就跟进到哪里。紧紧围绕党和国家中心任务、首要任务履职尽责，依法严厉打击严重刑事犯罪，常态化推进扫黑除恶斗争，切实维护国家安全、社会安定、人民安宁。巩固深化"检察护企""检护民生"专项行动工作成效，聚焦黄河流域生态保护和高质量发展先行区建设，持续加大"六新六特六优+N"产业体系知识产

权综合保护力度，强化"三农"工作司法保障，积极防范化解金融风险，努力营造法治化营商环境；持续做实做优检察为民，突出打击电信网络诈骗、危害食药安全等涉民生领域犯罪，扎实推进涉法涉检信访工作法治化，深化支持起诉、司法救助、未成年人保护等民生司法保障，更好以检察履职、增进人民福祉、厚植执政根基。

（三）不断强化法律监督，维护公平正义

持续落实加强新时代检察机关法律监督工作的意见及自治区党委实施意见，着力破解制约法律监督难题堵点，推动"四大检察"全面协调充分发展，让"高质效办好每一个案件"成色更足、成效更好。深化刑事指控体系、轻罪治理体系、诉讼制约监督体系建设，持续推进深层次违法监督，让法律监督更有力度、更具权威。加大民事检察监督力度，不断增强人民群众获得感、幸福感、安全感。拓宽行政检察视野，落实落细"府检联动"机制，助力法治政府建设提档升级。提升公益诉讼检察精准性和规范性，以诉的确认维护国家利益、社会公共利益。加大检察侦查力度，协同推进反腐败治理。精耕细作未成年人检察、知识产权检察等综合履职体系，着力打造更多具有宁夏特色、检察特点，辨识度高、影响力广的亮点品牌。

（四）持之以恒加强检察队伍建设

全面落实新时代宁夏检察机关队伍建设实施意见，深化"3331工程"，培养年轻干部成长成才，完善检察业务专家、标兵、能手人才评定和实训实战实绩培养各项举措，全链条选才、育才、用才、管才。坚持检力向基层一线倾斜，深化纠治"四风"，健全为基层减负的长效机制。压实全面从严治检责任，强化正风肃纪反腐，突出加强对各级院"一把手"的监督，真正做到严于律己、严负其责、严管所辖。持续完善检察机关一体推进"三不腐"、防治"灯下黑"机制，狠抓防止干预司法"三个规定"落地落实，严查检察人员违纪违法问题，着力打造忠诚干净担当的检察铁军。

2024年宁夏法治政府建设报告

杨 艳 李 艳

2024年，宁夏回族自治区党委和政府坚持把深入学习宣传贯彻习近平法治思想、党的二十大、党的二十届三中全会和习近平总书记考察宁夏重要讲话精神作为重要政治任务，把法治政府建设作为政府自身建设的重中之重，系统实施法治政府建设提升工程，有力推动各项工作取得新成效，迈上新台阶。

一、坚定政治站位，把牢法治政府建设正确航向

（一）学习贯彻有效到位

坚持把学习贯彻习近平法治思想作为重要常设议题，通过建立落实自治区党委常委会会议"导学"、政府常务会议"讲学"、政法机关理论学习中心组学习会议"联学"、党员干部"考学"制度，示范带动各级党委（党组）建立习近平法治思想常态化学习机制。各级政府普遍建立会前学法制度，做到重大决策前必学法、重点工作开展前必学法。将习近平法治思想作为党员干部教育、学校思想政治教育和国民教育的重要内容，组建习近平

作者简介 杨艳，宁夏回族自治区司法厅法治调研与督察局一级主任科员；李艳，宁夏回族自治区司法厅法治调研与督察局二级主任科员。

法治思想宣讲师资库和理论研究课题组，在宁夏干部教育培训网络学院开设《习近平法治思想》等专栏，新增法治类课程91门，覆盖全区各级领导干部3.7万余人。

（二）主体责任压紧压实

系统谋划法治政府建设，自治区人民政府召开近年来规格最高、范围最广、层级最全、内容最丰富的全区法治政府建设专题推进会，全面实施"法治政府建设提升工程"，开展法治政府建设"八大行动"，明确跨省通办落地事项可办率、行政机关负责人出庭应诉率、行政复议决定履行率等10项重点指标要达到100%。加强与自治区高级人民法院、检察院联动，健全府院府检联席会议、日常沟通、重大信息共享、共同提升能力"四项机制"，通过联合调研、同堂培训、个案答疑等方式加强沟通协调，实现司法与行政良性互动、优势互补。召开依法有效预防化解行政争议工作座谈会，从源头治理、纠纷化解、完善机制等方面寻求推动行政争议实质性化解的"最优解"。抓实法治政府建设年度报告制度，制定法治政府建设年度报告办法，持续提升年度报告规范化水平。

（三）"关键少数"示范引领

充分发挥党政主要负责人"头雁效应"，自治区党委主要负责同志多次研究部署法治工作、听取专题汇报，并对优化法治化营商环境、信访工作法治化等重点工作指示批示、协调督办。首次举办区、市两级政府主要领导旁听庭审活动，自治区主席张雨浦带头参与，5个设区的市政府负责人、全区32家行政机关主要负责人现场旁听庭审，进一步提升领导干部的法治思维和法治能力。严格落实行政机关负责人出庭应诉制度，2024年上半年，全区30余名"一把手"带头出庭应诉，行政机关负责人出庭应诉率达到100%。探索创新述法形式，打通述法重点环节，在依法治区委员会上听取5个设区的市党政主要负责人和17名区直部门主要负责人专题述法，53个区直部门，27个市、县（区）及1300余个市、县（区）直部门，243个乡镇领导干部实现述法工作全覆盖，2023年述法总人数8615人。

（四）推进机制健全完善

探索"1+2+3"法治政府建设推进机制[①]，全区上下形成了争先突破、奋发有为的法治政府建设浓厚氛围。银川市、石嘴山市、青铜峡市3个地区和固原市、红寺堡区2个项目[②]成功入围第三批全国法治政府建设示范创建实地验收环节，入围数量为历年最多。接受中央依法治国办法治领域改革重点任务落实情况督察、法治政府建设示范创建实地评估，系统起底法治建设短板堵点问题，出台重大法治事件督察工作办法，建立法治督察与纪检监察、巡视监督协作配合机制，以科学精准、务实高效的督考评确保法治建设责任落实到边到底。

二、推动法治政府建设全面突破

（一）定法治之规，立法决策科学民主

1.年度立法工作有序推进

组织召开政府立法工作推进会，健全落实立法工作专班制度、"1234+N"[③]立法工作机制，推行立法清单化管理，优化审查程序，立法质量明显提升。科学编制自治区人民政府2024年度立法工作计划，高效推进自治区知识产权保护条例、社会救助条例等26件地方性法规和医疗机构管理办法等16件政府规章的制定、修订和立法调研工作，立法工作计划完成率100%。扎实做好立法"后半篇文章"，明确5个设区的市、获评自治区法治政府建设示范单位的区直政府部门（单位），至少对1件政府规章开展后

[①] "1+2+3"法治政府建设推进机制："1"即全区上下"一盘棋"统筹谋划，"2"即法治政府示范创建、督察考核"2机制"协同推进，"3"即达标创建、自治区级示范创建、全国示范创建"3步走"梯次突破。

[②] 固原市项目：探索"1+1+3"矛盾纠纷源头化解新机制，打造基层法治政府建设"固原样板田"；红寺堡区项目：一张清单管到底、一支队伍管执法，红寺堡区答出乡镇综合执法改革最优解。

[③] 1234+N："1"即《关于进一步加强和改进地方立法工作的意见》1个意见；"2"即风险审查、社会主义核心价值观入法入规审查2类审查；"3"即部门协调会、专家论证会、立法审定会3项论证咨询制度；"4"即严把法律关、政策关、质量关、规范关4个关口；"N"即征求意见、审查办理、集体审议、立法后评估等N项工作制度。

评估，推动立法后评估工作常态化、长效化。

2. 重大行政决策程序有效落实

制定《宁夏回族自治区重大行政决策材料归档管理办法》，修订《宁夏回族自治区重大行政决策事项目录编制指引》。省级层面连续 5 年编制并公布重大行政决策事项目录，区、市、县三级人民政府全部编制公布重大行政决策事项目录，将 93 项社会普遍关注、事关群众切身利益的事项纳入目录管理，从源头上规范权力运行。充分发挥法律顾问"外脑作用"，组建第 5 届自治区人民政府法律专家库，聘任 40 名法律咨询委员和 20 名法律顾问，专家数由上届的 43 人增加到 60 人，上升 28.33%。截至 2024 年 10 月底，自治区人民政府法律顾问列席政府常务会议、专题会议 43 人次，参与立法论证 63 人次，审核重要文件 45 件次。

3. 政策文件审查清理有力开展

印发政府规章和行政规范性文件备案审查情况通报，上线运行备案管理及智能审查应用系统，2024 年 1—9 月，自治区本级依法审查政府规章、规范性文件 105 件，报备率、及时率、规范率均达 100%。开展涉及不平等对待企业等法规规章规范性文件政策清理，对全区 16.9 万件法规规章政策文件进行大起底、大排查，梳理出涉企法规规章政策文件 7057 件，审查发现不平等对待企业和违法违规设定罚款的法规规章政策文件 259 件，已修改 5 件、废止 48 件，宣布失效 13 件，拟废止 81 件、修改 97 件、宣布失效 15 件。

（二）强法治之为，行政执法严格规范

1. 着力深化行政执法领域改革

健全《自治区政府部门行业系统权力清单指导目录》，完善知识产权、数据管理等新兴领域体制机制，持续推进政府机构、职能、权限、程序、责任法定化。健全乡镇（街道）履行职责清单和村（社区）工作事务指导目录，选取 7 个县（区）的 24 个乡镇（街道）开展权责清单试点工作，以清单形式列明履职事项，编制基本履职清单 131 项、配合履职清单 89 项、收回上级部门履职事项 70 项，有效破解基层执法"小马拉大车"突出问题。深化市场监管、应急管理等 6 个领域综合执法改革，将农业行政执法职能从市级"大综合行政执法"中剥离出来，新成立 6 支县级农业综合行政执法大队，实现 22 个县（市、区）全覆盖。在全国率先推行派出所"两不办理"①，近 3 年全区行政案件快办案件查结数比重从 11.3%上升到 49.7%。公安机关与 18 个部门分领域建立完善行刑衔接双向机制，执法风险监督管理改革工作经验在全国公安系统交流。

2. 着力提升行政执法质量效率

深入开展提升行政执法质量三年行动，通过"问题梳理+专项治理"的方式，在交通运输、生态环境、住房城乡建设、农业农村、卫生健康等 37 个行业领域开展专项整治 343 起，核查发现问题 898 个。印发《关于进一步规范涉企行政执法行为优化法治化营商环境的通知》，围绕执法检查、行政处罚、执法监督 3 方面提出 14 项具体举措，全方面规范涉企执法行为。开展行政执法"三项制度"自查评估，从机制建设、制度落实等方面进行全面体检，进一步健全配套制度、完善执法程序。自治区 34 个行政执法部门 100%完成行政裁量权基准动态调整，27 个行政执法部门制定包容免罚清单，明确包容免罚事项 439 项，坚决防止"类案不同罚""小过重罚"。

3. 着力加大重点领域执法力度

率先在全国推行省级"河长+检察长+警长"机制，年均巡查河湖近 30 万次，助力黄河水质连续 6 年保持Ⅱ类进Ⅱ类出，劣Ⅴ类水体、城市黑臭水体、河湖"四乱"问题动态清零，用最严密的执法守护黄河安澜。纵深推进"昆仑""黄河""亮剑"等专项行动，加强与周边省（区）生态环境、自然资源、林草、公安等部门协作配合机制，近 4 年启动实施生态修复项目 402 个，完成废弃矿山和国土综合治理生态修复 56.48 万亩，治理荒漠化土地 270 万亩，绿色发展活力不断增强。开展保障农民工工资支付专项整治、欠薪隐患"动态清零"、"稳粮保供"、农资打假等专项行动，依法打击坑农害农、农资"忽悠团"等违法行为，为 2.2 万名农民工追发

---

①两不办理：原由派出所办理的刑事案件以及涉黄赌毒的行政案件全部调整至专业警种办理。

工资待遇近 2 亿元。

（三）增法治之效，营商环境持续优化

1. 推进机制健全完善

连续 2 年召开民营经济高质量发展暨营商环境全方位提升推进大会，实施优化法治化营商环境提升行动、民营经济高质量发展三年行动，建立支持民营经济发展"十项机制"。健全区、市、县三级政府主要领导常态化为企业纾困解难机制，2024 年以来，自治区人民政府主要领导先后 3 次主持召开民营企业纾困解难集中办公会，对企业提出的生产经营、市场拓展、产品创新、资金周转、政策落实等问题，逐项研究答复、现场协调解决，形成了政企双向奔赴、同频共振的良好氛围。健全重大项目分级包联、专班推进、定期调度机制，46 个部门联合建立厅际联席会议制度，27 个市、县（区）政府全部明确常态化联系服务民营企业三级责任人，全方位构建了全区营商环境服务保障"一张网"。出台营商环境提质升级行动方案、持续优化法治化营商环境若干措施等政策。打造"12345"企业纾困解难"总客服"，2024 年 1—8 月，受理涉企诉求 1.6 万件，办结率 99%。

2. 政务服务提档升级

实施"13+1+7+N 高效办成一件事"行动，县级以上政务服务大厅全面推行"周末不打烊"服务，24 个园区设立企业服务站，让企业办事"直达快享""免申即享"。加快推进一体化政务大数据体系建设，自治区本级政府一体化政务服务能力总体指数被评定为"非常高"级别，一体化政务服务能力连续 6 年位居西北第一。探索推行"一业一照一码""准入即准营、拿照即开业"改革，企业开办实现 3 小时办结。实施政府和社会资本合作新机制，建立自治区重点民间投资项目库，首次公开推介 100 个鼓励支持民间资本参与的重大项目，涵盖 80% 以上的国民经济行业，总投资超过 670 亿元。实行投资审批容缺办理、多评合一、区域评估机制，首创 1000 万元及以下政府投资项目工程建设领域免缴投标保证金制度，项目审批时限、受理时限分别压减 89.9%、40%。

3. 法律服务精准高效

建立民营企业法律服务绿色通道，在重点开发区和商务圈建立营商环

境法治化工作机制，设立首家金融"共享法庭"，公证服务事项"最多跑一次"从 48 项扩大至 180 项，居全国第三。建立 18 个新业态公共法律服务工作站，为 5700 余家电商、外卖、网约车等新业态企业提供"套餐式"法律服务，辐射劳动者 6.3 万余人，"'1+2+N'法律服务模式护航新业态新就业群体"获全国 2024 年公共法律服务工作创新案例。开展"法律服务团进园区"系列活动，常态化开展"百所联百会""百名律师进千企"等活动，整合 100 家律师事务所、公共法律服务中心、公证、司法鉴定、仲裁机构，深入全区 17 家工业园区，通过"固定坐诊+走访服务+集中会诊+随时复诊"方式，为 194 家民营企业提供面对面、定制化、专业化、一站式法律服务。建立宁夏涉外律师人才库，成立西北首个涉外公共法律服务中心，为中阿博览会等高能级平台活动提供优质法律服务，为企业"走出去""引进来"保驾护航。

（四）夯法治之基，纠纷化解体系健全完善

1. 复议"主渠道"作用充分发挥

修订自治区行政复议条例，制定行政应诉工作办法、行政复议案件调解工作指引等制度标准，提升行政复议规范化水平。健全容缺受理、"线上+线下"、繁简分流等工作机制，在全区设立行政复议窗口、代收点 298 个，实现乡镇（街道）全覆盖；申请复议"零次跑"比例达 70% 以上，区本级审查受理时间、平均办案时间分别压缩至法定时限的 1/3、2/3。2024 年 1—9 月，全区收到行政复议申请 2410 件，增幅达 96.1%，受案量首次超过法院一审行政诉讼案件量，案件数比值达 1.4:1，行政复议决定履行率 100%，复议案件被诉率连续 3 年下降，行政复议化解行政争议作用实现转折性提升。

2. "塞上枫桥"调解品牌持续擦亮

健全"塞上枫桥"基层法治工作机制，织密人民调解"四张网"，在自然资源、网络消费等领域设立调解组织 210 个。开展百日矛盾纠纷大排查大调解专项活动，排查纠纷 14.8 万人次，化解矛盾 6.3 万余件，成功率达 96.9%。修订人民调解员以案定补管理办法，案卷制作去繁就简，有效缩短制卷时间、提高效率，成卷率同比增长 80%。推进司法协理员制度试点，实现全区 22 个县（市、区）245 个司法所司法协理员配备全覆盖，在全国率先达到司法所与司法协理员 1:2 配备比例。

3. 解纷"多元化"格局逐步形成

构建政府牵头、法院主导、检察院参与的行政争议协调化解工作机制，市、县两级全部设立行政争议协调化解中心，全区十余个市、县（区）探索建立败诉责任追究制度，有效推动行政争议实质化解、有效化解。出台深化"访调对接"推进信访工作法治化实施意见，成立"自治区信访事项人民调解委员会"，实现市、县、乡三级"访调对接"全覆盖。深化"一重点两重复双交办"机制，深入开展源头治理三年攻坚行动、信访积案化解、初信初访初网专项整治等工作，截至 2024 年 10 月，全区信访事项总量 12711 件次，同比下降 9.65%，信访事项及时受理率 100%、按期答复率 99.82%。

（五）亮法治之剑，权力监督有力有效

1. 行政执法监督持续加强

深化推进行政执法协调监督工作体系建设，自治区本级和 27 个市、县（区）全部启用"行政执法协调监督局"印章，673 个市、县（区）行政执法部门明确行政执法监督机构，339 名司法所工作人员申领行政执法监督证，基本建成区、市、县、乡四级行政执法协调监督工作体系。印发行政执法协调监督工作指引、行政执法监督示范文本、行政执法监督工作流程图、行政执法监督员管理办法等配套措施，持续规范行政执法协调监督工作。开展涉企行政执法专项监督，对 384 件涉企行政复议纠错和行政诉讼败诉案件逐案倒查，对 286 件政务服务热线和信访投诉举报涉企执法问题线索逐个进行了核查，推动 253 条自查问题全部整改清零。

2. 监督合力协作贯通

自觉接受党内监督、人大监督、民主监督、司法监督等各类监督，确保行政权力制约监督全覆盖、无缝隙。认真整改十三届自治区党委巡视发现的问题，截至 2024 年 10 月底，前三轮反馈的 2455 个问题，2052 个已完成整改，315 个取得阶段性成效，88 个正在有序推进。接受全国人大常委会、自治区人大常委会对黄河保护法、道路交通安全法、安全生产"一

法两条例"、民族团结"一法一条例一决定"等法律法规贯彻实施情况的执法检查，确保各项制度保障落实到位。截至2024年10月底，自治区本级办理人大代表建议317件，政协提案526件，按期办结率、答复率均达100%。各级行政机关收到涉企司法建议155份、社会治理类检察建议305份，按期办复率、采纳率均达到100%。开展工程建设政府采购等重点领域突出问题、国有企业靠企吃企、违规处置国有资产和投资损失、违规收送红包礼金和不当收益等专项监督，对行政机关公职人员违法行为依规依法给予处分、严格追究法律责任。

3. 政务公开更加深入

加快转变政务公开职能，政务公开向村级延伸实现全覆盖，有效提升政府公信力、执行力和透明度。严格执行《宁夏回族自治区政府信息公开申请办理规范》，截至2024年10月底，自治区本级办理公开申请76件。统筹推进政务公开和保密安全，加强对全区89家政务网站和1560个政务新媒体的全方位监管，常态化检查各级政府网站内容表述、栏目更新、政策解读、互动交流等情况，检查率、合格率均达到100%。打造法治"政策+解读+服务"精准推送模式，在自治区人民政府门户网站设置《法治政府建设》《地方性法规》等专栏，加大对法治政府建设提升工程、法治政府建设"八大行动"等政策的宣传解读力度，及时发布律师、公证、司法鉴定、法律援助等方面便民利民举措，实现政务公开从注重数量向注重实效转变。

（六）凝聚法治之势，保障能力全面提升

1. 人才赋能

加强依法行政能力建设，举办法治政府建设专题研讨班，全区1000名司法行政部门和政府部门法制机构人员受训；组织全区人民调解工作培训班，区、市、县三级党委政法委干部、乡镇（街道）政法委员和区、市、县、乡四级司法行政干部、人民调解员2万余人参加培训。各级行政机关多批次、多形式组织行政执法及行政执法监督、行政复议等法治工作队伍专题培训、岗位练兵、专题讲座、旁听庭审100余场次，覆盖5万余人，有效增强了法治工作队伍能力水平。强化行政执法人员资格管理，审查行

政执法证件 22756 件、行政执法监督证件 448 件，组织 5562 名执法人员参加行政执法证件申领考试，注销行政执法证件 5337 件。截至 2024 年 10 月底，全区共有执法人员 22770 人，其中行政执法监督人员 446 人，"工人持证"全面清零。组织全区 2024 年国家统一法律职业资格考试，8000 余名考生报名参加，创历史新高。制定西北首个司法鉴定人考核评审制度，在全国率先开展司法鉴定人职业能力准入考试，对 26 家机构 83 个项目开展能力验证，总通过率全国第八、西部第二。承办司法部"青年律师西部锻炼计划"启动仪式暨行前培训会，全国近 300 名优秀青年律师齐聚塞上，携手为西部大开发、构建东中西部协作的法律职业共同体贡献力量。

2. 数字助力

完善数字政府建设体制机制，制定 2024 年度全区数字政府建设工作要点，全面增强法治政府和数字政府深度融合、效能叠加。全区一体化政务服务平台与国家及自治区 30 多个专业审批系统完成对接，打通融合专业审批系统 108 个，33 个监管行业部门实现统一入口单点登录，有效解决"数据孤岛""信息烟囱"等问题。围绕水利监管、安全生产、工程建设、粮食购销、校外培训等领域新建一批监管系统，"互联网+城乡供水"管理服务平台助力自治区获批数字孪生水网先导区省级试点，经验在联合国水事会议上交流；全区燃气安全风险监测预警系统接入了 70 多万个燃气监测设备，燃气安全领域全流程精准管控水平大幅提升。

3. 宣传增效

加强法治政府建设宣传力度，举办"见证 75 年基层法治宁夏行"活动，全国 23 家省级主流法治媒体齐聚塞上，挖掘展示法治宁夏建设成效，深入宣传法治政府建设生动实践。在宁夏电视台、《宁夏日报》等主流媒体开设《法治政府建设面对面》《法治政府建设进行时》栏目，对银川市市长，石嘴山市、固原市副市长等"关键少数"进行访谈，不断向社会传递政府抓法治建设的信心、决心、恒心。推出"法治丝路""宁晓法"等普法标识及普法 IP 形象，通过"宁夏法治"等各类媒体广泛开展政策解读、以案释法等活动，营造法治政府建设人人知晓、人人参与、人人支持的良好氛围。

三、法治政府建设面临的主要问题

虽然宁夏法治政府建设取得了一些成绩，但对标新形势新任务和人民群众的新期盼新要求，还存在一些难题和障碍，需要精准施策、协同发力、切实解决。

（一）习近平法治思想学习宣传贯彻还需进一步深化

有的地区和部门以学习具体法律法规代替学习习近平法治思想，以领读部分内容代替系统学习，结合工作实际开展交流研讨较少。个别党政主要负责人履行推进法治建设第一责任人职责还不到位，运用法治思维和法治方式深化改革、推动发展的能力水平与实施依法治区战略的要求还不适应。习近平法治思想学思用贯通上还有差距，没有将习近平法治思想转化为法治政府建设的实际举措，《法治政府建设实施纲要（2021—2025年）》推进力度不平衡，个别目标任务在县区落实不到位，亟须集中攻坚。

（二）法治化营商环境有待进一步优化

一些惠企政策制定过程中调研不足，没有充分听取企业意见，导致政策脱离企业实际需求，在落实上打了折扣。部分法律顾问履职积极性不高，工作流于形式，"参谋手"作用发挥不明显。跨领域、跨部门联合执法落实不到位，信用监管、"双随机、一公开"等监管机制作用发挥不足，涉企检查不规范，重复执法、多头执法现象仍然较为突出。

（三）法治政府建设保障水平仍需进一步提升

行政立法、行政复议、行政执法等法治队伍力量薄弱，涉外法治人才匮乏，难以满足法治护航"一带一路"和西部陆海新通道建设的新要求新使命。因规则标准不统一、涉密等原因，跨部门、跨层级系统对接和数据共享难以实现，数据壁垒问题仍然存在。

四、推进法治政府建设的意见建议

党的二十届三中全会指出，法治是中国式现代化的重要保障，要深入推进依法行政。2025年，宁夏将持续深入学习贯彻习近平法治思想和党中央、国务院决策部署，全面贯彻落实党的二十届三中全会和习近平总书记考察宁夏重要讲话精神，为加快建设美丽新宁夏提供坚实法治保障。

（一）坚持深学笃行，以习近平法治思想引领法治政府建设

严格落实重大事项向同级党委请示报告制度，将党的决策方针贯彻到法治政府建设各方面全过程。抓实领导干部年终述法、行政机关负责人出庭应诉、政府常务会议会前学法、政府部门负责人讲法等工作，全方位、多角度压实党政主要负责人法治建设第一责任人职责，提升"关键少数"法治思维和法治能力。健全法治政府"示范创建+督察考核"双向推进机制，以实施法治政府建设提速攻坚工程为抓手，扎实推动中央依法治国办督察问题整改和法治政府建设实施方案收官。积极培育第四批全国法治政府建设示范候选地区（项目），深度谋划推出一批具有影响力的法治政府建设宣传精品栏目，以争创"全国样板"的浓厚氛围带动全区上下法治政府建设争先进位、遍地开花。

（二）坚持综合施策，以高水平法治保障经济社会高质量发展

紧紧围绕自治区党委和政府中心工作，科学编制、高效推进 2025 年度自治区人民政府立法工作计划，加快制定修订促进民营经济发展条例、民族团结进步促进条例、大数据发展条例和行政许可监督办法等法规规章。探索建立黄河"几字弯"、西部大开发区域协同立法机制，为推进协同发展、高质量发展提供更具耦合性、开放性的制度保障。加强政策制定、发布解读、跟踪落实、评估调整全链条管理，强化合法性审查和公平竞争审查衔接联动，推动各类政策系统集成、协同发力。以落实进一步规范涉企行政执法行为"14 条"、优化法治化营商环境"50 条"为抓手，以推进"高效办成一件事""综合查一次"执法改革为重点，全方位转职能、提效能，营造"有事必应、无事不扰"的法治化营商环境。做深调解工作、做实复议工作、做细信访工作，推动矛盾纠纷多元实质化解，实现定分止争、息访息诉、案结事了。

（三）坚持靶向发力，以人才科技为法治政府建设蓄势赋能

健全法治人才教育培养储备体系，常态化、精准化开展教育培训，提高政府立法、行政执法、行政复议等专业队伍履职能力；优化仲裁、公证、人民调解等队伍，提升公共法律服务水平；加强法律顾问、公职律师队伍建设，提升法律顾问、公职律师参与重大行政决策、行政规范性文件审查的能力水平。加快培养涉外法律人才，为推动高质量发展、高水平开放提供有力的人才支撑和保障。推进法治政府与数字政府深度融合，强化区、市、县联动和部门协同，依托自治区政务数据平台，完善数据共享交换机制，打破信息孤岛和数据壁垒，以数字化、信息化助力政务服务、执法监管质效全面提升。

2024年司法行政工作发展报告

白　宽

2024年，宁夏各级司法行政机关坚持以习近平新时代中国特色社会主义思想为指导，全面贯彻党的二十大、二十届三中全会和习近平总书记考察宁夏重要讲话精神，深入践行习近平法治思想，认真落实宁夏党委和政府各项部署要求，立足"一个统抓、五大职能"，聚焦年初确定的目标任务精准发力、精耕细作，抓纲带目、抓点带面，以重点突破带动各项工作取得新成效、迈上新台阶。

一、2024年宁夏司法行政工作回顾

（一）突出统抓协调，依法治区战略深入实施

1.习近平法治思想学习宣传广泛深入

推动各级党委（党组）把学习贯彻习近平法治思想作为重要常设议题，与学习贯彻党的二十大、二十届三中全会精神相结合，通过建立落实自治区党委常委会会议"导学"、政府常务会议"讲学"、政法机关理论学习中心组学习会议"联学"、党员干部"考学"的"四学"机制，示范带动各级党委（党组）建立习近平法治思想常态化学习机制，相关经验做法被中央全面依法治国委员会督察组肯定。将习近平法治思想作为党员干部教育重

作者简介　白宽，宁夏回族自治区司法厅办公室二级主任科员。

要内容，加强对《习近平法治思想学习纲要》等权威读本的学习宣传普及，研究课题 50 余项，指导开展专题培训宣讲 4000 余场次，推动习近平法治思想学习宣传入脑入心。

2. 法治领域改革有序推进

坚决落实党的二十届三中全会决策部署及宁夏党委十三届九次全会工作要求，梳理宁夏党委、政府交办的 29 项主责任务、26 项配合任务，逐一明确落实举措和责任人。制定全面深化法治领域改革年度任务清单，制定 33 条具体措施，扎实推动解决法治领域突出矛盾问题。巩固深化基层治理和司法体制综合配套改革，全面推动律师行业党的建设、矛盾纠纷预防化解法治化等 8 项具体改革任务落地见效。

3. 领导干部述法实现全覆盖

常态化落实政府常务会议会前学法、国家工作人员考法、党政主要负责人述法制度，落实领导干部应知应会法律法规清单，积极建立健全述法制度、探索创新述法形式、打通述法重点环节，有序推动 53 个区直部门、27 个市县（区）及 1300 余个市（县）直部门、243 个乡镇、1793 名区、市、县、乡四级党政部门主要负责人实现述法工作全覆盖，组织 5 市和 17 个区直部门党政主要负责人在依法治区委员会会议上述法，持续强化"关键少数"法治意识法治思维，"学法、讲法、考法、述法"经验做法被中央依法治国办、司法部全国推广交流。

4. 涉企法规规章清理全面彻底

深入开展涉及不平等对待企业法规规章规范性文件政策清理，组织对宁夏 16.9 万件法规规章政策文件进行全面起底排查，梳理出涉企法规规章政策文件 7057 件，对存在不平等对待企业和违法违规设定罚款的 259 件逐一研究提出清理意见，为全国统一大市场建设破除了地区制度障碍，经验做法被中央依法治国办全国推广交流。

（二）突出良法善治，政府立法工作质效双升

1. 政府年度立法项目提前完成

高标准制定自治区政府年度立法计划，组织召开政府立法工作推进会，全面推行立法清单化管理和专班推进机制，编制立法工作流程图，优化审

查程序，形成 16+6 立法审查环节，立法工作更加系统化、规范化。目前年度立法 27 件审议项目、19 件调研论证项目已提前完成。

2. 备案审查制度有效落实

坚持"有件必备、有备必审、有错必纠"，严格履行自治区政府行政规范性文件合法性审查、备案监督职责，依法审查政府规章、行政规范性文件 346 件，登记备案行政规范性文件 110 件。宁夏备案审查工作在 2023 年全国地方立法工作座谈会上得到赵乐际委员长的肯定。

3. 政策文件清理有力开展

对照国家清理工作部署和自治区工作要求，提请废止政府规章 3 件、行政规范性文件 36 件、政策性文件 153 件；修改政府规章 6 件、行政规范性文件 14 件；宣布失效行政规范性文件 3 件、政策性文件 219 件，有效维护了国家法制统一。

（三）突出依法行政，法治政府建设提速突破

1. 法治政府建设提升工程全面推进

以深化"八大行动"为抓手，推动自治区政府召开历史上规格最高、范围最广、覆盖区市县乡四级政府的宁夏法治政府建设推进会，全面启动实施"法治政府建设提升工程"，会议全程得到司法部指导支持，贺荣部长高度肯定，作出批示。率先在全国省级层面连续 5 年编制重大行政决策事项目录，重大行政决策和规范性文件审查率、市场经营主体投诉举报处理回应率等 10 项关键性指标均达到 100%，银川、石嘴山、青铜峡 3 个地区和固原、红寺堡的 2 个项目成功进入第三批全国法治政府建设示范创建第二轮验收环节，入围数实现新突破，为历年最多，宁夏法治政府建设呈现步伐加快、重点突破、整体推进的良好态势，经验做法被中央依法治国办和司法部推广交流。

2. 行政执法规范化水平有效提升

深入开展提升行政执法质量三年行动，制定行政执法监督工作指引、工作流程、监督员管理办法等制度规范，覆盖区、市、县、乡四级的行政执法协调监督体系基本建成。自治区 34 个执法部门完成行政裁量权基准动态调整，27 个部门制定包容免罚清单、明确包容免罚事项 439 项，坚决防止"类案不同罚""小过重罚"。率先在全国以省级政府名义开展为期3个月的涉企行政执法专项监督，排查梳理处置问题线索923条，其中：253条自查问题全部整改清零，384件行政复议纠错和行政诉讼败诉案件逐案倒查，286件涉企执法政务服务热线和信访投诉举报问题线索逐个整改。提请自治区政府印发《进一步规范涉企行政执法行为优化法治化营商环境的通知》，制定3方面14项具体措施，全面纠治涉企执法突出问题，进一步巩固深化涉企执法监督成效。

3. 行政复议功能作用充分发挥

率先在全国修订《宁夏回族自治区行政复议条例》、出台《关于加强行政复议行政应诉工作的意见》，建立健全府院、府检联动机制，首次组织自治区、市两级政府主要领导旁听庭审，张雨浦主席及32家行政机关主要负责人现场旁听庭审。全面落实行政复议一体化审理机制，在宁夏各地设立行政复议窗口、代收点298个，实现乡镇（街道）全覆盖。健全容缺受理、"线上+线下"、繁简分流等机制，申请复议"零次跑"比例达70%以上，区本级审查受理时间、平均办案时间分别压缩至法定时限的1/3、2/3。前三季度宁夏行政复议案件达2410件，宁夏法院受理一审行政诉讼案件1776件，行政复议案件与一审行政诉讼案件比为1.4:1，复议案件首次超过法院一审诉讼案件量，行政机关负责人出庭应诉率、行政复议决定履行率均达到100%，复议案件被诉率连续3年下降，形成"大复议、中诉讼、小信访"的行政争议治理格局，行政复议化解行政争议主渠道作用进一步彰显。

4. 政府法律顾问参谋助手作用有效彰显

配齐配强政府法律顾问队伍，组建自治区政府第五届法律咨询委员会和法律顾问，政府常务会议、专题会议均有法律专家列席，前三季度参与立法论证会及案件评查、框架协议审查等事项168件次，政府依法决策、依法行政参谋助手作用进一步彰显。

（四）突出为民宗旨，公共法律服务优化升级

1. 法治化营商环境建设成效显著

出台持续优化法治化营商环境"50条"政策措施，开展"护航法治化营商环境"专项行动，建立民营企业法律服务绿色通道，在银川综合保税区成立西北首个涉外公共法律服务中心，有效填补宁夏综合涉外法律服务平台空白。以"高效办成一件事"为标准，开展公证减证便民提速活动，98个公证事项实现"全区通办"，"最多跑一次"公证服务范围从48项扩大至180项，高频公证事项"网上办、马上办"服务范围从22项扩展至102项。制定西北首个司法鉴定人考核评审制度，在全国率先开展司法鉴定人执业能力准入考试，对26家机构83个项目开展能力验证，宁夏能力验证总体通过率居全国第八、西部第二。整合律师、法律援助、公证、司法鉴定、仲裁等多种法律资源，深入开展"百所联百会""百名律师进千企""百家法律服务团进园区"等活动，深入17家工业园区为194家民营企业提供"法治体检"，分类打造25个新业态公共法律服务实体平台和公共法律服务工作站点，护航宁夏800余家企业、4.2万新业态新就业群体，《宁夏创新"1+2+N"法律服务模式 护航新业态新就业群体》荣获全国第二届法治时代创新论坛2024年公共法律服务工作创新案例。宁夏法治化营商环境做法成效被司法部列为全国6个省（区）、市司法厅（局）长访谈典型经验。

2. 高素质律师队伍建设持续深化

承办了司法部在宁夏举办的"青年律师西部锻炼计划"启动仪式暨行前培训，全国31个省（区）、市400余人参会，各项服务保障工作得到司法部及兄弟省（区）、市的充分肯定和好评。加强律师执业监管，实施"政治领航、维稳护航、助企纾困、固本培优"四大行动，建强区市县三级重大、敏感案（事）件律师服务团队，建立"宁律苗、宁律树、宁律林"青年律师培养机制，开展新入职律师到司法所实践锻炼试点工作，全区91名新入职律师全部下沉基层一线提供专业法律服务。进一步加强和改进执业律师培训，依托西北政法大学、北方民族大学，挂牌设立西北政法大学律师学院宁夏分院。加强律师与检察官交流互动，举办宁夏回族自治区检察官与律师论辩赛，有力提升检察官、律师的实战技能。更新宁夏涉外律师人才库，吸纳31名律师入库，为涉外事务提供律师人才保障。

3. 重点领域法治宣传教育新颖深入

组建黄河法治文化研究专家库，累计建设黄河法治文化阵地64个。实施"创新普法服务高质量发展"普法实践活动，围绕新业态新就业群体开展民法典宣传活动 1500 余场次，组织开展优化营商环境等各类普法宣传、讲座等活动 1000 余场次，开展抵制高额彩礼等各类主题宣传活动 800 余场次。举办青少年专项趣味普法活动 12 场次，参与学生、社区居民 3000 余人次，征集展播青少年法治精品课、短视频 600 余部。强化"法律明白人"精准培养，培育"巾帼法律明白人"等一批品牌团队，创新探索"1+N+X"工作机制，实现"法律明白人"村（社区）"两委"成员全覆盖。丰富法治文化作品，策划推出《法治丝路》《宁晓法游记》等普法作品 48 部，得到司法部充分肯定，法治丝路、法治文化视频被"学习强国"全国频道转载。

4. 矛盾纠纷排查化解精准高效

举办宁夏 2 万余名人民调解员参加的调解工作培训班，完善"多调联动"工作机制和调解组织网络，专职人民调解员占比 21.2%，高于全国平均水平 8.2 个百分点。修订人民调解员以案定补管理办法，落实专职调解员奖补资金 283.7 万元，"四减"措施为全区 245 个司法所松绑赋能的做法被宁夏减负办通报肯定，被中央政法委、司法部在全国推广。制定落实涉民营企业纠纷调解"8 条措施"，在自然资源、网络消费等领域设立调解组织 210 个，开展百日矛盾纠纷大排查大调解专项活动，前三季度排查纠纷 14.8 万人次，化解矛盾 6.3 万余件，成功率达 96.9%，调解案例入选最高人民检察院、司法部案例库。宁夏深化"访调对接"推动信访工作法治化做法得到中央社会工作部副部长、国家信访局局长李文章调研肯定。扎实推进司法协理员制度试点，经验做法在全国试点工作推进会上交流推广。

（五）突出夯基固本，维护安全稳定见行见效

1. 监所治本安全深入推进

抓实司法部部署开展的防范罪犯自杀专项行动，出台"十项举措"防范化解罪犯自杀风险。落实 10 个专项行动要求，制定 29 项具体措施，深入推进安全生产治本攻坚三年行动。

2. 教育改造质量稳步提升

将监狱改造、社区矫正、安置帮教作为一个整体来抓，实施治本攻心工程，新增"黄丝带"帮教基地 5 个，教育改造专业化、科学化、社会化水平进一步提升。推动宁夏全区 2883 个村（社区）全部成立由村（社区）调委会牵头的重点人群服务管理小组，创新推动建立安置帮教工作政府、社会、家庭"三位一体"关怀帮扶体系，前三季度宁夏刑释人员衔接率 100%，安置率和帮教率均为 99.9%，再犯罪率连续 5 年下降。

3. 戒毒工作社会化职能有效延伸

建立覆盖宁夏 5 个地级市的 38 个社区戒毒康复工作指导站，打造 2 个社区矫正实训基地，为宁夏社区戒毒康复人员、社区矫正人员开展培训 50 余场，5000 余人次参与"体验式"警示教育。前三季度开展禁毒宣传"七进"活动 150 余场次，禁毒警示教育 50 余场次，覆盖 20 万余人。举办"清凉宁夏"专场文艺演出暨"6·26"国际禁毒日禁毒宣传活动，被中国新闻网、《中国日报》等媒体报道。

二、宁夏司法行政工作面临的问题

2025 年是改革大年，也是"十四五"规划收官之年，国内外环境更加复杂，影响新质生产力发展的因素更加多元，人民群众对增进民生保障的需求更加迫切，防范化解重点领域风险重要性更加凸显，做好法治建设和司法行政工作任务更加艰巨，工作中的一些短板弱项需加快补齐。

（一）法学教育和法学理论研究的层次水平有待进一步提升

目前宁夏开展法学教育的高校仅有 4 所，法学专业点只有 5 个，法学教育办学规模体量较小，法治人才培养基础较为薄弱，法学专业硕士研究生占比低于全国平均水平，为全国 5 个法学博士点空白省区之一。法治科研项目比较分散，缺少有影响力的学科带头人。这些先天的客观因素一定程度上制约和影响了习近平法治思想的研究阐释工作，特别是对这一重要思想涉及的重大理论研究，与北京、上海等发达省区相比，高质量、有影响的成果相对较少。

（二）法治领域改革还需进一步深化

制约全面依法治区实践的深层次体制机制障碍仍然存在，市县法治建设在体制机制运行、资源力量配备等方面还存在不少堵点、难点，在新一轮综合行政执法体制改革中还存在一些乡镇（街道）对下放权力事项不熟悉、接不住、不敢管、不会管的问题。"两法衔接"的深度广度还需拓展，在推进"两法衔接"过程中发现有的行政执法单位存在不想公开执法信息、不愿接受监督的情况，"两法衔接"信息平台建设还存在数据导入、信息共享等方面的壁垒，行政执法与刑事司法衔接机制有待进一步规范、深化。

（三）政府立法质效还需进一步提高

立法的针对性、实效性、可操作性还需增强，尤其在数字经济等新兴领域，宁夏地方性法规规章供给不足，有些方面还存在空白。

三、2025 年宁夏司法行政工作展望

面对新形势新任务新要求和工作中的短板弱项，2025 年，宁夏各级司法行政机关要深入贯彻落实党的二十届三中全会、习近平总书记考察宁夏重要讲话精神和党中央、国务院决策部署，全面落实自治区党委十三届九次全会精神和自治区党委、政府工作要求，坚持系统观念、目标导向、法治思维，围绕健全完善法治宁夏建设体制机制，抓实立法、执法、司法、守法普法"四个环节"，扎实履行"一个统抓、五大职能"，深入推进"六大工程"，全力构建法治建设和司法行政工作高质量发展"六位一体"的推进工作体系，推动法治宁夏、法治政府、法治社会实现新突破、迈上新台阶，为加快建设美丽新宁夏、奋力谱写中国式现代化宁夏篇章提供坚实法治保障。

（一）全力推进政治机关建设"领航强基工程"

全面贯彻落实党的二十届三中全会关于"深化党的建设制度改革"重要决策部署，坚持以党的政治建设为统领，不断强化政治机关属性，确保"一个统抓、五大职能"政治方向不偏、党的建设政治标准不降，使法治建设和司法行政工作政治导向鲜明、政治把关严格。

1. 持续强化党的创新理论武装

坚持把"学思想、悟思想、用思想"作为第一要务，严格落实"第一议题"、集体学习制度和"双随机"交流研讨机制，充分发挥党委"领学"、机关党委"督学"、党支部"带学"、青年小组"促学"作用，深入学习领

悟习近平新时代中国特色社会主义思想和习近平总书记最新重要讲话和重要指示批示精神，深化拓展"五学五谈五比五结合"机制，始终保持抓理论学习的热度和深度。

2. 持续提升党建工作质量

牢固树立抓基础、强基本、固根基的鲜明导向，深化"五型"模范机关创建，深入实施基层党建工作提质增效工程，推进"效能提升"党建融合行动，加强监所、律师、公证、司法鉴定和仲裁等基层党组织建设，开展"十佳党建品牌"、党建优秀案例选树活动，继续打造一批贴近基层实际、体现行业特点、彰显支部特色的党建品牌，推动党建责任落地生根、党建业务融合赋能、党建品牌百花齐放，让党的基层组织全面过硬。

3. 持续加强纪律作风建设

牢固树立政法政绩观，加强党风廉政制度建设和制度执行，完善队伍思想政治常态化研判分析机制，深入推进"四警六廉"工程，持续巩固深化党纪学习教育成果，培育具有司法行政系统自身特色的廉洁文化，抓实常态化开展廉政教育、廉政谈话、警示教育等制度，突出年轻干部教育管理监督。严格落实中央八项规定和宁夏八条禁令，严格执行防止干预司法"三个规定"，扎实推进整治形式主义为基层减负，推动党风廉政建设长治长效。

4. 持续锻造过硬司法行政铁军

坚持把队伍建设作为长远大计，深入推进干部素质能力提升行动，分级分类举办干部大培训、实战大练兵、岗位大比武，在全系统开展先进典型、工作标兵选树活动，不断健全干部常态"练"、机关定期"比"、系统集中"赛"推进机制，大力营造比能力、看作风、重实绩的浓厚氛围。健全干部选育管用全链条机制，加快落实政法机关优秀年轻干部培养选拔"3331工程"，更大范围发现、选拔、使用优秀人才，充分调动干部干事创业的积极性。

（二）全力推进全面依法治区"提档赋能工程"

坚持学思想、强统筹、促落实协同发力、整体推进，确保法治建设统抓有力、落实有效。

1. 深化习近平法治思想学习贯彻

紧扣学习贯彻习近平法治思想这个首要任务，持续推动完善自治区党委常委会会议"导学"、政府常务会议"讲学"、政法单位"联学"、党员干部"考学"的"四学"机制，组建习近平法治思想宣讲团，推动构建宁夏各层级、各条线全覆盖的"大学习、大宣讲、大研讨、大落实"工作格局。

2. 优化法治建设工作机制

系统制定 2025 年全面深化法治领域改革"任务书"和"路线图"，对标中央要求出台自治区法治建设指标体系、基层法治工作指引，全面抓好中央依法治国办法治督察反馈问题整改落实，项目化、清单化推进彻底整改到位。

3. 系统部署推进依法治区战略

建议召开自治区党委法治建设工作会议，深入总结经验做法、短板弱项，系统谋划推进"十五五"宁夏法治建设战略任务、重点工作。

4. 深化法治为民办实事成效

开展法治为民办实事"回头看"，推广巩固各地法治为民办实事的做法，推进依法治区战略深入实施。

（三）全力推进立法领域改革"提质增效工程"

紧紧围绕自治区党委和政府中心工作，以注重解决问题、突出宁夏特色为导向，全面提升科学精准立法的质效。

1. 推动健全政府立法工作机制

持续完善落实立法专班和"双组长"工作机制，建立健全立法快速响应机制，推进"小快灵""小切口"立法。探索建立"黄河几字弯"、西部大开发区域协同立法机制，为推进协同发展、高质量发展提供更具耦合性、开放性的制度保障。

2. 加快推进重点领域立法

科学编制、高效推进 2025 年度自治区政府立法工作计划，加快制定修订促进民营经济发展条例、民族团结进步促进条例、大数据发展条例、慈善事业促进条例、预防未成年人犯罪条例和行政许可监督办法等法规规章，并广泛深入开展示范区促进条例等法规规章调研论证，研究一批发展所需、群众所盼的优质立法项目。

3. 持续加强合法性审查和备案审查

全面落实国务院《法规规章备案审查条例》，研究出台自治区重大决策、规范性文件合法性审查政府规章。健全政府立法审查、备案审查清理常态化工作机制，推动区、市两级全面落实立法后评估制度。

（四）全力推进法治政府建设"提速攻坚工程"

按照 2024 年宁夏法治政府建设推进会部署的"15336"工作思路和"走在全国前列"目标要求，进一步细化实化"法治政府建设提升工程"阶段性任务举措，重点开展"四大行动"。

1. 开展法治政府建设攻坚行动

推动召开宁夏法治政府建设推进会，全面起底、分析法治政府建设短板类、提升类、巩固类"三类指标"推进达标情况，重点聚焦落实立法决策后评估制度、履行行政调解职责等工作弱项集中攻坚，补齐短板、巩固优势、建章立制，以重点突破带动全面提速、整体提升。

2. 开展示范创建牵引行动

巩固提升前两批示范地区（项目）成果，做实第三批示范创建第二轮实地评估准备工作、力争取得最好成绩，更大力度培育第四批示范候选地区（项目），深度谋划推出一批有影响力的法治政府建设宣传精品栏目、优质活动，以争创全国样板的浓厚氛围带动宁夏上下争先进位、遍地开花。

3. 开展营商环境法治化赋能行动

重点抓住"高效办成一件事"、公平竞争审查、诚信政府建设、法院生效裁判执行、产权执法司法保护等关键，全面落实自治区进一步规范涉企行政执法行为的 14 个方面的重点举措和优化法治化营商环境的"50 条"措施，制定涉企行政执法检查备案工作指引，协调推进跨部门综合监管试点工作，深化"综合查一次"改革，全方位提升转职能、提效能、优环境的层次水平。

4. 深化行政执法规范化提升行动

以健全覆盖区、市、县、乡四级的行政执法协调监督工作体系为总抓手，扎实推进赋权事项评估和动态调整制度完善、行政执法事项清理、乡镇（街道）行政执法规范化试点、县级以上政府司法行政部门与行政执法部门监督机构协调联动机制建设、宁夏行政执法监督平台改造升级等重点任务落实，全面助力廉洁政府、阳光政府建设。推动行政机关负责人出庭应诉和国家工作人员旁听庭审制度全面落实，建立自治区行政复议委员会和行政复议员、行政复议辅助人员制度，不断提升政府决策、执法规范化质效。

（五）全力推进刑罚执行工作"提效规范工程"

严格落实总体国家安全观，牢牢把握刑事执行整体要求，以托底放心的本质安全全力维护宁夏政治社会大局稳定。重点是统筹推进监狱改造、社区矫正、安置帮教一体化建设，研究制定宁夏监狱工作高质量发展实施规划，迭代升级罪犯出监危险性评估指标，依法推进假释制度充分适用，全面加强重点人群服务管理，有效预防和减少重新违法犯罪。优化监所布局和功能，加快构建戒毒工作"一体两翼"宁夏模式，持续巩固和提升本质安全和改造帮教水平。

（六）全力推进法治社会建设"提优扩面工程"

坚持法治为民、法治惠民法律服务目标导向，以便捷普惠的法治温度着力提升全民法治获得感、满意度。

1. 持续优化公共法律服务

深化律师、公证、仲裁、调解、司法鉴定等制度机制改革，推行"公证+""互联网+仲裁"模式，大力培养党和人民满意的"塞上律师"，持续拓展"宁夏云公法"功能，健全新业态新就业群体公共法律服务工作机制，加快健全覆盖城乡的公共法律服务体系，全年办理法律援助案件10000件以上。

2. 持续提升人民调解质效

开展人民调解质效提升专项行动，完善司法协理员招聘管理机制，重点加大知识产权、新业态等领域调解工作力度，矛盾纠纷化解成功率保持在96%以上。

3. 持续改进法治宣传教育

全面开展"八五"普法终期验收，全面实施公民法治素养提升行动，着力深化"法律明白人"培养工程，推动形成一批区域性黄河法治文化和红色法治文化集群，全面提升基层治理法治化、现代化水平。

2024年宁夏公安工作发展报告

石　磊　宋子健

2024年，宁夏公安机关始终坚持以习近平新时代中国特色社会主义思想为指导，全面贯彻落实党的二十大，二十届二中、三中全会和自治区党委历次全会精神，深入学习贯彻习近平总书记关于新时代公安工作的重要论述和考察宁夏重要讲话精神，认真落实全国、全区公安工作会议精神，以铸牢中华民族共同体意识为工作主线，以加快形成和提升公安机关新质战斗力、全面推进公安工作现代化为目标，以建立完善"专业+机制+大数据"新型警务模式为重点，全力以赴防风险、保安全、护稳定、促发展，忠诚履行维护国家安全和社会稳定、守护人民幸福和安宁的神圣职责，为全面建设社会主义现代化美丽新宁夏提供坚强保障。

一、2024年宁夏公安工作开展情况

（一）加强政治建设，对党绝对忠诚，更加铸牢警魂

强化思想理论武装。严格落实党委理论学习"第一议题"、研讨交流"第一主题"、教育培训"第一主课"制度，持续深化厅党委理论学习中心组示范领学、基层党组织集中促学、领导干部带头深学、党员民警主动跟

作者简介　石磊，宁夏回族自治区公安厅研究室一级主任科员；宋子健，宁夏回族自治区公安厅研究室四级主任科员。

学、网上网下交叉互学的"五学联动"机制，全区各级公安机关开展政治轮训 148 期、参训民辅警 1.9 万余人次。严守政治纪律政治规矩。将习近平总书记重要指示批示作为党内政治要件来办，健全完善任务台账管理、日常跟踪督办、进展动态更新、科学评估问效、情况随时呈报、常态化"回头看"机制。全面开展政治督察，坚持从政治上看、从政治上察，开展两轮对 4 个市局和 2 个厅属部门的政治督察，发现并督促整改 4 类 56 个问题，确保党的绝对领导落实到公安工作和队伍建设各方面、全过程。严格执行《中国共产党政法工作条例》《中国共产党重大事项请示报告条例》，自治区党委、政府召开全区公安工作会议，专题听取公安工作汇报，对新征程推进公安工作现代化作出明确部署，研究解决一批重点领域问题。抓实党纪学习教育。坚持将经常性教育和集中性教育相结合，举办党纪学习教育领导干部读书班，各级党组织书记讲授纪律专题党课 97 次；组织 700 余名民辅警深入吴忠党风廉政教育基地、石嘴山监狱等地实地参观，开设《中国共产党纪律处分条例》专题辅导讲座 15 场次 500 余人次，编发《全区公安队伍违纪违法典型案例》，用身边事教育身边人，引导广大民辅警知敬畏、存戒惧、守底线。

（二）忠实履职尽责，政治社会大局持续安全稳定

政治安全屏障持续筑牢。始终把防范政治安全风险置于首位，持续深化反渗透反颠覆反恐怖和意识形态领域斗争，依法严厉打击非法宗教和邪教组织违法犯罪活动，坚决守住了不发生重大敏感案事件和暴力案事件的底线，有力维护了国家政权安全、制度安全、意识形态安全。依法严厉打击整治网络谣言案件 287 起，清理网络谣言及有害信息 2180 条，面向社会发布 11 批 82 个典型案例，营造和谐清朗的网络舆论环境。强化风险评估、监测预警、安全检查、秩序维护、应急处突等各项安保措施，确保了中国（宁夏）国际葡萄酒文化旅游博览会、中国—中亚合作论坛等重大活动的绝对安全、万无一失。社会治安形势持续向好。始终坚持和发展新时代"枫桥经验"，强化重心下移、关口前移，常态化开展矛盾纠纷排查化解工作，持续深化"百万警进千万家"活动，推动落实属地管理责任、源头治理措施、多元化解机制，排查各类矛盾纠纷问题 4 万余件，矛盾纠纷整体化解率超 97%，最大限度把矛盾和问题化解在萌芽状态。建立健全特定对象、群体服务管理机制，协同属地党委、政府有关部门，及时开展人文关怀、心理疏导、帮教转化、干预矫治等工作。纵深推进信访问题源头治理三年攻坚行动，推动化解一批公安信访积案，全区公安信访总量同比下降11.6%。以夏季治安打击整治行动为牵引，打击严重暴力犯罪、夏季多发犯罪和新型违法犯罪，加大夏夜治安巡查宣防、区域会战和风险清理力度，检查治安复杂场所 3.4 万余家次，全区"110"刑事警情、治安警情同比分别下降 25.6%、18%。公共安全屏障扎紧织密。聚焦人民群众对平安品质的更高期待，深入研究新形势下违法犯罪的规律特点，快侦快办醉酒滋事、入室盗窃、骚扰猥亵、黄赌毒等高发易发案件，2024 年 1—10 月，全区刑事案件、盗窃案件、危害公共安全案件同比分别下降 23.9%、18.9%、43.7%，最大限度让人民群众感到安全触手可及、安宁就在身边。严厉打击经济犯罪活动，非法集资发案同比下降 46.9%，金融领域案件发案同比下降 50.48%，挽回经济损失 2.91 亿元，有力守护了人民群众"钱袋子"。纵深推进打击电信网络诈骗治理工作，全区电诈案件立案数、财损数分别同比下降 30.2%、20.2%，预警见面劝阻率达到 95.2%。巩固禁毒示范城市创建成果，禁毒"拔钉追逃"工作取得近三年最大战果，戒断三年巩固率提升至 96%的新高。深化交通事故预防"减量控大"工作，强化路面管控和疏堵保畅，全区道路交通事故起数、死亡人数、受伤人数和财产损失同比分别下降 9.9%、10.9%、11.4%、25.8%。社会治安防控逐步完善。深化派出所、警务室、街面警务站等防控支点建设，推动"雪亮工程"向乡村、社区延伸。深化打击整治枪爆违法犯罪专项行动，对涉危涉爆单位开展地毯式全覆盖的安全检查，排查整改各类安全隐患 4146 处。全面加强街面巡逻防控，围绕机关、学校、车站、机场等重点部位和夜经济"商圈"、网红打卡点、小吃夜市等人员密集场所开展巡逻防范，不定期开展临查临检300 余次，投入巡防警力 5.1 万人次，发动群防群治力量 4.2 万余人。

（三）靠前服务大局，护航经济社会发展主动有为

着力营造法治化营商环境。围绕"六新六特六优+N"产业，推广"项目警长""企业管家""警企联络员"等特色做法，完善靠前服务、精准联系、常态走访机制，持续擦亮"亲清塞上"护企安商服务品牌，不断提升市场主体感受度。依法维护市场经济秩序，建立健全新兴领域包容审慎监管机制，全域推行重大涉企案件"报案快理、案件快侦、损失快追"的反应机制。优化提升出入境服务，严格落实签证"受理、审核、审批、研判、制证、发放"闭环管理，推动实现"12367"服务平台和"12345"政府热线一键转接、工单互通，累计审批签发出入境证件 11.3 万余本，"12367"服务平台咨询满意率达 100%。打造"警企零距离"知识产权保护警务模式，建立 90 家驻企知识产权警务工作站，实现全区 24 个重点工业园区全覆盖，查处知识产权和制售伪劣商品侵权案件同比增长 24%。研究出台惠民利企见行见效"29 项措施"，下放审批权限 11 项、增加服务 27 项、压减时限 8 项，公安厅营商环境评价考核较 2023 年提升 18.2%。全力守护生态环境安全。聚焦黄河流域生态保护和高质量发展先行区建设，加强沿黄九省区整体联动，完成宁夏黄河流域生态保护刑事侦查巡护系统建设，实现"一河三山"辖区重点要素全覆盖。持续开展"昆仑""黄河""春风"专项行动，全方位对污染环境、破坏耕地、破坏野生动植物资源等突出犯罪发起凌厉攻势，侦办破坏资源环境保护案件同比增长 10.7%，侦破了一大批重特大案件，有力维护了生态环境安全，守护了绿水青山。探索"空中巡察+视频巡防+警力巡护"立体防控模式，全域推进森林、河湖警长制，加强生态资源数据共享力度，整合汇聚全区森林、草地、湿地、自然保护地等各类生态资源数据 86 万余条。有力回应民生所思所盼。国务院、自治区"高效办成一件事"涉及公安的 10 项重点事项全部上线运行，全区政务服务公安专区"一窗通办"改革落实落地，"一网通办"累计减免材料 75%，事项办理时限压减 50%以上。深化"互联网+交管"政务，持续推进便利城市货车通行、轻微交通事故线上视频快处，线上处理简易事故 1.79 万起，公安交管网上服务网办率、满意度均达到 99%以上。深化户籍改革，在银川市、吴忠市全域试点"临时身份证明、亲属关系证明、户口注销证明、婚姻状况变更、文化程度变更"全程网办。巩固提升"365天×24 小时"服务机制，践行"为人民制证"服务理念，打造"随时办就近办"服务品牌，协调推进"三减一提升"，累计压减材料 147 份、减时限

30%、减跑动 50%，为群众提供各类政务服务超 900 万件次。

（四）坚守公平正义，法治公安建设迈出重大步伐

健全法规制度体系。紧密结合基层一线执法执勤所需，研究制定处置网络群组煽动事件、网络谣言、办理网络暴力、民刑交叉案件，规范异地办案协作等 15 项制度指引，丰富好用实用的执法指引"工具箱"。宁夏压实业务警种执法监督管理责任和协同司法部门行政争议化解 2 项执法制度被评选为全国优秀执法制度。出台《宁夏回族自治区电动自行车管理规定》，全链条整治电动自行车安全隐患，加强涉电动自行车亡人事故溯源倒查，全区涉电动自行车事故起数、死亡人数同比下降 23.42%、26.73%。严格规范执法办案。扎实开展规范执法"一提升两攻坚"，全面推进全区 20 个执法办案管理中心全域成建制、实体化运行，现场执法、执法安全、涉信访投诉、交通类案件办理 4 项执法突出问题得到系统治理，加强涉案财物全过程治理，依法向当事人发还涉案物品 5921 件，公安机关执法能力和执法质效提升明显，全区检察机关批捕率、起诉率同比分别上升 4.29% 和 9.81%，"110"投诉类警情同比下降 31.8%，涉警舆情同比下降 2.6%。加强执法监督管理。完善执法责任体系，全面实行办案质量终身负责制和错案责任倒查机制，在全国公安机关率先系统建设运行执法风险智能防控系统，多维度监测预警四级案管运行，事前预警监测问题处置率、重大敏感案件风险评估率分别达 91%、97.5%。常态化运行执法监督管理委员会，将监督触角延伸到执法服务全过程，升级优化执法风险防控模型，推动执法监督管理数字化转型，创新健全事前审查、事中监督、事后纠正的全流程全要素执法监督管理体系，宁夏经验在全国执法监督管理改革会议上交流，全区检察机关反馈纠正违法数同比下降 37.3%。

（五）深化改革创新，警务体制机制更加协同高效

优化完善警务体制机制。立足"省级主责、市县主战、派出所主防"的职能定位，深入推进地方公安机关机构编制管理改革，积极推进市、县公安机关大部门大警种制改革，加快构建符合新时代要求、体现实战化特点、具有宁夏特色的现代警务体系。加快构建新型警务运行模式。深化"情指行"一体化机制改革，建立健全覆盖区、市、县派出所和直达一线的

"五级"指挥调度体系，实现市级公安机关统一接警派警，做到了警力上图、可视调度，全区重大涉稳风险预警率、行动性线索核查稳控率均达100%。建立敏感警情"提级盯办"、预案指令"关联推送"、网上网下"同步应对"等工作机制，修订完善各类应急预案45个，常态化组织开展实战演练，确保随时拉得出、顶得上、打得赢。扎实开展重复警情治理，紧盯扬言极端、家庭暴力、自杀类重复警情，建立健全"研交办督结"工作机制，家庭暴力、走失寻人类警情同比分别下降11.4%、6.1%，最大限度防止发生"民转刑""刑转命"案件，严防发生个人极端暴力犯罪案件。深入开展"出警快一秒、平安多一分"专项攻坚行动，全区1分钟内警情签收率较2023年提升9.2个百分点，城镇警情到达现场时间较2023年同比提升10.3%，全区公安机关持续推动"110"接处警再提速，跑出守护平安加速度。着力强化"派出所主防"工作机制。持续推进派出所工作三年行动计划各项任务，全面推行派出所"两队一室""一村（格）一警"等警务模式，派出所所长全部进乡镇（街道）班子，探索建立三级基础管控中心，加快推进"一社区一警两辅"和"一村一辅警"全覆盖，提升"两队一室"运行质效，健全完善力量保障、权责清单等配套政策措施，落实基层装备配备标准，管好用好现有各类装备，切实把公安工作的地基挖深打牢。大力推进智慧公安建设。深入实施科技兴警三年行动计划，组织开展科技兴警"五大行动"，加快推进公安大数据中心、"三圈三网"等项目建设。打通政府部门和行业单位的数据资源，新接入自治区信访局、教育厅、民政厅、检察院等9家单位8700万余条数据，创新研发风险评估、预警防范、态势感知、智能研判等各类数据模型10252个。

（六）从严管党治警，着力锻造高素质过硬公安铁军

从严加强队伍监督管理。严格落实各项铁规禁令，从严执行公安机关领导干部禁业范围有关规定和领导干部个人有关事项报告制度，组织开展政商"旋转门""逃逸式离职"专项整治，对10名离职民警从业情况建立专项档案。深化"四警六廉"工程，开展厅机关"廉政警示教育周"，组织"一会两学三谈四查"和五项活动，推动警示教育入脑入心。强化素质能力提升。坚决落实新时代好干部标准，深化政治素质考察考核，强化干部队伍梯次规划和优秀干部发现培养，加大干部交流任职力度，干部队伍结构持续优化。坚持把实战练兵作为提升公安队伍战斗力根本途径，突出实战实用实效，健全完善教学研战练一体化人才培养模式，开展全区公安机关警务实战大比武，累计培训专业警种 30 余期 1500 余人次，着力提升队伍职业素质和履职能力。探索开展特殊紧缺人才招录，首次面向国内知名高校招录选调生，打开了招录高层次人才新通道。做实做细从优待警。建立民警身体健康管理、心理健康管理、家访、困难帮扶、警营文体活动"五项制度"。畅通特别优秀警务辅助人员入警通道。提高派出所和交警队民辅警体检标准，畅通团圆计划落实渠道、紧急医疗救治、民辅警子女教育优待等爱警暖警政策措施，走访慰问 385 个基层所队、2530 名个人，公安民警职业荣誉感、自豪感、归属感显著增强。

二、宁夏公安工作面临的风险挑战

2024 年以来，宁夏公安工作取得了显著成效，但是在维护安全稳定实践中仍然面临各种风险隐患。

（一）新型违法犯罪多发频发

传统违法犯罪加速向互联网扩散蔓延，人工智能、网络直播、无人机等新业态持续发展，加密通信、算法推荐、AI 换脸等新技术易被滥用，极易滋生大量风险隐患。网络购物、兼职刷单、网络贷款、网络赌博、网络"杀猪盘"等诸多种类的电信网络诈骗案件持续高发，诈骗手法充斥各大网络平台并不断演变升级，防范治理难、追赃挽损难，人民群众防不胜防。

（二）公共安全隐患点多面广

随着宁夏经济形势不断回暖、城镇化建设逐步加快，人流、车流、物流以及各类大型活动大幅增加，部分地区道路交通、防火灭火等安防设施还不完善，极易引发公共安全事故。无人驾驶航空器、网约房、网约车、网络直播、餐饮外卖等新业态催生庞大的消费市场，但行业准入、安全防范等监管机制仍不健全，推动有序健康发展的目标仍有差距。

（三）基层基础存在薄弱环节

全区智能化前端感知设备布建跟不上城市发展，公路卡口、重点区域的视频监控覆盖率不足，智能化视频监控建设占比较低。各地市辅警薪酬待遇保障水平还不高、标准不一致，人员流失严重，影响队伍稳定性。警训基地建设、训练装备保障不足，部分业务技术用房、无房危房派出所建设力度还不够。

三、2025 年宁夏公安工作思路

2025 年，宁夏公安机关将坚持以习近平新时代中国特色社会主义思想为指导，深入贯彻党的二十届三中全会精神，全面落实自治区党委十三届八次、九次全会部署，严格按照党中央决策部署和自治区党委、公安部各项要求，紧紧围绕新警务理念、新运行模式、新技术装备、新管理体制的"四新"目标，以创新现代警务理念为先导，以完善协同高效警务体制机制为动力，以实战化法治化信息化融合发展为支撑，加快形成和提升新质公安战斗力，全力以公安工作现代化护航美丽新宁夏建设。

（一）坚决维护社会大局安定稳定

坚定不移贯彻总体国家安全观，持续深化反渗透反颠覆反恐怖反邪教斗争和网上斗争，加快自治区反恐怖情报中心建设，切实守住不发生暴恐案事件的底线，有力捍卫政权安全、制度安全和意识形态安全。全面落实维护社会稳定责任制，常态化开展矛盾纠纷排查化解，常态推进扫黑除恶、反诈和禁毒人民战争，严厉打击涉枪涉爆和盗抢骗、黄赌毒、食药环，以及电信网络诈骗、未成年人犯罪等突出违法犯罪活动，切实保障人民群众生命财产安全。健全重点领域新兴业态监管机制，加强网约房、电竞酒店、私人影院、无人机等领域隐患排查，坚决堵塞安全漏洞。积极开展安全生产治本攻坚三年行动，大力推进交通安全领域隐患专项整治，加强重点物品和大型群众性活动全流程管控，坚决防范和遏制重特大安全事故发生。

（二）全力护航经济社会发展大局

聚焦黄河流域生态保护和高质量发展先行区、铸牢中华民族共同体意识示范区建设，充分发挥公安机关职能作用，支持服务保障美丽新宁夏建设。着力完善维护市场经济秩序，依法平等长久保护各种所有制经济产权，健全金融消费者保护和打击非法金融活动机制，不断深化"扫楼清街"

"照前会商"机制,优化"企业警长"常态化联系机制,擦亮"亲清塞上"护企安商品牌。健全完善沿黄九省区警务协作机制,出台生态环保领域检验鉴定意见,对环境资源犯罪实施全环节、全要素、全链条打击。全面推动"110"与"12345"平台高效对接联动,健全"高效办成一件事"重点事项清单管理机制和常态化推进机制,推动"互联网+公安政务服务"平台与自治区一体化平台深度融合。深化户籍制度改革,全面推动居民身份证办理、户籍类证明等高频户政服务事项跨省通办、全区通办,逐步推行户籍类证明和居住证申领全程网办。

(三)深入推进法治公安建设

健全完善执法监督管理机制和执法责任体系,持续抓好规范执法"一提升两攻坚"工作,加强全流程全要素执法监督管理,推动执法办案管理中心专业办、集中办、合成办、智慧办、安全办。建立落实行政案件必进中心的正面清单,完善和检察机关常态化沟通协调与对接联络机制,定期分析研判侦查监督数据,提升侦办案件质效。推进执法大数据智能化应用,会同检法机关丰富案件证据标准,对取证不及时、压案不查等执法问题及时监督整改。持续巩固积案清理成效,运用积案管理大数据模型扩展清理一批重点积案,源头消除久拖不裁、涉案财物追缴不力等问题,提升执法公信力。

(四)创新完善新型警务运行模式

聚焦"省级主责、市县主战、派出所主防"职能定位,坚持以新警务理念为先导、以新运行模式为关键、以新技术装备为支撑、以新管理体系为保障,加快构建"专业+机制+大数据"新型警务运行模式,持续抓好"情指行"一体化运行机制建设和派出所改革,加快建设区、市、县三级基层基础管控中心,打通区、市、县三级和派出所综合指挥室指挥调度链路,推动"一社区一警两辅"和"一村一辅警"全覆盖。加快推进"三圈三网"立体化智能化社会治安防控体系、宁夏公安大数据中心等重点项目建设,持续推进全警综合应用和警种专业建模,全面赋能基层一线和实战业务。

(五)纵深推进全面从严治党治警

始终把拥护"两个确立"、做到"两个维护"作为最高政治原则和根本政治规矩，严格执行政法工作条例、重大事项决策议事、请示报告等制度，着力推进政治监督具体化、精准化、常态化。加强各级党组织建设，配齐配强政治委员、教导员、指导员，深入推进党支部标准化规范化建设，创建一批具有公安特色和深度影响力的党建品牌。健全政治素质考察、日常考核纪实、干部队伍调研等制度机制，真正把想干事、能干事、干成事的好干部选出来、用起来。健全常态化练兵机制，完善教学研战练一体化人才培养模式，畅通特殊人才招录渠道，着力提升队伍职业素质和履职能力。严格落实各项铁规禁令，持续整治形式主义，为基层减负，深入开展群众身边不正之风和腐败问题集中整治，涵养风清气正的良好政治生态。

2024 年宁夏律师业发展报告

胡雅娟

2024 年，在司法部和中华全国律师协会的指导支持下，在自治区党委、政府的亲切关怀下，全区广大律师坚持以习近平新时代中国特色社会主义思想为指导，深入学习贯彻习近平法治思想和习近平总书记重要指示精神，以坚定的政治定力忠诚履职，以深厚的为民情怀践行法治，主动投身中心大局，勇于承担社会责任，充分发挥专业优势，为服务经济社会发展、保障法律正确实施、维护群众合法权益、守护社会公平正义作出了积极贡献。

一、宁夏律师业基本情况

（一）律师事务所发展情况分析

截至 2024 年 10 月底，全区共有律师事务所 228 家。从类型上看，合伙所 171 家（其中特殊的普通合伙所 4 家、分所 42 家），个人所 51 家，国资所 6 家；从规模上看，执业律师 10 人以下所 129 家，11 人至 30 人所 76 家，31 人至 50 人所 9 家，50 人至 100 人所 7 家，100 人以上的律师事务所 7 家；从地区分布上看，银川市 108 家，石嘴山市 27 家，吴忠市 39 家，固原市 30 家，中卫市 24 家（见图 1）。

作者简介　胡雅娟，宁夏律师协会常务副秘书长。

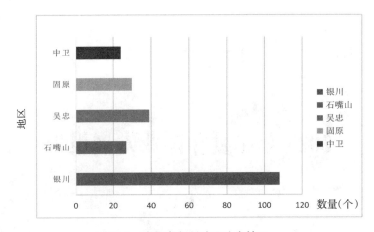

图 1　律师事务所地区分布情况

（二）律师发展情况分布

截至 2024 年 10 月底，全区共有律师 5030 人，其中社会执业律师 3704 人（专职律师 3608 人、兼职律师 96 人）、公职律师 929 人、公司律师 286 人、法律援助律师 111 人。

律师性别构成上，男性律师 2607 人，占全区律师总数的 51.83%；女性律师 2423 人，占全区律师总数的 48.17%，男性律师占比略高。地区分布上，银川市 3709 人，石嘴山市 271 人，吴忠市 376 人，固原市 347 人，中卫市 327 人（见图 2）。其中，银川市律师人数占全区律师总数的 73.74%。

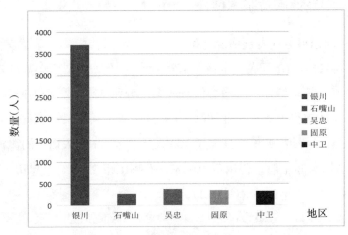

图 2　律师地区分布情况

截至 2024 年 10 月底，新申请执业律师 327 人，其中银川市 238 人、石嘴山市 17 人、吴忠市 23 人、固原市 27 人、中卫市 22 人。

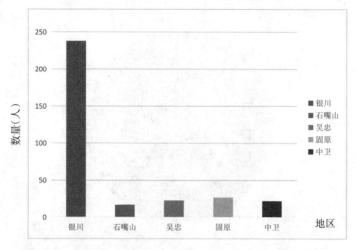

图 3　新申请执业律师地区分布情况

（三）律师行业党建情况分析

截至 2024 年 10 月底，全区共有律师事务所党组织 119 家，其中党总支 1 家、独立党支部 97 家、联合党支部 21 家，党员律师 1932 人。党对律师行业的全面领导不断加强，广大律师自觉拥护中国共产党领导、拥护我国社会主义法治，忠于宪法和法律，维护当事人合法权益，依法规范诚信执业，认真履行社会责任，争做党和人民满意的好律师，推动全区律师事业不断发展进步。

（四）律师业务发展情况分析

截至 10 月底，全区律师共办理各类法律事务 60284 件，其中：办理民事案件代理 46256 件，担任刑事案件辩护人、代理人 5456 件，办理非诉讼法律事务 6451 件，代理行政案件 2001 件，代理申诉 120 件。全区律师履职能力不断增强，履行社会责任的积极性、主动性不断增强，服务质量和水平逐步提升。

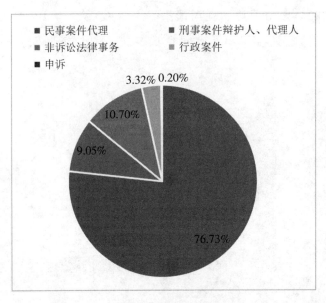

图4　办理各类法律事务情况

二、宁夏律师工作开展情况

（一）聚力强化政治引领，在行业党建巩固提升上形成新格局

1. 政治领航作用不断增强

坚持把习近平新时代中国特色社会主义思想，特别是习近平法治思想作为律师行业各类会议、培训学习的首课、主课和必修课，举办律师行业党组织书记、党务工作者培训班，坚持"首题必政治"学习制度，线上线下三级轮训实现党员律师政治理论学习全覆盖。明确要求实习律师学习培训政治理论课程必须达到50课时，引领广大律师进一步增强坚定拥护"两个确立"，坚决做到"两个维护"的政治自觉、思想自觉和行动自觉。228家律所完成了党建进章程工作，106家律所建立了党组织班子成员与决策层、管理层"双向进入、交叉任职"制度，184家律所建立了党组织参与律所决策、规范管理发挥作用机制和重大问题会商、重要情况通报等工作制度。

2. 党建工作机制更加完善

健全非公经济组织和社会组织工委统筹指导、司法行政机关党委（党组）直接领导、律师行业党委具体负责的党建工作机制，构建起"横向到边、纵向到底"的党建工作格局。明确重大事项、重要工作须经行业党委会审议、通过。深入推进"双向培养"工程，把优秀律师发展成党员，把优秀党员律师培养成业务骨干、律所合伙人。

3. 党的组织覆盖不断巩固

严格落实律所设立审查与党组织组建、律师执业申请、转所与党组织关系接转、律所年度考核与党建考核"三同步"制度，采取单独建、联合建、选派党建工作指导员等方式，实现律师行业党的组织和党的工作全覆盖。扎实开展律师行业党组织和党员基本信息核查工作，从组织设置规范、工作机制规范、组织生活规范、党员管理规范四个方面，切实把制度健全起来、党员组织起来、活动开展起来，有效提升律师行业党组织政治功能和组织力。坚持"党建+统战"的"大党建"思路，打造23家宁夏律师行业统战工作"同心圆"工作室，充分发挥律所党支部战斗堡垒作用，凝聚党内外律师思想政治共识。

4. 党建工作成果全面凸显

深入实施律师行业党建引领发展"政治领航"工程，组织党员律师亮身份、承诺践诺，倡导党员律师到社区报到，在品牌特色上精耕细作，打造出"五同党建""律心向党　红五师"等一批切口小、标识明、融合紧、品牌响的党建品牌。1名律师在全国律师行业党委举办的"厚植家国情怀　彰显时代担当"全国青年律师演讲比赛决赛中荣获三等奖，宁夏律师协会荣获优秀组织奖。

（二）聚力服务发展大局，在律师行业职能发挥中释放新动能

1. 基层治理主力作用彰显

引导律师主动服务、规范和完善基层治理体系，全区939名律师担任2833个村（社区）的法律顾问，办理各类法律事务、提供法律服务、开展普法宣传、参与矛盾纠纷化解，协助村（社区）"两委"起草、审核修订村规民约，为村（居）民提供法律咨询。组织律师积极参加各级公检法机关、信访单位的信访接待和涉法涉诉信访值班，并依托各类律师调解室，扎实开展矛盾纠纷调解工作，努力将问题隐患化解在萌芽。

2. 助推优化法治化营商环境

紧紧围绕党的二十大擘画的宏伟蓝图、对标自治区第十三次党代会任务目标，特别是"三区建设""四新任务""五大战略""六大提升行动"等重点工作，构建"产业链+法律服务"体系，引导律师持续为自治区重点产业、工程项目等提供"一站式""一条龙"的法律服务。充分发挥"贺兰山东麓葡萄酒产区知识产权法治服务百人团""宁夏奶产业协会人民调解委员会""宁夏奶产业协会法律服务中心"的作用，加大"法律科技与新基建专业委员会""环境资源与能源专业委员会"等5个专业委员会对相关重点工程、重点工作的法律服务，做到法律服务与企业发展同步规划、法律保障与工程建设同步实施"双同步"。担任各类破产案件管理人，化解不良债权，参与推进宁夏安能生物质热电有限公司破产重整等案例成为全区危困企业救助典型。深入开展"法治体检""百所联百会""百名律师进千企""四会四师一体化服务优化营商环境建设和民营经济高质量发展"等活动和"服务实体经济　律企携手同行"专项行动，帮助企业有效预防和化解法律风险。

3. 发挥律师参政议政优势

注重推荐优秀律师担任"两代表一委员"，创造各种条件为律师参政议政提供工作便利。全区共有113名律师分别担任各级党代表、人大代表和政协委员，其中党代表5人（自治区级党代会代表1人）、人大代表31人（全国人大代表1人，自治区人大代表4人）、政协委员77人（全国政协委员1人，自治区政协委员9人），1名律师被确定为自治区政府参事。广大"两代表一委员"律师聚焦政府行政管理中的法律问题，做好政策文件"起草人"，全程参与政策和行政规范性文件的起草与论证工作，当好行政"参谋官"，围绕依法治区建设、基层社会治理、服务保障民生等热点难点问题积极参政议政、建言献策。3家律师事务所分别被自治区人大常委会、自治区司法厅确定为基层立法联系点，年均参与立法调研、专家论证等60余件。各级"两代表一委员"律师累计提出建议、提案131件，参与立法、修法工作31件，参与执法检查、协商座谈86次，参与调研121次，参与其他工作34次。

4. 做优律师公益法律服务

推动将律师参与公益法律服务列入政府购买服务目录，积极拓展律师公益法律服务领域。积极组织律师参加"我为群众办实事"实践活动，组建为民办实事法律服务团队，参与"法援惠民生"专项行动，建立区、市两级妇女儿童维权工作站，设立农民工法律援助绿色通道，开展"关爱青少年""法援进校园""法律服务　助老护老"等公益法律服务系列活动。为老年人、妇女、未成年人、农民工、残疾人等社会弱势群体提供免费法律服务 8117 件。充分利用"3·15"国际消费者权益日"安全生产月"等重要节点、重要事项深入开展"法律六进"、律师参与法治宣传等活动。全区律师行业围绕中心、服务大局的深度和广度不断拓展，工作能力和效果持续提升，赢得了各级党委、政府有关部门和社会各界的充分肯定。

（三）聚力夯实律师队伍素质，律师执业能力水平得到新提升

1. 开展新人精准培育工程

开展实习律师、新入职律师到司法所实践锻炼试点工作，为基层法律建设贡献青年律师力量。制定《宁夏律师行业"宁律苗宁律树宁律林"青年律师培养工作方案》，16 条措施为全区律师行业储备后备和中坚力量。建立申请律师执业人员导师制，帮助和支持申请律师执业人员发展与成长。扎实开展帮思想进步、帮素质提升、带业务发展为主要内容的"两帮一带"活动，指导律师事务所建立健全青年律师传帮带机制，选派一定数量的优秀青年律师参加全国律协或有关省份的青年律师领军人才训练营，选派石嘴山等 4 市律师到银川律所学习锻炼。

2. 搭建常态学习教育平台

利用点睛网，开展执业律师继续教育网络集中培训，并将培训课程列为必修课，纳入律师年度培训考核，2838 名律师参加。与西北政法大学、北方民族大学法学院联合共建，设立西北政法大学律师学院宁夏分院，依托学院优势资源，培养高水平、应用型、复合型的律师人才。招募资深律师、专家学者等优势资源，组建宁夏律师协会讲师团，充实宁夏律师行业继续教育工作师资力量。

3. 畅通对外交流互动渠道

深化与中国国际经济贸易仲裁委员会丝绸之路仲裁中心合作，开展商事仲裁制度的推广，联合举办律师队伍涉外仲裁、调解培训，提升律师队伍涉外法律服务水平，提升企业争议解决能力，共同扩大商事仲裁服务在西北省区的影响力和公信力，为"一带一路"法治化营商环境建设积极贡献力量。加强与福建、安徽两对口帮扶省份的联系，选派青年律师到安徽、福建参加青年领军人才训练营等活动，进一步强化律师人才培养力度。组织律师参与公司法、涉外法律服务等专项培训，提升律师整体素质。

4. 加大专业律师人才培养

对标全面依法治国和优化营商环境需要，加大知识产权、数字经济、新能源、新材料等领域专业人才培养力度，邀请全国律协西部律师专家巡回讲师团讲师来宁授课，举办"刑辩技能专业化的理论基础和实现路径""新公司法的制度创新及其对律师实务的机遇与挑战"等专项培训，优化律师人才发展环境。1名律师被推选为自治区青年拔尖人才，1名律师被推选为"第六批自治区哲学社会科学和文化艺术青年托举人才培养项目"人选。31名有涉外法律事务经验、精通1—2门外语的律师，被纳入宁夏涉外律师人才库。2件案例入选"第三届中国律师公益（社会责任）典型案例"。

5. 推动"两公"律师建设提速

充分发挥"两公"律师职能作用，不断提高党政机关、企事业单位依法行政、依法办事水平。截至2024年10月底，全区共有公职律师929人、公司律师286人。"两公"律师的发展为法治宁夏法治政府建设提供了坚实的人才支撑，助力企业在法治轨道上行稳致远。全区公职公司律师共承办重要涉法业务5926件，其中：对重大决策、行政行为提供法律意见760件，参与法规规章和规范性文件起草论证338件，参与行政处罚审核、行政复议等1573件，参与办理其他重要法律事务3255件。

6. 展示多元律师行业风采

与宁夏回族自治区人民检察院联合举办2024年宁夏回族自治区检察官与律师论辩赛，提升律师队伍实战技能。组织5市律师协会积极开展律师演讲比赛，提高新时代青年律师爱国奉献、奋发进取、敢为善为的精神品质。组织拍摄律师行业短视频，推出《律师维权》等普法精品，展示宁夏律师行业风采。在《宁夏法治报》开辟《基层治理中的人民律师》专栏，连续刊发 63 期，充分展现律师参与社会治理的突出作用。

(四) 聚力规范行业管理，律师执业环境保障亮出新举措

1. 依法保障执业权利

充分发挥律师工作联席会议制度作用，加强与公、检、法等部门的工作联系，及时沟通保障律师执业权利工作情况，分析存在的问题，研究制定相关工作措施，形成维权工作合力，进一步推动法官、检察官、警察和律师的良性互动，共同维护司法公正，不断提升司法公信力。加强律师执业权利中心建设，定期研究维护律师执业权利快速联动处置工作有关问题，进一步健全律师执业权利救济制度。完善律师维权追责机制，加强对侵犯律师执业权利行为的监督和惩罚，对侵犯律师执业权利典型案件依法处理，努力推动形成全社会尊重和保障律师权利的良好氛围。

2. 加大行业关怀力度

充分发挥律师协会职责作用，全方位维护宁夏律师、律师事务所合法权益，为宁夏 1 名律师持续 3 年维权，申请维权律师案件得到满意解决。健全完善春节、"七一"慰问老党员律师、困难律师、优秀律师常态化机制，慰问律师及家属 16 人。多方位助推律师事务所数字化转型，提高工作效率，降低业务成本，改善经营决策能力。

3. 加强律所规范管理

持续开展律师事务所规范化建设活动，以加强律师事务所规范化管理为核心，努力打造基础设施完备、制度机制健全、保障体系有力、业务开展活跃的律师事务所，不断提高律师事务所规范化管理水平。截至2024年10月底，执业律师达到百人以上的律师事务所 7 家，特殊的普通合伙所 4 家，中小律所根据市场需求和自身优势，在细分专业、行业领域等方面打造特色精品所。

4. 规范律师执业行为

开展律师行业突出问题专项治理，严格规范律师与司法人员接触交往行为，落实司法人员与律师接触交往的禁止性规定，健全司法人员与律师

不正当接触交往监测、核查、查处等工作机制。运用全国律师诚信信息公示平台，及时披露律师不良执业行为。进一步健全律师服务收费制度，制定律师风险代理书面提示和风险代理收费合同示范文本，明确律师服务费标准在律师协会备案的程序和要求，督促律师事务所严格规范风险代理收费行为。健全律师行业舆论舆情监测机制，常态化开展警示教育，强化敏感时间节点的舆情监控，组织开展自办网站、刊物、公众传媒专项检查，筑牢舆论舆情"防火墙"。扎实开展投诉处理案件评查工作，健全完善投诉受理查处中心工作制度和运行机制，进一步畅通投诉渠道，坚持执纪必严、违法必究，14 名律师受到区、市两级律师协会行业处分。

（五）聚力增强协会履职能力，努力打造担当作为的律师之家

1. 健全完善工作制度

组织召开了宁夏第十一次律师代表大会，全区 228 名律师代表尽责履职，审议通过了《宁夏律师协会第十届理事会工作报告》《宁夏律师协会第十届理事会财务工作报告》《宁夏律师协会第一届监事会工作报告》。选举产生宁夏律师协会第十一届理事会理事 75 名、常务理事 21 名，第二届监事会监事 9 名。选举产生宁夏律师协会第十一届理事会会长、副会长，第二届监事会监事长、副监事长。充分发挥"塞上律师"职能作用，以高品质法律服务捍卫法律维护权利。

2. 加大专项调研深度

立足律师事业发展全局，协会领导班子牵头，分别组织专班就律师事务所发展情况及存在的问题、律师执业责任保险开展情况、律师提供涉老法律服务、县域律师队伍建设、村（社区）法律顾问服务规范、国家标准调研认证等专题内容进行深入调研，拓宽视野、拓展思路，为律师行业长足发展奠定坚实基础。

3. 加强行业自身建设

升级完善宁夏律师业务综合平台，全区律师和律师事务所应用系统办理审批业务实现了"无纸化、不见面、零跑腿"审批、考核。充实宁夏律师协会秘书处聘用人员力量，增强秘书处专门、专业、专项工作能力。健全岗位责任、内部财务管理等制度，规范办文、办会、办事流程，推进秘

书处规范运转。全面改善协会办公环境和条件，添置了电脑、打印机等办公设备，宁夏"律师之家"面貌焕然一新，协会整体形象大幅度提升。

三、宁夏律师工作存在的问题和发展展望

（一）宁夏律师工作存在的主要问题

一是党的组织和工作覆盖的有效性还不足，中小律所党建工作规范化建设还需加强；二是行业发展速度和质量的矛盾显现、发展不平衡不充分，高质量发展水平有待提升；三是律师行业优秀人才较为集中，律师行业统战工作需持续发力；四是律师行业新的社会阶层中党外优秀人才较为集中，律师行业统战工作需持续发力；五是多元化法律服务主体给行业发展带来冲击，行业数字化创新问题亟待解决。

（二）宁夏律师业发展展望

1. 推动行业党建走深走实，确保行业发展政治方向正确

坚持用习近平新时代中国特色社会主义思想，特别是习近平法治思想武装头脑，切实把党的领导落实到律师工作的全过程、各方面，引导广大律师自觉拥护中国共产党的领导，拥护我国社会主义法治，不断增强"四个意识"、坚定"四个自信"、做到"两个维护"，提高政治判断力、政治领悟力、政治执行力，在政治立场、政治方向、政治原则、政治道路上同以习近平同志为核心的党中央保持高度一致。全面贯彻铸牢中华民族共同体意识主线，加强律师行业爱国主义教育，深化党史学习教育、党纪学习教育。持之以恒加强律师行业党的建设，把党建工作与律师培养、业务发展、内部管理、文化建设等深度融合起来，提升政治引领的针对性、实效性，真正实现党的组织和工作从有形覆盖到有效覆盖，推动律师行业基层党组织建设全面过硬。

2. 把握法治中国建设要求，提升律师服务中心大局能力

始终牢记律师是中国特色社会主义法治工作者的职责定位，引导广大律师充分发挥专业优势，围绕中心，服务大局，积极参与法治国家、法治政府、法治社会建设，在法律服务细分领域精耕细作，提高质效，以高质量发展服务保障经济社会高质量发展。牢记律师的使命担当，站稳人民律

师为人民的根本立场，引导广大律师坚持正确义利观，依法忠诚履行辩护职责，坚持和发展新时代"枫桥经验"，积极提升公共法律服务能力，用心用情解决人民群众"急难愁盼"的问题，让人民群众的法治获得感更加实在，可感可触，努力让人民群众在每一个案件、每一项法律服务中都感受到公平正义。

3. 加强律师行业统战工作，推动更高水平参政议政

律师是新的社会阶层人士的重要组成部分，律师行业统战工作要落实中央统战部精神，强化统战意识和能力。要充分发挥党建引领作用，把律师行业统战工作融入党建工作之中，团结引导广大党外律师进一步加强政治学习，坚定理想信念，增强"四个意识"、坚定"四个自信"、做到"两个维护"。要抓住机遇，认真落实中央工作要求，积极探索好经验、好做法，为新的社会阶层人士统战工作提供示范和借鉴。引导党外律师积极作为，进一步加强和完善党外律师培养选拔机制，按照适当比例，积极推荐党外律师中的代表人士担任各级人大代表、政协委员和青联委员等，提高政治地位，扩大社会影响。发挥律师在依法维护公民和法人合法权益方面的重要作用，帮助党外律师树立良好社会形象，有效保障律师的职责底线和参政议政的正确方向，积极主动为党和政府分忧解难，维护社会和谐稳定。

4. 加大对青年律师的扶持力度，提升青年律师执业素养和执业技能

青年律师是宁夏律师主体力量，其健康成长关乎宁夏律师行业发展的未来。截至 2024 年 10 月底，宁夏 40 岁以下青年律师 2956 名，占律师总人数的 58.77%，青年律师执业能力欠缺、经验不足，案源少且不稳定，护航社会经济发展的能力有待提高。要进一步完善扶持青年律师发展工作机制，从青年律师成长过程中普遍存在的困难与问题出发，健全完善青年律师培养规划，加大青年律师扶持力度，为青年律师提供良好的执业生活保障，健全有针对性、体系化、常态化的青年律师业务培训机制，由"点"到"面"切实帮助青年律师加强职业道德，提升业务能力，在法治宁夏建设中贡献青年律师力量。

5. 深入推进行业数字化创新发展，提升专业能级和国际竞争力

忠实履行中国特色社会主义法治工作者职责使命，正确理解经济与法治、社会主义市场经济与社会主义法治的重大关系，主动融入国家发展大局，要积极投身参与科学立法、促进依法行政、为人民服务、服务中心大局和践行社会责任5个方面的工作，要特别注重对重点领域、新兴领域、涉外领域立法做好先行研究，要特别注重用高水平的专业能力和高质量的法律服务为宁夏高质量发展提供有力法治保障，要特别注重充分发挥律师在全面推进国家各方面工作法治化中的独特作用，要努力把宁夏律师队伍建设成为一支政治立场坚定、执业水准一流、专业水平卓越、市场认可充分、社会责任彰显的高素质队伍，始终把营造市场化、法治化、国际化的一流营商环境作为重大战略任务，以高质量法律服务保障经济高质量发展，努力做党和人民满意的好律师。

2024年宁夏法学研究发展报告

马　蓉　邓淳元　童方赞

2024年，宁夏法学研究以习近平新时代中国特色社会主义思想为指导，深入学习贯彻党的二十届三中全会精神，深入贯彻落实习近平法治思想、习近平总书记考察宁夏重要讲话和重要指示批示精神，按照自治区党委十三届九次全会的工作要求，为全面建设社会主义现代化美丽新宁夏提供有力法学理论支持，是宁夏法学研究的重要使命和任务。

一、2024年宁夏法学课题研究开展情况

2024年宁夏法学会法学研究课题结项105项，数量较往年增多，应用对策研究达到70%以上。其中服务党委、政府工作大局的课题主要包括社会治理、经济发展、文化建设等与大局性工作相关的研究，共有13项，约占总课题的12.4%；服务政法重点工作的课题涉及法治化治理、司法、行政执法等方面，共有16项，约占总课题的15.2%；关于基层治理的课题共10项，约占总课题的9.5%；关于高质量发展的课题共有7项，约占总课题的6.7%；关于特色文化和未成年人保护的课题共有5项，约占总课题的4.8%；关于生态保护的课题共4项，约占总课题的3.8%；关于民族团结的

作者简介　马蓉，宁夏回族自治区法学会研究部部长；邓淳元，中南大学法学院2023级法学专业学生；童方赞，湖北警官学院2019级法学专业学生。

课题共 3 项，约占总课题的 2.9%；关于新质生产力的课题共有 2 项，约占总课题的 1.9%。课题整体呈现多元化格局，涵盖法治建设各方面，有精品，有亮点，更务实。研究重点体现在以下方面。

（一）基础理论课题研究情况

2024 年，自治区法学会围绕"深化习近平法治思想理论与实践研究，更好发挥法治固根本、稳预期、利长远的保障作用，在法治轨道上全面建设社会主义现代化国家"整体思路，组织开展中国特色社会主义法治理论、习近平法治思想的原创性独创性理论贡献研究以及习近平法治思想指导下的基层社会治理实践研究。立项完成《习近平文化思想与宁夏法治文化建设研究》《宁夏红色法治文化传承及时代价值研究》《深入推进民族团结进步地方立法实践：理论逻辑和完善路径》《社会主义法治文化视阈下红色家风研究》《中国式现代化的法治逻辑研究》《统筹推进依法治区和依规治党的理论指引与实践路径》等理论课题十余项，课题研究实现理论与实践相结合，通过理论深化、内化、转化、指导实践，实践丰富支撑理论，提高法学理论研究质量和实效。开展《〈习近平法治思想概论〉课程建设研究》、《大中小一体化建设背景下〈习近平法治思想概论〉课程建设初步探究》等研究，提高学生知法、学法、用法能力，培养德法兼备的社会主义法治人才，为全面依法治国、建设法治中国奠定人才基础。

（二）法治实践课题研究实况

2024 年，宁夏法学会围绕"深化全面依法治区和法治宁夏建设重大理论与实践问题研究，为建设社会主义现代化美丽新宁夏提供坚实有力法治保障"整体思路，开展推动民营经济高质量发展、安全生产、数字经济发展、金融安全、优化营商环境、知识产权创造保护运用的法治保障研究。立项完成《法治化营商环境背景下民营企业劳动关系研究》《安全生产领域预防性公益诉讼制度的探索》《宁夏用能权有偿使用和交易改革相关法律问题研究》《宁夏生态移民区乡村治理现代化模式研究》《乡村治理现代化中村民主体性的调查研究》《宁夏多民族乡村村规民约在基层治理中的体现及优化》《城市生物多样性的检察公益诉讼保护问题研究》《黄河宁夏段水资源保护的法治保障研究》等课题，以及完善农村集体经济组织法律制度、新就业形态劳动者群体权益保障、系统推进老龄社会法治化、社会救助法律制度、农民专业合作社法律制度研究。

（三）聚焦政法重点工作开展研究

2024年，宁夏法学会围绕"推动政法工作高质量发展，努力建设更高水平平安宁夏、法治宁夏，奋力推进政法工作现代化"整体思路，开展深化司法体制综合配套改革、深化政法公共服务体系改革、基层法治工作机制研究。立项完成了《黄河流域生态保护司法协作的梗阻与突破》《宁夏房地产企业破产重整法律研究》《论行政复议附带审查规范性文件标准体系的重构》《"WHSC"构建防治校园暴力一站式学生服务站点的探究调研报告》等政法重点课题。

二、2024年宁夏法学课题研究呈现的特点

（一）习近平法治思想研究进一步深化

一是习近平法治思想学理化阐释、学术化表达、体系化建构深入推进。在既有的《习近平法治思想概论》课程教学经验的基础上，开展对课程建设的探索，在打基础上下功夫，如《大中小一体化建设背景下〈习近平法治思想概论〉课程建设初步探究》等，通过不断提高《习近平法治思想概论》教学课程质量，增强授课体验，引导教育广大青年学生始终做习近平法治思想的忠实信仰者、积极传播者、坚定捍卫者、模范践行者，坚定不移走中国特色社会主义法治道路，更好地推动习近平法治思想进校园、进课堂、进头脑。二是开展习近平强军思想、习近平经济思想、习近平生态文明思想、习近平外交思想、习近平法治思想、习近平文化思想的融合研究。习近平法治思想作为新时代全面依法治国的核心理论，与习近平强军思想、习近平经济思想、习近平生态文明思想、习近平外交思想、习近平文化思想之间密不可分，自成体系但又相互联系，都是习近平新时代中国特色社会主义思想的重要组成部分。以法治建设为载体，开展法治文化研究，必然要以习近平法治思想和习近平文化思想为指导。开展生态法治建设研究，必然要以习近平法治思想和习近平生态文明思想为指导。把习近平新时代中国特色社会主义思想各个方面一体贯彻一体研究，

找到交汇点结合点指导法治建设是基础理论研究的必然发展趋势。三是开展对习近平法治思想在宁夏的具体应用和实施路径探索。着眼于对习近平法治思想的宁夏实践研究，结合宁夏法治建设实践，以习近平法治思想为指导，剖析当前法治实践中存在的问题，提出一系列创新性建议，推动理论成果在实践中落地生根，充分体现习近平法治思想在实际工作中的运用。

（二）法学研究的样本更加丰富

宁夏区情特点鲜明，法学研究资源优势初步显现，在实证研究方面具有独特的优势。自治区党委十三届历次全会确定的目标任务为宁夏应用对策研究提供了丰富具象的宁夏样本。宁夏经济、政治、文化、社会、生态文明建设领域的诸项重大战略部署，包括"建设黄河流域生态保护和高质量发展先行区，创建铸牢中华民族共同体意识示范区，统筹对内对外开放，主动融入和服务共建'一带一路'新发展格局，建设更高水平的内陆开放型经济试验区"；"构建高水平社会主义市场经济体制，大力发展特色优势产业，着力培育壮大市场主体，大力推动科技创新，发展新质生产力，深化重点领域改革"；"打赢'三北'工程黄河几字弯攻坚战，加强生态系统保护修复，持续打好蓝天、碧水、净土保卫战，全面加强黄河保护和综合治理，加快推进绿色低碳发展"；"加强民生事业建设，巩固拓展脱贫攻坚成果同乡村振兴有效衔接"；"深入推进新型城镇化，建设新时代文化强区"；"加强和创新社会治理，健全完善重大安全风险研判防控工作机制，有效防范化解经济金融风险，深入实施安全生产治本攻坚三年行动，建设更高水平平安宁夏"；"发展全过程人民民主，提高党的领导水平和长期执政能力"等党委、政府工作大局中的法治保障、地方立法、制度建设、经验总结等都对法学研究给出试卷，提出要求。法学研究以此为导向，开展理论创新、实践创新、制度创新，反映出对重要政策的积极响应。这种以解决问题为目的的研究模式，为法学研究提供了源源不断的素材，同时也有效提高了研究成果转化率，能更加有针对性地指导实际治理工作，为政府决策提供更加务实管用的参考依据。

（三）研究模式更加深入和多元化

法治实践的快速推进和政策的延续性助推法学研究的系统化特性日益

凸显。抓住关键性重大课题，紧盯一个问题，开展深层次调查研究成为法学研究的自觉。《基层社会治理视域下高价彩礼引发的问题及治理对策研究》梳理高价彩礼引发的问题和产生的原因，并提出对策建议，以期实现彩礼习俗的良好运行，共创社会文明。关于社会治理问题，从市域社会治理、基层社会治理、法治乡村建设逐年延伸，进行了连续三年的探索，咬定青山不放松。《基层国家司法救助工作研究》《司法审查视角下的宁夏行政执法高质量发展研究》《网络型寻衅滋事罪司法认定问题研究》等围绕司法体制改革、扫黑除恶、基层社会治理开展长效机制研究，从理论探索逐步转向实证调研和制度机制建设，这种长期关注和深入探索，增强了理论的系统性和实践的针对性，与实际需求无缝对接，为法治建设和治理能力提升提供了重要的理论支撑与实践指导。课题研究历年都聚焦政法重点工作，特别是法治政府建设、司法体制改革及社会治理创新等领域，分析政法工作与社会治理现代化之间的内在联系，探讨如何通过法治手段提升社会治理能力，及时关注社会治理过程中出现的新问题，持续跟进，深化研究，总结规律，提出切实可行的法律解决方案，为政法工作提供理论支持。同时注重总结基层政法工作的成功实践经验，推广可复制可借鉴的典型做法，助力推动宁夏社会治理现代化的进程，如持续开展"塞上枫桥"实践研究，分析研判基层矛盾纠纷化解工作中的新苗头、新动向，精准确定和调整研究方向。

三、2025 年法学研究的方向

尽管宁夏法学研究取得显著成绩，但也依然存在短板弱项，如不能与法治实践同步，甚至还有滞后的情况；法治人才的供给不足，尤其是领军人才和涉外法治人才缺乏，法学研究领域人才断层，新生代人才尚未完全成长起来；宁夏法学研究在全国范围内影响力不大，法学研究成果转化还存在瓶颈；等等，这都不是一蹴而就能解决的，需要在顶层设计上争取政策支持以及在优化体制机制方面长期努力。

（一）立足当地，推动宁夏地方特色法学研究

宁夏是民族地区，铸牢中华民族共同体意识制度机制建设走在全国前

列。宁夏是全国唯一全境属于黄河流域和"三北"工程建设的省区。宁夏是有着光荣革命斗争历史和传统的地区，是陕甘宁革命根据地的重要组成部分，是红军长征的结束地。宁夏地处西北，黄河文化浸润，民风淳朴，人文历史资源丰富。在创建铸牢中华民族共同体意识示范区，推动铸牢中华民族共同体意识有机纳入乡规民约、家庭家教家风建设，全力打造各民族交往交流交融的发展新格局，法治化服务保障黄河"几字弯"攻坚战，传承弘扬隆礼重法等中华优秀传统法律文化，在挖掘固原、盐池红色法制文化，深化特色法制文化等各个方面，法学研究的空间十分广阔。要深入挖掘特色法制文化的历史渊源和现实价值，总结宁夏地方的法制文化案例，整合法律、历史等多学科资源，提升研究的深度和广度，形成具有地方特色的法制文化理论框架，为政策制定提供实践依据。应开展跨区域的法制文化研究，借鉴其成功经验，扩大宁夏法制文化影响力，提升宁夏法治文化研究的知名度。

（二）统筹推进宏观和微观法学理论与实践研究

法学研究要做到宏观和微观相结合、出发点和落脚点相统一。围绕"国之大者"以国家法治发展总体方向为基础，聚焦全面依法治国，开展前瞻性、指导性宏观政策研究，同时，要着眼全面依法治区中的重大战略，回应区域协调发展的现实需求，结合宁夏的实际情况，从法治建设各领域中的关键环节、热点、堵点、难点问题入手开展精准研究，以法治思维和法治方式，为宁夏的经济社会协调发展提供法学理论支持。例如研究铸牢中华民族共同体意识法治化，可以从"小切口"立法进行切入。通过优化营商环境背景下民营企业劳动关系研究，可以将法治化营商环境与推动民营经济发展的内在关系进行阐释。应加强交叉学科研究，推进校际联合，推动立法学、文化法学、教育法学、国家安全法学、区际法学等学科建设，推进法学与经济学、社会学、政治学、心理学、统计学、管理学、人类学、网络工程以及自然科学等学科交叉融合发展，找准切入点，将法治保障全方位覆盖各个领域。

（三）强化制度机制激励，促进研究成果有效转化

法学研究的最终目标是将理论成果转化为实践应用，应当细化和完善

课题结项成果应用转化相关制度，明确支持重大课题研究，建立优质成果奖励机制和政策建议反馈渠道。优化课题经费管理制度机制，激励课题研究聚焦法治建设的核心问题。优化课题经费管理和发放制度机制，进一步细化相关规定，激励应用对策研究的繁荣发展。同时，可以将宁夏综合类大学中非法学院（系）中从事法学教学和科研的师资与研究力量吸收进法学界，开展法学课题研究和学术交流，促进研究成果跨学科跨领域应用转化。推动研究成果在立法建议、政策制定、司法实践中的实际运用，形成以制度驱动研究、以研究支撑实践的良性循环。

法治专题篇
FAZHI ZHUANTI PIAN

发展全过程人民民主的理论与宁夏实践研究

李保平

全过程人民民主是社会主义民主政治的本质属性，是最广泛、最真实、最管用的民主。发展全过程人民民主，不但是满足人民群众美好生活愿望的现实需要，也是顺应时代要求，推进国家治理体系和治理能力现代化的必然选择。

一、从民主、人民民主到全过程人民民主的历史演进

全过程人民民主有三个依次递进的概念：民主、人民民主、全过程人民民主。要搞清楚全过程人民民主的科学内涵，必须要从什么是民主、什么是人民民主谈起，并通过从民主、人民民主到全过程人民民主的历史演进，最终才能把握全过程人民民主的基本特征和重大理论创新。

（一）什么是民主

民主是一个外来词，中国古代的民本主义、为民做主、青天观念，虽然都包含"为民"的理念，但与现代民主大相径庭。民主一词来自古希腊语，最初的含义是指"多数人统治"或"人民统治"。现代民主的概念虽然是普世性的，是人类共同的价值，但其最初形态则是地域性的，是古希腊城邦国家雅典的一种国家治理形式。雅典的民主虽然号称"人民"，但实际

作者简介　李保平，宁夏社会科学院社会学法学研究所所长、研究员。

上只有符合条件的公民才能成为治理的主体，妇女、儿童、奴隶、外邦人等因不具备民主的主体资格，往往被划在民主范围之外。雅典的民主是直接民主，由全体公民通过公民大会等形式治理国家，这种民主形式只能在小国寡民的社会状态下实施。随着国家规模的扩大，这种公民直接参与的民主形式就逐渐让位于间接民主或代议制民主。

（二）什么是人民民主

在"民主"前面加上"人民"二字，既是对民主性质的反映，也是对参与民主主体资格的一种限定。间接民主或代议制民主是公民通过选择自己的代理人，由代理人参与国家治理的治理形式，在公民和政府之间形成一种委托代理关系。从民主走向人民民主，其思想源头来源于近代以来欧洲产生的自然法思想。卢梭等资产阶级启蒙思想家，挖掘利用传统自然法思想，提出了近代意义上的"人民主权"学说，首次将民主的主体扩大到"人民"的范围，实现了民主治理的主体从特定少数人向不特定人群的转变。1787年美国制定了人类历史上第一部成文宪法，宪法序言中就写进"人民"二字，将"人民"这样一个群体性概念纳入宪法规范，从而使得人民第一次真正成为现代社会治理意义上的主体。

社会主义是人类社会新形态，开启了社会主义民主的新阶段。1918年，列宁起草了第一个社会主义性质的宪法性文件《被剥削劳动人民权利宣言》，第一次将"人民"与劳动联系起来，工人、农民作为劳动者构成"人民"的主体，第一次对社会主义人民民主中的"人民"给予较为清晰的界定。在新民主主义革命时期，中国共产党坚持人民主权原则，但作为人民民主主体的"人民"的范围并非始终如一，而是根据形势有所变化。1949年召开中国人民政治协商会议，通过《中国人民政治协商会议共同纲领》，在第一章总纲第四条和第八条规定了人民权利和国民义务。周恩来在1949年9月22日所作的《人民政协共同纲领草案的特点》中指出："总纲中关于人民对国家的权利与义务有很明显的规定。有一个定义需要说明，就是'人民'与'国民'是有分别的。'人民'是指工人阶级、农民阶级、小资产阶级、民族资产阶级，以及从反动阶级觉悟过来的某些爱国民主分子。而对官僚资产阶级在其财产被没收和地主阶级在其土地被分配以后，使他们改造成为新人。在改变以前，他们不属于人民范围，但仍然是中国的一个国民，暂时不给他们享受人民的权利，却需要使他们遵守国民的义务。"这是我们目前所见对"人民"的最为清晰的界定。由此可见，新中国成立初期，除"人民"的概念，还存在"国民"概念，国民是有义务而无权利的自然人。现代社会也使用"国民"一词，如"国民待遇"，但与"共同纲领"中的"国民"概念有较大差别，现代"国民"概念，更加接近"公民"的概念。"公民"是一个法律概念，"人民"是一个政治概念。从新中国成立以来"人民"的概念内涵发展看，总的趋势是"人民"的范围在不断扩大，内涵也在不断丰富。

（三）什么是全过程人民民主

2019 年 11 月 2 日，习近平总书记在上海市长宁街道古北市民中心考察社区治理和服务情况时首次提出"全过程民主"，要求在基层治理的不同环节都要贯彻民主的要求，要以人民为中心，通过加大基层治理过程中公民参与的力度，保证人民当家作主的民主权利。2021 年 10 月 13—14 日，中央人大工作会议召开，习近平总书记发表重要讲话，第一次全面系统阐述了"全过程人民民主"的价值内涵、制度要求和具体措施。在党的二十届三中全会通过的《中共中央关于进一步全面深化改革、推进中国式现代化的决定》（以下简称《决定》）中，把健全全过程人民民主制度体系作为重点改革任务来部署，从而实现全过程人民民主从理论到实践的飞跃。在人民民主前面加上"全过程"三字，既是对人民民主的一个定义或限定，也是全过程人民民主与其他民主相区别的重要特征。习近平总书记用"三个全"来具体阐述全过程人民民主中的"全过程"要求，即全链条、全方位、全覆盖。首先，全链条是一个时间顺序和制作环节的概念，包括起始阶段、中间阶段、终点阶段等不同过程，同时，全链条也意味着环环相扣，没有断裂的连续过程。如政策的提出、制定、确定、执行、反馈是一个完整的链条，立法、执法、司法、守法和法律监督又是一个完整的链条，不同阶段都需要人民的参与。其次，全方位是一个空间概念，展现的是一个立体化的生活场景，包括社会生活的所有方面，与全领域概念范围基本一致，主要体现为横向的管理部门和纵向的管理层级。从全方位的要求看，基本包括党的工作系统、人大工作系统、政府工作系统、政协工作系统、司法工作系统、社会工作系统等所有体系化的部门和工作。最后，全覆盖是一个物理性质的描述性概念，是指从平面角度看，全面铺开，无死角，没有遗漏，涵盖社会生活方方面面。对全覆盖，有些学者认为，在公权力领域，适用民主程序的只是一部分，而相当部分的行政决策，不适用民主程序。同时，除公共生活外，还存在大量的私人生活领域，也不适用民主程序。因此，全覆盖的提法在现实中很难做到。实际上，这些学者把民主看成是一个独立的社会现象，没有看到民主总是和法治联系在一起的，没有脱离法治的民主，也没有脱离民主的法治。行政决策中的听证程序、重大行政决策程序规定以及各种议事规则等，既是法治要求，也是民主体现。在私人生活领域，更是需要用法治、人权理念去规范人们的行为。

二、中国共产党领导中国人民践行全过程人民民主的伟大实践

全过程人民民主的实践贯穿于中国革命的全过程。早在新民主主义革命时期，中国共产党坚持"工人革命的第一步就是使无产阶级上升为统治阶级，争得民主"，先后在赣南苏区、延安边区开展苏维埃政权和民主政权建设实践，积累了丰富的经验，取得了巨大的成就。

（一）新中国成立，建立了全过程人民民主的制度框架

1949 年，第一届政协全体会议通过具有临时宪法地位的《中国人民政治协商会议共同纲领》，对新中国的政治制度进行全面擘画，明确新中国实行人民代表大会制度。同时，第一届政协会议也产生了极具中国特色的中国共产党领导的多党合作和政治协商制度，成为新中国政治制度的鲜明特点。1954 年，第一届全国人民代表大会胜利召开，通过了《中华人民共和国宪法》，制定了主要国家机构组织法，确立了人民民主专政的国体，标志着人民代表大会制度的建立，实现了中国政治制度的伟大变革，是人类政治制度史上的伟大创造。

（二）改革开放，进一步丰富了全过程人民民主的实现形式，在人民代表大会制度、多党合作和政治协商制度的基础上，又相继制定了一些重要法律，奠定了中国特色社会主义制度的基本框架

1. 制定《中华人民共和国民族区域自治法》，形成了具有中国特色的民族区域自治制度

早在新民主主义革命时期，我们党就开始对民族问题进行研究，并最终形成中国共产党关于民族问题的基本理论。第一届政协通过的具有临时宪法作用的《中国人民政治协商会议共同纲领》，将民族区域自治确定为新中国的一项基本政策。1952 年，中央人民政府颁布《民族区域自治实施纲要》，对民族自治地方的建立、自治机关的组成、自治机关的自治权利等重要事项作出明确规定。1954 年第一届全国人民代表大会第一次会议通过的新中国第一部宪法（即"五四宪法"），以根本法形式确认了民族区域自治制度，"八二宪法"坚持实行这一制度并沿袭至今。为了推动民族区域自治制度的法治化，1984 年，在总结民族区域自治历史经验的基础上，六届人大二次会议通过《中华人民共和国民族区域自治法》，实现了民族治理从政策到法律的重大转变，开启了民族地区治理制度化进程，为民族地区经济社会发展提供了坚强的法治保障。

2. 制定《中华人民共和国城市居民委员会组织法》《中华人民共和国村民委员会组织法》等相关法律，奠定了基层群众自治制度的基本框架

基层群众自治制度，是依照宪法和法律，由居民（村民）选举的成员组成居民（村民）委员会，实行自我管理、自我教育、自我服务、自我监督的制度，是民主政治的重要环节和基础。在新民主主义革命时期，我们党在苏区、陕甘宁边区均推行过以民主选举为代表的基层群众自治制度，特别是"豆选"等选举形式，丰富了民主的形式，成为推进基层人民民主的典范。新中国成立后，基层民主是在实践中逐步形成的，并首先在城市发育，从大城市向中小城市不断延伸。党的十七大报告将基层群众自治制度首次写入党代会报告，正式与人民代表大会制度、中国共产党领导的多党合作和政治协商制度、民族区域自治制度一起，构成中国特色政治制度结构。

（三）党的十八大以来，全过程人民民主走向新的历史阶段，取得历史性成就，人民的主体地位得到前所未有的彰显

习近平总书记指出："江山就是人民，人民就是江山，打江山、守江山，守的是人民的心。中国共产党根基在人民、血脉在人民、力量在人民。"在中央人大工作会议上，习近平总书记强调："一个国家是不是民主，应该由这个国家的人民来评判，而不应该由外部少数人指手画脚来评判。"上述论述，不仅体现了总书记的人民情怀，更是在新的历史方位下，人民的主体地位得到进一步宣示和提高；与此同时，人民代表大会制度、多党合作和政治协商制度、民族区域自治制度、基层群众自治制度等得到进一步加强和完善，为人民当家作主提供了制度保证和载体支撑。

三、发展全过程人民民主存在的问题

中国特色社会主义制度为发展全过程人民民主提供了坚实的载体和平台，是践行全过程人民民主的基本遵循。全过程人民民主作为一种全新的理念和民主实践，在不断完善自身理论和制度设计的同时，也对相关制度提出了更高的要求。

（一）在相关文件政策和地方性法规中把发展全过程人民民主作为立法决定、监督任命、议事规则和代表工作的指导思想提出来，但在实际工作中还缺乏相应的内容

在中央人大工作会议讲话中，总书记在充分肯定人大工作成就的同时，也为进一步完善人大工作制度机制提出要求。在二十届三中全会《决定》中，专门就健全全过程人民民主制度体系，从加强人民当家作主制度建设、健全协商民主机制、健全基层民主制度、完善大统战工作格局四个方面作出重要部署，这些部署要求说明了在现阶段发展全过程人民民主中，比较重视理论阐释和政策宣示，实践中对如何推进全过程人民民主落地方面还存在薄弱环节。

（二）人大代表全过程履职存在间断性问题

一是存在部分人大代表因工作调动，导致代表履职不完整，各级人大不得不频繁启动代表补选程序，补选人大代表。二是我国各级人大代表来自不同岗位，大多数为兼职代表。这种制度安排的好处是代表熟悉基层情况，能够较好反映群众呼声，但缺点是代表不能全身心投入工作，代表全过程履职存在间歇性问题，不能适应新时代人民群众对代表工作的需要。三是人大代表履职过程不完整。按照惯例，上一届人大代表不参加新一届人民代表大会（连任的代表除外），应属上一届人大代表听取、审议的本年度各项报告文件，交由事实上没有参与上年度代表工作的新一届人大代表审议，导致上一届人大代表在履职中不能对周期内最后一年的政府工作进行审议。同时，由于新代表不完全了解上年度政府工作情况，也在不同程度上影响审议的质量。

（三）在信息化时代，人民代表大会制度存在不能完全适应公民直接民主参与的意愿问题

信息化、数字化是新质生产力的重要体现，新质生产力，必然会带动生产关系变革，形成新的生产关系。新质生产力与新质生产关系，又构成一个社会的新质经济基础，并在此基础上形成新质上层建筑，作为新质上层建筑重要组成部分的人民代表大会制度，必然会体现出新质民主的特点。由于新质民主有新质生产力的赋能，方便了人民群众的民主参与，同时也极大降低了民主参与制度成本，所以新质民主在注重过程民主与成果民主、程序民主与实质民主、人民民主与国家意志相统一的同时，更加强调公民直接的民主参与。因此，传统直接民主与间接民主有机结合的民主机制就必然会转向"直接民主为主、间接民主为辅"的新质民主形式。随着互联网、大数据、AI技术的发展，抖音、微信、直播、小视频等成为新的交往方式和参与模式，为人民群众的民主参与提供了有效的技术支持和参与方式。人民代表大会制度如何应新技术变革带来的新质民主需求，充分利用信息化优势，在扩大公民有序参与上提质、扩容、增效，是发展全过程人民民主的重要内容。

（四）实现全过程人民民主的"全过程"制度机制建设存在一定程度的空白和薄弱环节

从目前情况看，人民群众参与国家公共事务的面还比较窄，渠道不够多，有些渠道虽然存在，但由于制度设计不合理，导致部分程序存在空转现象，比如论证程序、听证程序、陪审程序、评议程序的设定，虽然有，但并没有发挥出应有的作用，人民群众全链条、全方位、全覆盖参与国家公共事务仍然存在制度、机制障碍。

（五）民主监督体系落实不到位，部分监督存在程序空转现象

民主监督体系建设是法治国家建设的重要内容，同时，依法监督是公民的权利，也是社会主义民主实践的重要形式。因此，要落实好全过程人民民主，就不可能不需要强化监督，可以说，没有监督就没有民主。新的历史时期，在强化自我监督的同时，形成了人大监督、民主监督、行政监督、监察监督、司法监督、审计监督、社会监督、舆论监督等监督形式，但上述监督存在不平衡，有些监督效果不佳。在党的二十届三中全会《决定》中，明确要求要健全人大对行政机关、监察机关、审判机关、检察机关的监督制度，完善监督法及其实施机制，强化人大预算决算审查监督和国有资产管理、政府债务管理监督。人大监督是权力监督、法律监督，是具有最高法律地位的监督形式，《决定》虽然仅就人大监督做出部署，并没有涉及其他监督形式，但通过对人大监督的强化要求，说明我们在法治化监督体系建设中还一定程度存在薄弱环节，只是限于《决定》主题和篇幅，没有对其他监督形式提出要求而已。

四、对宁夏发展全过程人民民主的思考与建议

自治区人大常委会高度重视发展全过程人民民主，制定出台《关于立法工作践行全过程人民民主的实施意见》等规范性文件，为践行全过程人民民主提供了依据。

（一）深入学习习近平总书记关于发展全过程人民民主的重要论述，掌握全过程人民民主的科学内涵、核心要义，把握其精神实质和具体要求，是发展全过程人民民主的认识前提和重要条件

理论是行动的先导。发展全过程人民民主，就要首先强化对全过程人民民主理论的学习，领悟其重大意义。要把全过程人民民主的理论要求和实践要求结合起来，以理论学习推进具体实践，提升实践能力水平，同时以实践智慧丰富理论内涵，推动全过程人民民主理论体系化、学理化，构

建具有中国特色的全过程人民民主理论体系、话语体系和学科体系。

（二）在法治轨道上依法有序推进全过程人民民主

推进全过程人民民主，离不开法治的规范和保障。一是在法治轨道上推进民主化进程是世界各国普遍的做法。在推进民主化过程中或者以民主价值整合国家治理的过程中，都是在法治的轨道上运行的，没有脱离法治的民主实践。二是在法治轨道上有序推进全过程人民民主是基于中外历史经验教训。没有法治护航，民主有可能走向其反面。三是坚持和完善中国特色社会主义根本政治制度、基本政治制度和重要制度，是践行全过程人民民主的根本遵循和制度载体。

（三）以全过程、全方位、全覆盖的要求夯实发展全过程人民民主的制度机制

1. 进一步健全发展全过程人民民主制度机制，完善相关制度

一是修订并完善我区各级人民代表大会、人大常委会议事规则，畅通公民参与各级人民代表大会及其常委会举行的各种类型会议的通道，除特别需要保密的以外，允许公民按照法定程序提交申请，在得到批准后可以列席各级人民代表大会会议和常委会会议，同时，参会公民可以按照法定权限，以多种方式发表自己的意见、建议。自治区人大常委会通过的"关于邀请公民旁听自治区人大常委会会议办法"，是我区在落实全过程人民民主方面的重大举措，但参加人大及其常委会会议是公民的一项权利，使用邀请这样的词汇有主客倒置之嫌，如果不被邀请公民就无法参加。应将邀请制改为申请制，并将申请旁听会议范围扩展到各级人民代表大会。二是各级人民代表大会及其常委会应加强信息化建设，建立公民通过线上参与各级人大会议的平台，构建开放式的人大会议机制，满足人民群众民主参与的愿望。三是要进一步加大公民在立法中的参与深度。公民的立法参与不能仅仅体现在立法公开征求意见环节。立法前的立法论证、立法中的立法听证、立法后的立法评估都是公民参与的重要环节，但往往被忽视，应当建立专门化的公民参与机制。四是按照法治政府建设要求，有序扩大行政机关听证程序适用领域和范围。对于重大行政决策，要建立公民听证会制度，保障参与听证人员权利，充分听取行政相对人的意见。五是完善人

民监督员、人民陪审员、听证会参加人员的选拔机制。改变目前"谁用谁选"的制度，建议由各级人大常委会负责选拔本级国家机关所需人民监督员、人民陪审员和听证会参加人员等，防止行政机关选择"自己人"监督、陪审、参会，而使得听证制度、陪审制度、监督制度"走过场"，起不到对权力的实际制约效果。

2. 要进一步强化立法联系点建设，从重建向重用转变

建立立法联系点是各级人大落实科学立法、民主立法、依法立法的重要体现。人大立法联系点的建设经历了三个阶段。第一阶段是建点。各级人大按照要求建立了许多立法联系点，自治区人大常委会设立基层立法联系点 24 个，宁夏司法厅设立基层立法联系点 15 个，依托司法所确定 245 名立法信息联络员。第二个阶段是建制。自治区人大常委会制定了《宁夏回族自治区人大常委会基层立法联系点工作规定》《宁夏回族自治区人大常委会基层立法联系点规范化建设指导意见》，保证了立法联系点的规范运行。第三个阶段是见效。从三个阶段建设情况看，建点、建制相对容易，而见效则相对较难。许多立法联系点建立起来了，也有相关制度规范，但如何发挥立法联系点的作用，调动人民群众参与立法的积极性，仍然是我们下一步工作的重点。建议制定立法联系点经费保障制度、工作成果考核机制、动态调整机制，对立法联系点进行评星定级，最大限度调动人民群众参与立法的积极性。

3. 建立监督质效考核机制，解决不敢监督、监督失效问题

坚决贯彻落实党的二十届三中全会《决定》要求，以人大监督为牵引，推动其他监督形式充分发挥作用，形成监督合力。一是充分发挥民主监督的优势。民主监督不单纯是民主党派监督问题，民主监督也包括职工代表大会、工会的监督以及单位内部各种权力制约机构的监督。二是充分发挥行政监督的作用。强化上级政府对下级政府的监督，同时也要加强同级监督的力度，防止以一团和气的"全票通过"掩盖监督失效。三是加强司法监督的力度。要防止在司法监督中司法机关与政府的"合谋"和"妥协"，引起群众不满。四是要充分发挥新闻舆论的监督作用。新闻舆论被认为是"第四种权力"，舆论监督是新闻的重要功能和价值，要把权力关进制度的笼子，推动反腐败斗争走深走实，新闻舆论的监督不可或缺。五是要建立监督绩效考核评价机制，用于规范监督，解决不敢监督或监督力问题。

4. 要进一步强化基层民主制度机制建设，解决基层民主"空转"问题

作为基层民主制度机制建设，要瞄准人民群众参与的痛点、难点发力，切实解决人民群众缺少民主参与渠道导致无法参与、缺少议题设置和话语权力导致无力参与，缺少民主决策产生作用机制导致无效参与等问题。一是充分发挥人大代表联络站的作用。建议制定"宁夏回族自治区人大代表联络站标准化、规范化、常态化建设意见"，对人大代表联络站编号赋码，代表编组，制定人大代表联络站"活动指引"，切实发挥各级人大代表作用，让人大代表联络站活起来、动起来。二是充分发挥村民代表大会、村监会等机构的作用，建立权力制约机制，防止村支部书记、村委会主任权力一家独大。三是开展居民委员会民主建设。依法选举居民委员会委员、主任、副主任，组成居民会议，发挥居民会议在吸纳群众意见中的作用。四是在农村、城市社区建立以村民小组长、居民小组长为主体的"人民联络员"制度，畅通下情上达和上情下达通道。

5. 要进一步完善全过程人民民主中的"全过程"保障制度建设

民主从某种意义上必然意味着效率的损失，但盲目决策、独断专行给社会带来的伤害和损失则更大。在全面落实全过程人民民主过程中，要坚决防止以效率为由简化甚至有意"遗漏"民主决策程序的做法，将"全过程"贯彻到底。一是要建立民主决策的强制性要求制度机制，凡是需要经过民主程序决策的事项，没有民主决策的，一律不得进行研究。二是对不需要经过民主程序的决策事项，要按照重大行政决策程序规定要求，严格履行法定程序。三是对行政首长职权范围内的决策事项，要强化上级行政机关的监督，在同级监督中，注重发挥副职领导在行政决策中的作用。对工作中存在的不同意见，不能以缺乏大局意识甚至政治意识不强等说辞进行打压，维护表面的"团结"和"一团和气"。

宁夏法治政府建设研究①

周鹏龙　张　苹

建设法治政府作为"中国之治"制度要素在政府法治化层面上的有机实践，成为建设法治国家的重点任务、主体工程，以及国家治理体系和治理能力现代化首先全面触及的领域。全区坚持以习近平法治思想为重要指引，全力将建设法治政府纳入全面依法治区的制度框架和实施依法治区战略的具体实践之中，以生动的实践伟力推动法治政府建设朝着全面提速、率先突破的目标前进，由此形成了建设法治政府的鲜明亮点和经验，但同时存在一些制约法治政府率先突破的因素，在一定程度上掣肘全区法治政府建设质效，应在法治政府建设过程中予以针对性解决。

一、全面建设法治政府的宁夏亮点和经验

（一）坚持以思想旗帜和目标任务"双引领"切实保障建设法治政府的正确方向

一是在思想旗帜引领上，在坚持习近平法治思想指导和党中央正确领导的基础上，自治区党委坚持以政治领导、思想领导、组织领导、重大工作领

作者简介　周鹏龙，中共宁夏区委党校（宁夏行政学院）副教授；张苹，中共宁夏区委党校（宁夏行政学院）法学教研部主任，教授。
①本文系国家社科基金青年项目《黄河流域生态保护府际关系法律问题研究》阶段性研究成果。

导等方式，加强对法治政府建设的领导，努力将"把方向、谋大局、定政策、促改革"的作用注入法治政府建设。一方面，坚持在战略谋划、顶层设计上加强党的领导，将"实施依法治区战略"确定为全面建设社会主义现代化美丽新宁夏的"五大战略"之一，并要求在一体建设法治宁夏、法治政府、法治社会和共同推进科学立法、严格执法、公正司法、全民守法的格局中建设法治政府。基于此，制定并实施法治政府建设实施方案，并与法治宁夏规划有机衔接，构建出了科学完整的法治政府建设施工图；另一方面，坚持在战术指引、施工落地上发力，坚持把党的领导贯穿于法治政府建设全过程各方面。自治区党委通过召开党委常委会、全面依法治区委员会会议等研究部署法治政府建设相关工作，及时解决法治政府建设难题。加强全区三级党委法治建设议事协调机构的统筹、协调、督促、检查功能，推动法治政府建设的各项任务落地见效。二是在目标任务引领上，在全区以法治政府建设实施方案为谋篇布局，以构建法治政府建设指标体系为评价指引，以法治政府建设示范地区（项目）创建为正面示范，聚焦法治政府建设领域存在的短板，两次启动实施"八大提升行动"，保障如期实现法治政府建设目标。

（二）坚持以常态化制度和应急性制度"双建设"大力拓展法治政府建设的制度面向

法治政府是常态化制度和应急性制度共同建设、协同推进的综合性政府形态。两者相辅相成、紧密相连，形同法治政府的"双翼"。在常态化制度建设层面上，全区重点围绕转变政府职能、完善与优化行政制度体系、完善行政决策程序规则和机制、提升政府治理能力、强化行政权力监督制约、狠抓行政纠纷化解等方面发力；在应急性制度建设层面上，全区围绕应急制度建设、应急能力提升、基层组织和社会力量参与应急等方面推进应急能力建设。例如，银川市重点健全突发事件应急预案体系，推进数字应急信息化建设，制定气象灾害、食品安全等领域专项应急预案 13 部，组建防汛、航空等应急救援队伍 37 支。①

---

① 《银川市 2023 年法治政府建设年度报告》，https://www.yinchuan.gov.cn/xxgk/zfxxgkml/fzzfjsnb/ycs_69362/202403/t20240318_4487951.html。

（三）坚持以抓住"关键少数"和基层一线"双重点"科学配置法治政府建设的资源和力量

在权力主体结构中，作为"关键少数"的领导干部往往手握核心权力，而基层一线又是法治政府建设的薄弱场域，"双重点"构成了全区配置法治政府建设资源和力量的主要场域。在抓住"关键少数"上，全区重点在加强"学法、讲法、考法、述法"四位一体的领导干部学法用法工作机制实施上发力，落实法治政府建设第一责任人职责清单，实现干部述法工作全覆盖。例如，不断完善"1+3+X"的领导干部应知应会法律法规清单体系，将学法纳入法治政府建设第三方评估中，组织全区 20.6 万名工作人员参加考法，通过发挥"头雁效应"示范带动全区上下尊法学法守法用法；①在抓基层一线上，全区突出加强主要负责人示范带动机制实施，层层压紧压实基层法治政府建设政治责任，重点围绕"放管服"改革、建设数字政府、优化营商环境、完善与优化政府行政制度体系、加强重点领域立法、健全重大决策机制、加大合法性审查、健全完善行政执法工作体系、严格规范公正文明执法、强化权力监督制约、加大纠纷排查化解力度等方面发力，有效推动基层法治政府建设质量不断提升。

（四）坚持以探索制度机制建设和文化理念培育"双渠道"深化拓展法治政府建设的内涵要素

法治政府建设是制度机制建设和文化理念培育的综合性工程。制度机制建设是法治政府建设的底座基础，文化理念植入是法治政府建设的内在气质。只有两者同步发力并有机融为一体的政府形态才符合法治政府建设的基本要求。全区着力围绕强化以政治引领保障法治政府建设走深走实、围绕实现政府治理能力现代化提升政府治理能力、围绕权力监督制约推动行政权在法治轨道上运行、围绕转变政府职能健全政府机构职能体系、围绕加快实现政府治理规范化程序化法治化健全依法行政制度体系、围绕完善决策程序规则和机制助力行政决策迈向法治化、围绕促进社

---

① 《自治区司法厅 2023 年度法治政府建设情况报告》，https://sft.nx.gov.cn/xwzx/qmyfzq/fzzfndbg/202401/t20240130_4441075.html。

会公平正义健全社会矛盾纠纷行政预防调处化解体系等维度，大力推进法治政府制度机制端建设的同时，努力在法治政府文化理念培育上，将包括保障权利、尊崇正当程序、践行诚实守信、奉行权责一致、高效便民等理念植入制度机制建设。

（五）坚持以用好法治督察和示范创建"双抓手"有效驱动法治政府建设力量的互动与合成

法治督察是法治中国建设中的一项特色性制度安排，符合法治政府建设实现率先突破的建设规律，在本质上是一种自上而下的工作监督机制；与之相反，示范创建"着眼于区域，逐级示范，以事聚力，聚力成事"，是一种资源集成、提升政府治理质效的创新性活动，在本质上是一种自下而上培育内生动力的建设机制。法治政府建设不仅需要重视自上而下监督力量的压力驱动，而且需要激发自下而上内生力量的自觉生成。在用好法治督察上，自治区高度重视中央督察反馈意见，并以整改为契机，主动开展督察，针对法治政府建设的痛点和难点问题精准发力，坚持举一反三，以点带面，不断放大督察整改效应，推动解决法治政府建设深层次问题。例如，2023 年对 15 个市、县（区）和 11 个区直部门开展法治建设情况评估督察，发现问题 400 余条，围绕道路交通安全和运输执法领域的突出问题开展专项整治活动，先后在 19 个市、县（区）和 2 个区直部门（单位）开展督察及督察整改"回头看"，发出工作提示函、督办函 13 份。[①]与此同时，加强正面引领示范，积极争创全国示范命名，全区已有一个地区和项目获得了全国法治政府建设示范区和示范项目命名。经过三批法治政府建设示范创建活动，全区 22 个地区（单位）、43 个项目获得自治区示范创建命名，争先创优、梯次推进的法治政府建设工作格局逐步形成。

（六）坚持以担起建设法治政府和法治社会"双使命"有力凸显法治政府率先突破的示范带动价值

法治政府建设对法治社会建设具有示范带动作用。全区紧扣法治政府

---

① 《自治区司法厅 2023 年度法治政府建设情况报告》，https://sft.nx.gov.cn/xwzx/qmyfzq/fzzfndbg/202401/t20240130_4441075.html。

与法治社会建设的特殊关系，在制度设计和具体实践上，坚持以法治政府率先突破带动法治社会建设，有力凸显法治政府的示范带动价值。一方面，努力从健全八个方面体系、强化八个方面能力推动法治政府高质量建设，促进政府行为和活动全面纳入法治化轨道；另一方面，以法治政府建设引导全社会恪守法治基本价值和精神，认可和信仰法律规则，树立法律在维护群众利益、化解矛盾中的权威地位，引导人们能够和平理性地表达诉求和依法维护自身权益，夯实法治社会建设基础。

二、宁夏法治政府建设制约因素

（一）法治政府建设的均衡性有待增强

在实践中主要表现为市际政府及其下辖县（区）之间，以及各县（区）和部门（单位）内部之间、区直部门（单位）之间法治政府建设存在不均衡性。"法治政府建设工作推动力度不均衡，个别地区和部门还存在推进法治政府建设重点不突出、措施不得力等现象"[①]，已经指出了法治政府建设均衡性需要增强的问题。仅从 5 市法治政府示范创建来观察，这一问题较为明显。例如，自 2020 年全区法治政府建设示范创建活动开展以来，银川市兴庆区、银川市"推进行政审批制度改革"分别获得全国法治政府建设示范区和全国法治政府建设示范项目命名。银川市及其下辖的 4 个县区被命名，银川市（共 6 个县区）下辖的 4 个县（区）10 个项目获得示范命名；石嘴山市及其下辖的 2 个县区被命名，石嘴山市（2 个）及其下辖的 1 个县（区）的 2 个项目获得示范命名；吴忠市及其下辖的 3 个县（区）和下辖的 3 个县（区）的 3 个项目获得示范命名；固原市入选法治政府建设示范市，固原市及其下辖 3 个县的 7 个项目获得示范命名；中卫市沙坡头区入选法治政府建设示范地区，中卫市 2 个项目及其所辖的 1 县 1 个项目获得示范命名。可见，5 市及其下辖县（区）在示范地区和示范项目命名在数量上存在明显差异。不仅如此，区直部门（单位）仅有 8 个部门（单

[①]《宁夏回族自治区 2022 年度法治政府建设工作报告》，https://www.nx.gov.cn/zwgk/zfxxgk/fdzdgknr/fzzfjs/202303/t20230331_4017381.html。

位）被评为法治政府建设示范单位，15 个单位的 15 个项目入选法治政府建设示范项目，距离全覆盖还具有较大距离。

（二）领导干部运用法治思维和法治方式能力有待提升

当前一些地区和单位的领导干部还不同程度地受到传统人治、权势思维的影响，一些行为方式尚游离在法治轨道之外。早在 2020 年自治区年度法治政府建设工作报告就直接指出："一些领导干部对习近平法治思想学得不深不透，工作中运用法治思维、法治方式推动治理体系和治理能力现代化的能力和水平有待提高。"①自治区 2021 年度法治政府建设工作报告进一步具体化地指出，"基层执法队伍整体素质有待提升，依法解决问题的能力还需进一步提高"②。2024 年 3 月 22 日召开的全区法治政府建设推进会情况通报中更是强调了"基层执法人员业务能力、专业化程度与新形势新要求还有较大差距"③的问题。这些其实包含了运用法治思维和法治方式施政的能力有待提升的问题。

（三）行政决策的法治化水平仍需大力提升

从全区层面来讲，一些政府和部门在重大行政决策中尊法、守法、依法意识还有待强化，尤其在法定程序的遵守、吸纳公众参与、风险评估、增强决策透明度、严格决策责任追究等环节仍需强化。对此，自治区 2020 年度、2021 年度、2022 年度法治政府建设工作报告分别对以上问题进行了总结，即"个别地方和部门重大行政决策程序落实不到位，对重大行政决策的范围、标准把握不准，行政决策科学化、民主化、法治化水平有待进一步提高"④"重大行政决策程序、公众参与、风险评估等环节还需进一步加强"⑤"重大行政

---

① 《宁夏回族自治区 2020 年度法治政府建设工作报告》，https://www.nx.gov.cn/zwgk/zfxxgk/fdzdgknr/fzzfjs/202103/t20210329_2641322.html。

② 《宁夏回族自治区 2021 年度法治政府建设工作报告》，https://www.nx.gov.cn/zwgk/zfxxgk/fdzdgknr/fzzfjs/202203/t20220331_3412159.html。

③ 《全区法治政府建设工作情况》（2024 年 3 月 22 日）。

④ 《宁夏回族自治区 2020 年度法治政府建设工作报告，https://www.nx.gov.cn/zwgk/zfxxgk/fdzdgknr/fzzfjs/202103/t20210329_2641322.html。

⑤ 《宁夏回族自治区 2021 年度法治政府建设工作报告》，https://www.nx.gov.cn/zwgk/zfxxgk/fdzdgknr/fzzfjs/202203/t20220331_3412159.html。

决策机制仍需进一步完善"①。2024 年 3 月 22 日全区法治政府建设推进会指出:"依法决策机制还需进一步落实。个别县区重大行政决策和行政规范性文件合法性审查机制落实不到位,有的行政规范性文件存在违法设定行政处罚、行政许可等问题。"可见,当前全区行政决策的法治化水平仍需大力提升。

(四) 基层法治政府建设责任有待进一步落实

从全区法治政府建设的实践来看:"个别地方和部门对法治政府建设全局性、重要性、紧迫性认识不足,责任压力传导还不够。"②"法治政府建设推进机制还需进一步完善,法治督察、问责机制仍需健全。"③"个别党政主要负责人履行推进法治建设第一责任人职责仍需进一步压实。"④这其实较为客观地指出了法治政府建设在责任落实层面上还存在差距。具体到市域层面上,例如,银川市存在"法治政府建设责任落实还需强化"⑤的问题,主要表现为"个别地方和部门主要负责同志对法治政府建设工作重视程度不高、亲自协调不够"⑥。石嘴山市存在"法治责任意识还需进一步增强"⑦的问题。中卫市存在"个别部门（单位）主要负责同志履行法治政府建设第一责任人职责有待加强,法治政府示范创建还

---

① 《宁夏回族自治区 2022 年度法治政府建设工作报告》,https://www.nx.gov.cn/zwgk/zfxxgk/fdzdgknr/fzzfjs/202303/t20230331_4017381.html。

② 《宁夏回族自治区 2021 年度法治政府建设工作报告》,https://www.nx.gov.cn/zwgk/zfxxgk/fdzdgknr/fzzfjs/202203/t20220331_3412159.html。

③ 《宁夏回族自治区 2021 年度法治政府建设工作报告》,https://www.nx.gov.cn/zwgk/zfxxgk/fdzdgknr/fzzfjs/202203/t20220331_3412159.html。

④ 《宁夏回族自治区 2022 年度法治政府建设工作报告》,https://www.nx.gov.cn/zwgk/zfxxgk/fdzdgknr/fzzfjs/202303/t20230331_4017381.html。

⑤ 《银川市 2023 年法治政府建设年度报告》,https://www.yinchuan.gov.cn/xxgk/zfxxgkml/fzzfjsnbycs_69362/202403/t20240318_4487951.html。

⑥ 《银川市 2023 年法治政府建设年度报告》,https://www.yinchuan.gov.cn/xxgk/zfxxgkml/fzzfjsnb/ycs_69362/202403/t20240318_4487951.html。

⑦ 《石嘴山市 2023 年度法治政府建设年度报告》,http://www.shizuishan.gov.cn/zwgk/zfxxgkml/fzjs/qkbg/swifnru54/202402/t20240227_4469286.html。

需久久为功"①的问题。

(五) 执法的规范化水平有待进一步提升

相对于"严格规范公正文明执法"整体而言，全区各级政府在规范执法上还有待加强。早在 2020 年自治区法治政府建设工作报告就已经指出"执法不公、执法不严现象在一些行政执法单位和执法人员中不同程度存在"②。2022 年自治区法治政府建设工作报告进一步强调了"行政执法规范化水平仍需进一步提升"③的问题。2024 年 3 月 22 日召开的全区法治政府建设推进会进一步指出，"行政执法行为还需进一步规范。一些基层执法单位落实行政执法'三项制度'不到位，随意执法、以罚代管、多头检查、重复检查等问题依然存在。"④具体到市域层面上，例如，银川市存在"行政执法规范化水平有待进一步提高"⑤的问题，具体表现为"个别执法部门存在执法信息公开还不及时、执法案卷还不规范等问题"⑥。

(六) 行政争议实质性化解力度需要加强

从全区角度来看，在行政复议配套制度机制供给上还缺乏系统化的支持，行政复议应诉工作质效还有待提高，行政复议应诉监督工作有待进一步深化，行政争议化解率还有待提高。具体到市域层面，例如，石嘴山市存在"行政败诉率 2022 年、2023 年连续两年高于全国平均水平，行政争议实质化解力度有待加强"⑦的问题。中卫市存在行政争议实质性化解力度

---

① 《中卫市 2023 年度法治政府建设情况报告》，https://www.nxzw.gov.cn/zwgk/bmxxgkml/ssfj/fdzdgknr_49428/Fzzfjsgzbg_49440/202403/t20240315_4485417.html。

② 《宁夏回族自治区 2020 年度法治政府建设工作报告》，https://www.nx.gov.cn/zwgk/zfxxgk/fdzdgknr/fzzfjs/202103/t20210329_2641322.html。

③ 《宁夏回族自治区 2022 年度法治政府建设工作报告》，https://www.nx.gov.cn/zwgk/zfxxgk/fdzdgknr/fzzfjs/202303/t20230331_4017381.html。

④ 《全区法治政府建设工作情况》（2024 年 3 月 22 日）。

⑤ 《银川市 2023 年法治政府建设年度报告》，https://www.yinchuan.gov.cn/xxgk/zfxxgkml/fzzfjsnb/ycs_69362/202403/t20240318_4487951.html。

⑥ 《银川市 2023 年法治政府建设年度报告》，https://www.yinchuan.gov.cn/xxgk/zfxxgkml/fzzfjsnb/ycs_69362/202403/t20240318_4487951.html。

⑦ 《石嘴山市 2023 年度法治政府建设年度报告》，http://www.shizuishan.gov.cn/zwgk/zfxxgkml/fzjs/Qkbg/Swifnru54/202402/t20240227_4469286.html。

有待加强的问题，主要表现为"个别部门（单位）对化解行政争议不够主动积极，'宁判不调'的现象仍然存在"①。

三、宁夏法治政府建设具体建议

（一）抓住关键力量推动法治政府建设均衡发展

应以启动实施"法治政府建设提升工程"为载体和抓手，通过抓住关键力量，推进全区法治政府均衡发展。其一，牢牢抓住法治政府建设的责任主体，以强化落实法治政府建设责任进一步驱动责任主体发挥指挥力、谋划力和推动力，努力形成自上而下高效畅通的领导力量，推动法治政府建设快速突破。其二，充分发挥法治督察"利剑"作用，以落实法定化的监督机制激发法治政府建设的内生动力。其三，大力实施法治政府示范创建激励措施，以内部的主动性建设形成示范带头效应，以外部条件激励与支持产生监督和激励力量，综合推动赶超先进，争做示范，缩小地区内部以及政府之间在法治政府建设领域的差距。

（二）在强化落实常规培育机制基础上引导各级领导干部学习研究法律修辞学

培育领导干部依法行政的思维和方式是建设法治政府的重点内容。法治思维不仅是法律知识的积累，也不仅是价值取向的问题，更是在行政实践中体现为一种操作的可能性、技艺性和现实性。法律精神与法治理念不仅要成为官员的思维方式，而且要通过日常化的实践来彰显其价值。实质上就是要求行政人员树立法律的权威，尊重法律、服从法律，把法治变成内心的信仰，形成依法办事的实践逻辑。这就要求除了加大法治的学习和培训力度、大力执行领导干部自觉学法制度等常规机制，还要引导领导干部学习研究法律修辞学，即以法律作为修辞重构思维和行为方式。通过法律修辞学的学习研究，努力将官员的言论和决定纳入法治思维和法治方式的规制之中。法治思维和法治方式提醒党员领导干部要牢记法律，冷静思

---

① 《中卫市 2023 年度法治政府建设情况报告》，https://www.nxzw.gov.cn/zwgk/bmxxgkml/ssfj/Fdzdgknr_49428/fzzfjsgzbg_49440/202403/t20240315_4485417.html。

考。无论是发表言论还是作出决定，不仅重视逻辑推敲，还应该注意遣词造句，防止表达带有权力场中的傲慢与偏见。在具体的操作上，应严格按照法律"三段论"逻辑展开对问题的分析和处理，即以法律规范（T）为大前提，以具体的涉行政事实（S）为小前提，以（S）涵摄于（T）中进而推导出领导言论和作出行政结论。通过严密的法律论证保障领导言论和行政决定的可接受性。需要特别说明的是，引导领导干部学习研究法律修辞学，还应重视领导干部重点掌握理解、解释和运用法律的方法。这就要求行政人员综合运用法律解释的方法对大前提进行解释，包括使用文义解释、体系解释、历史解释、目的解释等方法。

（三）全链条推动重大行政决策进入法治化轨道

第一，完善重大决策范围界定制度。虽然宁夏制定了《宁夏回族自治区重大行政决策规定》，但由于全区各地实际情况千差万别、各部门职能又不尽相同，仍需对规定中的重大决策的界定规定进一步完善。首先需要明确的是，以什么标准判断某一事项属于重大决策的范围。如果标准不统一或者存在争议，那么可能会出现某些原本属于重大决策范围的事项但游离在法治轨道之外的情况。因此，应进一步在实践探索中完善重大决策范围界定制度。第二，健全重大决策程序制度。决策程序首先是决策如何作出或制定的程序，应在法治轨道上全面执行公众参与制度、专家论证制度、风险评估制度、合法性审查制度、集体讨论决定制度，并对这些程序制度予以进一步细化，制定完备的配套制度和程序性操作规则。除此之外，决策程序也包括决策作出后如何执行或实施的程序，虽然《宁夏回族自治区重大行政决策规定》对此作了规定，但还需要进一步细化完善。第三，强化重大决策监督制度执行。决策监督既包括对决策制定的监督，也包括对决策执行的监督。严格重大决策落实情况督促检查制度，健全重大决策跟踪反馈评估制度，确定有关机构和人员跟踪决策执行情况、反馈实施效果，根据实际情况组织第三方进行决策后评估，并适时调整和完善有关决策。按照"谁决策、谁负责""谁执行、谁负责""谁评估论证、谁负责"的原则，对重大决策失误或落实不力等违法违规行为，建立健全终身责任追究制度及责任倒查机制，切实加强对重大决策作出或执行活动的监督。完善重大决策落实责任标准和责任追究启动机制，建立多元督查与问效问责衔接联动机制，强化问责的可操作性和刚性约束，确保决策权与决策责任相统一。

（四）以高质量的制度建设与实施切实提升行政执法规范化水平

一方面，加强规范化执法制度供给。进一步深化市、县（区）综合执法体制改革，推动乡镇（街道）综合执法办公室实体化运行。健全完善跨部门、跨区域、跨层级的行政执法协作机制。全面公开行政许可事项，公布行政审批中介服务事项清单，全面落实并严格执行全国统一的负面清单制度，对各类证明事项，凡是没有法律法规或者国务院决定依据的一律取消。积极推行证明事项和涉企经营许可事项告知承诺制，建立健全承诺信用信息记录、归集、推送工作机制。依法严格规范涉市场主体行政检查，加快推进"互联网+监管"，健全事前事中事后有效监管衔接机制。明晰"马上办、网上办、就近办、一次办"审批服务事项目录，"一件事一次办"综合受理窗口在各级政务服务中心全覆盖，严格兑现向行政相对人依法作出的政策承诺。另一方面，加强全周期规范行政权运行。公开行政执法主体、人员、职责、权限、依据、程序、救济渠道。严格执行两人以上"亮证执法"规定，并落实行政执法全过程记录制度。建立健全并落实执法音像记录管理和数字化归档管理制度，建立行政执法日常检查监督机制、执法辅助人员管理规范，健全完善行政执法举报、投诉制度，严格追究行政执法过错责任。

（五）提升行政争议实质性化解质效

其一，发挥行政调解优势。行政机关具有发挥化解行政争议的优势，要用好行政调解手段，强化行政争议调解中心化解行政争议主阵地作用，将行政调解融入综合治理大调解工作格局，促进行政调解制度焕发生机。其二，构建行政争议实质性化解的"大复议、中诉讼、小信访"工作新格局。一是正确处理行政复议与行政诉讼的衔接问题，行政复议和行政诉讼应当互补互恰、和谐共生，打造最优化解行政争议的法治体系。二是充分发挥行政复议化解行政争议主渠道作用，最大化吸收行政争议进入行政复议渠道，促进行政争议实质性化解。为此，建议在全区拓展基层行政复议咨询服务点，打通复议为民"最后一公里"，并将实质性化解行政争议这一核心理念摆在突出位置，着眼于"申请人合法权益能否得到保护、争议涉及实质问题能否得到解决"，坚持应调尽调原则，将调解和解贯穿于行政争议办案全过程。严格执行行政复议监督制度，复议机关针对案件审理中发现的纠错风险，应当及时与有关单位沟通，针对复议案件较多、同类问题反复被纠错等问题，向有关单位制发《行政复议意见书》，要求被复议单位按期反馈《行政复议决定书》履行情况，推动实现行政争议案结事了，解决行政复议决定履行不及时、不主动、不到位等问题，有效提升行政复议公信力。三是坚持"一盘棋"布局、"一条心"推动，持续巩固"党委统一领导、政府组织落实、信访工作联席会议协调、信访部门推动、各方齐抓共管"的信访工作格局，打好"组合拳"，形成强大合力。要将法治理念贯穿信访工作全局，在法律框架内保护人民群众合法权益、处理人民内部矛盾。将信访与行政复议、行政诉讼等法定渠道相衔接，推动涉法涉诉信访问题纳入法治轨道解决。建立健全信访与行政复议、行政诉讼联席会议制度和信息交流制度，形成协调一致、互动有序的工作机制。同时，善于发挥法律、政策、经济、行政等手段和教育、调解、疏导等办法的集成效应，及时就地解决信访问题。

宁夏行政复议发展研究

郑清源　马永靖

宁夏行政复议工作坚持以习近平新时代中国特色社会主义思想为指导，深入践行习近平法治思想，认真贯彻落实习近平总书记对政法工作和行政复议工作的重要指示精神，以发挥行政复议主渠道作用为目标，持续强化政治建设和专业能力建设，不断提升行政复议推动法治政府建设、服务经济社会发展大局的能力水平。2024 年 1—10 月，全区收到行政复议申请2834 件，较上一年同比增长 107.62%，88%以上的行政复议案件没有进入行政诉讼程序，实现了案结事了、定分止争，行政复议化解行政争议的主渠道作用得到彰显，为现代化美丽新宁夏建设贡献了行政复议力量。

一、宁夏行政复议工作做法及成效

(一) "党建"与"业务"双抓双促，行政复议工作方向更加明确

1. 坚决铸牢政治忠诚

严格落实请示报告制度，全区各级行政复议机构全年向同级党委、政府或上级主管部门请示报告行政复议工作 79 次，确保行政复议行政应诉工作始终坚持正确的政治方向。

作者简介　郑清源，宁夏回族自治区司法厅行政复议与应诉监督指导处处长；马永靖，宁夏回族自治区司法厅行政复议与应诉监督指导处一级主任科员。

2. 着力提高政治能力

巩固拓展主题教育成果，不断提高政治判断力、政治领悟力、政治执行力。坚持底线思维，严格落实意识形态工作责任制，建立健全行政复议行政应诉领域舆情监测预警、风险隐患排查及处置机制，强化风险意识。

3. 深化党建品牌建设

指导各级行政复议机构加强行政复议人员思想政治教育，以集中培训、分类分级培训等形式开展习近平总书记考察宁夏重要讲话精神暨党的二十届三中全会精神宣讲。自治区本级持续深化"复议为民"党建品牌建设，积极开展"支部联建""业务讲坛""每周学法"等活动，创新便民服务举措，加强行政复议宣传，提高行政复议的便捷性和覆盖面。

4. 加强党风廉政建设

健全完善并严格执行廉洁办案规章制度，建立行政复议办案述廉机制，推动形成规范高效的行政复议权运行机制。深入学习贯彻新修订的《中国共产党纪律处分条例》，办案人员签订《廉洁办案承诺书》，从严落实防止干预司法"三个规定"，定期排查并报告违反"三个规定"情形，坚决守住廉政底线。

(二)"宣传"与"配套"同步落实，新修订行政复议法的学习贯彻更加精准

1. 全覆盖抓深学习宣传培训

一是抓领导干部学法，将《中华人民共和国行政复议法》作为政府常务会议学法、领导班子会前学法、重大行政决策前集体学法、领导干部带头讲法的重要内容，纳入领导干部年终述法内容。全区共组织政府常务会议学法 60 次。二是抓行政执法人员学法。将行政复议法作为行政机关工作人员入职培训、晋职培训、在职业务培训的必训内容，开展行政复议法学习宣讲、同堂培训、进机关等活动。通过行政复议业务培训、岗位练兵、专题讲座、旁听庭审等活动，培训覆盖行政执法人员约 2.2 万人次，完成了行政复议人员的全员培训。三是抓社会公众学法。把行政复议法作为"八五"普法重点内容，开展高频次、常态化的普法宣传，开展"法润宁夏·复议为民"线上线下知识竞赛，有 15.5 万人次参与线上答题活动。通

过组织集中宣传、开放日、进企业、公益视频、发送短信等方式，让行政复议的社会知晓度显著提升。行政复议案件量从 2022 年仅为法院一审行政诉讼案件量的 1/3，到 2023 年的 72%，到 2024 年首次超过一审行政诉讼案件量，行政复议的"首选率"大幅提升。

2. 全方位抓紧完善配套制度

一是修订《宁夏回族自治区行政复议条例》。对照新修订的行政复议法，结合全区行政复议工作需求，总结提炼好经验好做法，并予以立法固化。二是制定行政复议工作配套文件。自治区先后印发《关于贯彻实施新修订的〈中华人民共和国行政复议法〉的通知》《关于加强行政复议行政应诉工作的意见》等 7 个文件，推动行政复议法全面贯彻实施。三是全覆盖做好涉行政复议政府规章、行政规范性文件的清理工作。组织对全区现行有效的 177 件政府规章、2071 件行政规范性文件进行了全面清理，共修改涉行政复议政府规章 2 件、废止行政规范性文件 1 件、修改行政规范性文件 4 件，解决宁夏政府规章、行政规范性文件中与新行政复议法不适应、不一致、不协调的问题。

3. 全链条抓严复议办案质效

一是落实新法繁简分流要求，坚持简案快审，平均办案时间缩短到法定期限的 2/3。落实新法变更书面审为依法听取意见、调查取证的实体审要求，坚持繁案精审，通过召开听证会、专家咨询论证、实地调查取证等方式，确保案件事实清楚、证据确凿，不断提升办案质量。2024 年 1—10月，全区行政复议案件被诉率 11.66%，同比下降 7.34 个百分点，行政复议的满意度不断上升。二是坚持应纠尽纠，坚决纠正违法和不当行政行为，以撤销、确认违法等方式监督纠正原行政行为 308 件，纠错率在行政复议案件量大幅增加的情况下，实现与上年基本持平。贯彻落实新法设立的行政复议意见书制度，2024 年 1—10 月，全区共制发行政复议意见书、建议书 52 件，指导行政执法机关举一反三，推动实现"办理一案、规范一片、治理一域"的良好效果。三是坚持行政复议案件全过程调解，做到"凡进必调、能调尽调、实质化解"，在新修订的《宁夏回族自治区行政复议条例》中增设"行政复议调解与行政争议协调化解"专章，推动行政争议实质性化解。2024 年 1—10 月，全区行政复议案件实现案前调解 216 件，受理后调解、和解 346 件。其中，某国企涉 100 余名女职工退休行政争议，经自治区司法厅与人社厅、社保局共同源头化解后，避免形成群体性事件，维护了社会和谐稳定。

（三）"扩容"与"引流"双管齐下，行政复议主渠道作用更加凸显

1. 着力推进"便捷复议"建设

加强行政复议信息化建设，健全容缺受理、"线上+线下"等机制，积极引导群众通过邮寄、传真、微信小程序、网络平台、电子邮箱等多种方式表达诉求，全区通过"不见面"方式接收行政复议申请比例超过 70%。在全区乡镇（街道）全覆盖设立复议咨询窗口和代收点 298 个，代收点通过宁夏司法行政管理平台、宁政通 APP 等 24 小时内将代收的行政复议申请材料转送行政复议机关办理，切实将行政复议的救济渠道铺设到群众家门口。

2. 完善不予受理监督机制

认真落实行政复议法在行政复议申请、受理等环节的各项便民为民举措，不断完善行政复议不予受理监督机制，依法严格纠正无正当理由不受理行政复议申请问题。各级行政复议机构建立行政复议监督案件台账，上级行政复议机构收到监督申请的，通过便捷方式第一时间向下级行政复议机构了解案情，及时作出监督处理决定，杜绝行政复议"有案不受"、不予答复等问题。2024 年 1—10 月，全区办理 67 件行政复议监督案件，上级机关直接受理 2 件；对经审查原不予受理决定正确的，监督机关及时向申请人出具不予支持监督申请的告知书，并进行释法析理，推动争议实质性化解。

3. 探索建立"行政复议导入"机制

完善行政复议与行政诉讼、信访等制度衔接配合机制，自治区司法厅与自治区高级人民法院联合印发《关于共同预防和化解行政争议的意见》，指导各级人民法院支持行政复议发挥主渠道作用。将信访部门纳入各级府院联动工作成员单位，建立信息共享和重大信访风险提示机制，加强沟通会商、协调化解争议。探索建立"行政复议导入"机制，对符合条件的行政诉讼和信访案件，积极引导当事人首选行政复议解决行政争议。

（四）政府和法检协同发力，行政法律服务更加优质

1. 建立"四项机制"，确保府院府检常态化联动

2024 年 3 月 22 日审议通过《宁夏回族自治区人民政府 宁夏回族自治区高级人民法院关于完善府院联动机制深入推进法治政府建设的意见》《宁夏回族自治区人民政府 宁夏回族自治区人民检察院关于建立府检联动机制深入推进法治政府建设的意见》，推动行政复议与行政诉讼、行政检察监督衔接联动，促进行政争议源头预防、长远治理和实质化解。一是细化年度会议和专题会议议事范围、审议程序等工作流程，连续两年召开年度联席会议，审议共同预防和化解行政争议的意见、部署联动工作重点，不定期召开专题会议，统一婚姻登记、投诉举报、工伤认定等行政争议处理法律认识和裁判标准。二是在自治区高级人民法院、检察院、司法厅设置总联络员，协调区直各执法单位、中央驻宁有关单位联络员做好材料报送、数据统计、事项落实跟踪等工作，2024 年 1—10 月，各单位向联席会议提请府院府检共同推进事项 42 项，采纳 25 项。三是完善规章、规范性文件、司法建议、行政复议决定抄送机制，将司法建议、检察建议、败诉行政判决抄送上级主管部门、同级人民政府和同级依法治区（市、县）办，行政复议败诉判决同时抄送上级行政复议机构，推动深化司法监督成效。四是拓宽府院府检联动形式，广泛开展联合调研、同堂培训、联合发布典型案例、共同开展错案讲评等活动，组织领导干部、执法人员旁听庭审、行政复议和检察案件听证等活动 60 余次，有效促进执法能力提升。

2. 坚持"三方共治"，推进行政争议实质性化解

一是在有条件的人民法院设立行政复议窗口，自治区高级人民法院指导各级人民法院支持开展行政复议宣传，做好依法受理案件、组织调解和解等工作。截至 2024 年 10 月底，全区超过 88% 的行政复议案件没有进入诉讼程序，实现了定分止争，行政复议案件质效取得双提升。二是制定《全区行政争议协调化解中心工作规定》，指导市、县两级规范行政争议协调化解工作程序，人民法院对有化解可能的行政案件移送到行政争议协调化解中心，组织先行调解，并安排 1 名跟案法官全程参与行政争议协调化解工作，基本构建起政府牵头、法院主导、检察参与的行政争议协调化解

工作格局。

3. 明确"三个重点"，护航经济社会高质量发展

一是开展行政复议护航企业高质量发展行动，通过涉企行政执法专项监督、投诉举报信息反馈、重点案件跟踪督办、设立工业园区行政复议服务点、开展"行政复议进企业"活动等形式为企业提供更加精准的法律服务，对涉企行政复议案件实行专责办理、提速办理，全区办理涉企复议案件 391 件，自治区本级涉企复议案件办案期限缩短至法定期限的 60%，1 件涉企行政复议案件被司法部评为护航企业高质量发展典型案例，并在央视《法治在线》栏目播出。二是府院积极探索联动办案机制，以"检护民生"专项行动为抓手，推进府检联动，聚焦生态环境和资源保护、食品药品安全等传统领域，通过磋商、诉前检察建议督促行政机关积极整改整治，90%以上的公益损害问题在诉前得到解决。三是府院建立商标、专利、不正当竞争、反垄断案件信息共享机制，加强对关键核心技术、新兴产业、原始创新成果、植物新品种等的依法保护。府检围绕"六新六特六优"产业，加强知识产权综合保护，开展中宁枸杞、盐池滩羊、泾源黄牛肉等宁夏地理标志品牌的保护专项行动，以知识产权检察助力创新驱动发展。自治区开展涉企行政执法专项监督，发现 923 条行政执法问题，对即知即改的 911 条问题进行全部清零，对需要长期坚持的 12 条续时推进，促进涉企执法规范化水平提升。

（五）抓点与促面统筹推进，行政应诉工作更加规范

1. 持续开展行政应诉突出问题治理

紧盯制约行政应诉质量提升的关键点，落实行政机关负责人出庭应诉工作若干意见要求，出台《自治区人民政府行政应诉工作办法（试行）》，持续深入开展行政应诉突出问题专项治理，通过败诉风险提示、共同调处争议等方式加强对出庭应诉的监督指导，推动行政机关负责人"出庭出声"、提出实质性化解意见。2024 年全区 30 多名"一把手"带头出庭应诉，出庭应诉率首次达到 100%，"告官不见官"问题得到根治。

2. 推进旁听庭审常态化制度化

严格落实中央和自治区关于推动国家机关工作人员旁听庭审活动常态

化、制度化要求，指导市、县（区）积极组织开展旁听庭审活动，推动提高各级领导干部和国家工作人员法治素养。举行全区首次区、市两级政府主要领导旁听庭审活动，自治区主席带领 5 市及区直机关共 32 家行政机关主要负责人现场旁听庭审，并对深化府院联动、依法有效预防化解行政争议作出安排，为旁听庭审常态化、制度化作出了表率。

3. 探索败诉责任追究和容错免责机制

深化"纪法联动"监督，全区十余个市、县（区）探索建立败诉责任追究制度，对消极对待调解导致案件败诉的，严肃追究相关责任人责任，督促行政机关主动化解行政争议。各地积极推进整治"新官不理旧账"问题，如中卫市出台《中卫市行政机关负责人出庭应诉工作规定》，要求出庭应诉的行政机关负责人积极提出实质性化解意见。吴忠市盐池县开展整治"新官不理旧账"行动，设立专项资金库，下大力气解决历史遗留问题，让"新官"愿理旧账、敢理旧账、厘清旧账。将推动建立行政复议调解尽职免责、容错制度等激励保护机制写入新修订的自治区行政复议条例，让"新官敢理旧账"激励行政机关主动化解行政争议。

二、宁夏行政复议工作存在的主要问题

（一）行政复议"首选率"还有差距

尽管 2024 年全区行政复议案件量增幅创历史新高，但全区人民法院一审行政诉讼案件中有超过 80% 的案件未经复议，这些案件原告仍然首选行政诉讼解决行政争议，反映出人民群众对行政复议的知晓度和认可度仍需进一步提升，仍有大量行政争议直接流入行政诉讼、信访渠道，距离行政复议化解行政争议的主渠道目标还有一定差距。

（二）复议办案"规范率"有待加强

行政复议法修订重塑了行政复议体制，增设了行政复议委员会、繁简分流、案件听证等程序规定，对行政复议提出更高要求。截至 2024 年 10 月，全区市、县两级基本建立了行政复议委员会或咨询委员会，但按照司法部的要求，自治区本级尚未建立行政复议委员会，同时全区也未出台案件繁简分流、听证、案件审批流转等方面的统一规定，因而

急需健全完善相关配套制度，制定与新修订的行政复议法不抵触、有特色的操作性规定。

（三）行政争议"化解率"仍需提升

2024 年，全区市、县（区）行政复议案件的纠错率不足 20%，说明各级行政复议机关纠错的力度仍然不够，行政复议内部监督纠错作用发挥仍不充分。全区适用简易程序审理的行政复议案件约为 12%，比例仍然偏低，直接作出变更决定的案件更是屈指可数，反映出化解行政争议的能力仍有不足。此外，行政复议案件量激增、一些新类型案件纳入新法等也给行政争议实质性化解工作带来更大挑战，很大程度上影响了行政复议案件实质性化解率的提升。

（四）组织保障"到位率"亟待强化

截至 2024 年 10 月，全区共配备 63 名专职行政复议工作人员，距行政复议法听证人数的最低要求还有 49 人的缺口，现有人员仅为法定要求的 56.3%，且没有辅助人员；2/3 的人员初次从事行政复议工作，在案件量成倍增长的情况下，办案人员配备维持在法定要求水平线之下，力量极为薄弱。此外，尽管行政复议与行政审判相似，具有明显的居中性和司法性，但复议人员待遇相比审判人员具有较大差距，存在专业人员不想进、留不住的困境。岗位吸引力不够，人员流动性较大，队伍稳定性不够，给行政复议工作带来阻力。

三、对宁夏行政复议工作创新发展的思考与建议

（一）畅通申请入口，推动主渠道作用更好发挥

一是加大复议宣传力度。持续开展行政复议法普法宣传教育，抓好领导干部、行政机关工作人员、行政复议人员和社会大众的宣传工作；通过行政复议大宣传、开放日、进企业等活动，广泛宣传行政复议的制度优势和改革成效，宣传行政复议受案范围广、便民快捷、不收费的特点，让群众"知复议、懂复议、会复议"，推动行政复议知晓率和"首选率"进一步提升。二是加大案件受理力度。进一步推广多元受理和"容缺受理"机制，建立"受理+承诺+补正"模式，持续畅通涉企案件绿色通道。加大各地行

政复议窗口和代收点的运行力度，切实将行政复议法律服务送到群众家门口。在各级政府网站开通行政复议申请端口，畅通微信小程序线上申请渠道，打通行政复议的"最先一公里"。三是加大复议导入力度。加强行政复议与行政诉讼、信访的衔接配合，对群众起诉到法院，尚处于行政复议期限内的案件，引导群众首选行政复议解决行政争议。完善行政复议与信访信息共享和导入机制，对信访人提出的申诉、求决类事项，符合行政复议受理条件的，及时导入行政复议程序处理。要与审判、信访部门沟通协调，对相关诉讼案件和信访事项进行梳理，尽可能导入复议渠道，争取扭转"大信访、中诉讼、小复议"格局。

（二）提高复议效能，推动法治政府建设全面提速

一是加大监督纠错力度。巩固"行政复议质量提升年"活动成效，积极运用复议决定纠错、意见书、建议书、约谈、通报等多种方式，指导行政机关规范行政执法行为。提高行政复议案件纠错率和实质化解率，开展行政复议"三书"①履行情况"回头看"、行政复议案件评查、典型案例和优秀文书评选等活动，提升行政复议办案质效。二是充分发挥服务保障作用。规范、高效办理涉及经济社会发展、重大项目建设的行政复议案件，提前介入生态环境问题整治、安全生产事故处置等重点工作。围绕落实安全生产责任、合法合规经营等开展行政复议进企业活动，送法入企、为企纾困，提高企业依法经营、依法维权的意识和能力，持续优化法治化营商环境，推动经济社会高质量发展。三是大力推进诉源治理。指导有权机关严格规范、及时调整行政裁量权基准，结合行政复议案件办理，加强行政复议与行政执法监督制度衔接，对自然资源、征收征补、交通运输、生态环境、教育医疗等群众关心关切的行政执法重点领域问题进行分析研判，指导行政执法机关逐步提升依法行政、规范执法的能力和水平。

（三）加强协调联动，推动行政争议实质性化解

一是加大行政复议调解力度。贯彻落实新修订的行政复议法和自治区行政复议案件调解工作指引等关于行政复议调解的规定，坚持"凡进必调、

---

① 行政复议"三书"是指行政复议决定书、意见书、调解书。

能调尽调"，实现行政复议调解全覆盖，对案情复杂、敏感性强、社会关注度高、当事人情绪对立严重容易引发舆情等案件着重调解，让调解成为实质性化解行政争议的有力手段。二是推动行政争议协调规范化运行。为推进协调化解中心实质化运行，自治区府院联席会议审议通过了《行政争议协调化解中心工作规定（审议稿）》，指导行政争议协调化解工作有序、规范运行。三是发挥府院府检联动机制作用。对照自治区府院、府检联动意见重点任务，进行全面梳理，进一步明确责任分工，全力推动落实。持续推进府院府检联动方式创新，指导各级行政机关支持检察机关依法独立充分行使检察权，通过联合调研、同堂培训、联合督办等形式，常态化做好沟通协调，凝聚起监督依法行政、推进法治政府建设的强大合力。

（四）夯实基层基础，推动复议工作保障落到实处

一是配齐配强人员队伍。提升行政复议工作队伍专业化、职业化水平，建立行政复议员选拔任用制度，加快行政复议员任命管理办法制定工作，建立后备人才库，做好行政复议人员接续培养；优化行政复议人员晋升制度，经政府任命的行政复议人员职务职级晋升参照法官、检察官执行，将职级与从事行政复议工作年限直接挂钩，建立同等条件下优先选拔任用制度，提高行政复议员待遇，提高行政复议岗位吸引力，增强队伍稳定性；通过政府购买服务的方式，建立行政复议辅助人员队伍，解决当前行政复议力量严重不足的困境。二是加强培训和指导，坚持行政复议、行政审判、行政执法、行政检察同堂培训制度，通过岗位练兵、案件讲评、业务考核等形式，加强对行政复议分管领导、业务骨干、新到岗人员的分级分类培训，促进能力提升、人岗相适。

（五）规范行政应诉，推动行政应诉水平大幅提升

一是推动负责人出庭应诉长效化，巩固深化行政应诉突出问题专项治理成效，指导各应诉主体提高答辩举证、出庭应诉、履行生效裁判等工作水平，确保行政机关负责人出庭应诉率和答辩举证发声率达到100%。严格落实中央和自治区关于推动国家机关工作人员旁听庭审活动常态化制度化要求，指导市、县（区）积极组织开展旁听庭审活动，推动提高各级领导干部和国家工作人员法治素养。二是注重落实司法裁判，指导各级行政机关主动履行生效裁判，及时与法院沟通互动，认真分析败诉原因，提出具体改进措施，有效减少行政诉讼案件数量，降低行政败诉率。用足用好"两份建议书"，争取办理一案、规范一片、治理一域，切实推动各级行政机关依法行政、建设更高水平的法治政府。三是健全考核监督问责。发挥考核评价"指挥棒"作用，科学设定行政败诉纠错、行政机关负责人出庭应诉、履行生效裁判等在法治政府考核中的比重，继续坚持"纪法联动"，对因主观原因导致复议被纠错或败诉的案件，该追究责任的要追究责任，以考核问责推动行政机关提升自我识错、自我纠错、自我防错的能力。

法治实践篇

FAZHI SHIJIAN PIAN

市域社会治理视域下宁夏乡村治理研究

李保平

　　基层治理是"中国之治"的基石，乡村治理又是基层治理的末梢，在国家治理体系中，乡村治理虽然居于底层，但地位非常重要，是乡村全面振兴的基础性工程。正因为如此，宁夏回族自治区第十三次党代会（以下简称十三次党代会）提出建设乡村全面振兴样板区，农民不能缺席，乡村不能掉队，农业不能滞后。部署实施乡村建设行动，通过统筹县域城镇和乡村规划管理，提升乡村水电路气讯网保障能力，深入实施综合服务设施、农房质量安全、人居环境整治、农村饮水安全、基本公共服务等提升工程，发展壮大村集体经济，加强农村精神文明建设，持续提升乡村治理水平。乡村治理的目标是形成人人有责、人人尽责、人人享有的乡村治理共同体。从历史经验与社会现实看，任何一个共同体的打造都离不开政治、经济、社会、文化、权威五个维度的建设。因此，乡村治理表面上看似一个单纯的治理问题，实际上是一个涵盖发展、民生、服务、规制的综合性工程。治理中既有发展的经济命题，也有社会建设中的诸多民生事项，更有对乡村文化的引领与农民价值观的重塑。所以，乡村治理的逻辑是政治、经济、社会、文化建设的相互牵引和互促互惠，而经济发展在乡村治理中居于最为基础的位置。正如一切问题都可以归结为治理问题一样，治理是发展中

作者简介　李保平，宁夏社会科学院社会学法学研究所所长、研究员。

的治理，是以人为中心，服务于人的治理，是一种基于政治权利、经济发展、社会保障、文化教化而非静态管制或统治的现代秩序形态，这是治理区别于历史上管理、管制包括统治的关键所在。治理是国家和社会存在的基础，没有治理就没有秩序，没有秩序则意味着一个社会的失序。从国家治理的角度看，治理包括政治、经济、文化、社会、生态等多个维度。在许多人的思维认知中，国家与社会是混同在一起的，导致人们在谈到社会治理时，往往将国家治理的内容也涵盖其中，使得社会治理的内涵与外延都发生了明显扩张，产生了许多混乱。为此，我们在研究社会治理、市域社会治理时，基本上还是将社会治理的内容限制在"社会"层面，以使所谈论的问题更加聚焦，更加符合社会治理的内在要求，并将其与政治治理、经济治理、文化治理、生态治理等治理内容区别开来，增强社会治理的"社会"属性。

一、从社会治理、基层治理到市域社会治理——一个全新的治理层级

人类社会存在的前提除物质生产外，最为重要的是对秩序的需求。现在人们常说的原始社会、奴隶社会、封建社会、资本主义社会、社会主义社会、共产主义社会等国家形态，除体现出不同的生产关系、交换关系、阶级（阶层）关系外，也暗含着不同的秩序形态。从主客体关系看，这种秩序形态又可以分为统治、管理、治理等不同的历史过程，体现出不同的价值理念和实践。

如果说社会治理是从社会结构层面维护秩序的一种实践的话，市域社会治理则是立足社会变化、治理需求，以"市域"为范围，将各种矛盾纠纷试图解决在"市域"的一种区域化的治理实践。市域社会治理的概念是2018年6月4日，中央政法委秘书长陈一新在延安干部学院"新任地市级政法委书记培训示范班"开班式讲话中首先提出的。党的十九届四中全会正式提出"加快推进市域社会治理现代化"，打造"社会治理共同体"的要求。由于市域社会治理提出的时间不长，实践中存在不同的理解，所以，准确把握市域社会治理的科学内涵，对做好市域社会治理现代化试点工作

意义重大。

首先，市域社会治理是国家治理的重要环节，有其独特的价值和作用。市域治理作为国家治理的重要环节，具有承上启下、以城带乡、以点带面的重要作用，是观察矛盾风险走向的晴雨表、守住安全稳定底线的主阵地、满足人民群众新需求的大平台。其次，市域有其治理资源的优势，可以更好发挥统筹协调作用。市域在国家治理中所独有的政策制定的自主空间、解决问题的资源基础、大胆尝试的回旋余地等都是基层所不具备的。再次，市域社会治理不是县域治理，也不是基层治理，更不是两者简单的相加。传统治理层级划分中一般把县级政府及其以下都称之为基层，但基层社会治理不是市域社会治理，市域社会治理虽然也包括县域、乡镇、乡村（社区）等基层治理层级，但两者之间也存在较大的区别，不可相互混同和替代。从市域社会治理现代化试点要求看，所有副省级城市、地级市、自治州，以及地（盟）、新疆生产建设兵团、直辖市下辖的区（县），都涵盖在市域社会治理的范围内，但地级市数量最大，也最具代表性。复次，市域社会治理虽然以市域为单位，但绝对不是一个封闭的系统，以市域社会治理推进区域治理一体化，构建开放型的治理体系，也是市域社会治理的重要目标。最后，"市域"社会治理是在基层治理的基础上，增强"市域"的引领力、统筹力、聚合力和终结社会治理问题的能力，形成以"市域"为基本单元的治理体系，提高"市域"治理能力，打造"市域"社会治理共同体。所以，市域社会治理的提出，对市级党委、政府和县（区）党委及政府都是一次治理理念、治理体制和质量能力的重大变革。既然把市域社会治理作为一个单独层级提出来，并要推进市域社会治理现代化试点，就清楚地表明，市域社会治理现代化有其自身的特点和独特的要求。

结合中央政法委有关政策要求，我们认为，市域社会治理的基本要求有以下几个方面：一是把市域打造成为社会矛盾纠纷的终结地。要发挥市域的层级优势、区域优势、示范优势，把市域建成观察社会风险走向的晴雨表、守住稳定底线的主阵地、满足人民群众新需要的大平台。二是要准确把握和充分运用市域在社会治理中，在政策制定空间、治理资源、大胆尝试的回旋余地方面的特殊优势，加强市域社会治理的顶层设计，通过体制创新、机制完善、制度创新，把分散的资源聚集起来，提高市域社会治理的整体性。三是构建纵横交织的市域社会治理体制机制。纵向上发挥市级层面的统筹协调作用，强化县级层面的组织实施和乡镇（街道）层面的强本固基；横向上要完善党委领导体制，加强基层党组织的作用，完善政府负责体制，重点解决部门分割问题，实现资源共享、信息互通、工作互联。社会协同体制要进一步完善政策措施，科学界定政府和社会的边界，建立政府与社会的良性互动。公众参与体制要重点完善人民群众参与社会治理的制度化渠道，创新互联网时代群众工作平台。四是推进市域社会治理工作方式创新，通过政治引领、自治强基、法治保障、德治教化、智治支撑有机推进，在主动防范社会矛盾外溢、应对治安问题复杂多变、抵御敌对势力渗透破坏、补齐公共服务短板上下功夫，求创新，出实招。

二、党的十八大以来，宁夏乡村治理事业取得长足进步，为建设乡村全面振兴样板区奠定了坚实的治理基础

古人云：郡县治，天下安。古代的基层在郡县，县以下实行乡绅自治。当代的基层在乡村，在一个农业人口比重较大的国度，可以说是乡村治，则郡县治，郡县治则国家安。

（一）通过实施精准扶贫和乡村振兴战略，为乡村治理奠定了坚实的物质基础

2020 年，宁夏与全国人民一道如期完成全面建成小康社会目标，实现了 80.3 万人口全部脱贫，9 个贫困县全部摘帽，建立了乡村医保全覆盖和对特殊人群的兜底性保障，历史性解决了绝对贫困问题，迈向了全面建设社会主义现代化的新征程。这是一项前无古人的历史伟业，不但极大提高了人民群众的幸福感、安全感、满意度，也为乡村治理共同体建设打下了物质基础，增强了广大农民感党恩、听党话、跟党走的信心和决心。

（二）建立了"五治"融合的基层治理体系，形成了乡村治理的基本制度框架

以政治引领乡村基层组织建设，夯实党的执政根基；以法治规范乡村治理，为乡村治理提供高质量的法治保障；以德治教化村民思想观念，提升村民道德素养；以自治激发内生动力，筑牢乡村治理根基；以智治提供现代专业技术服务，赋能乡村治理，为乡村治理提供强大支撑。

（三）治理资源不断向乡村基层倾斜，乡村治理能力水平显著提升

为夯实基层治理根基，自治区党委专门制定出台宁夏回族自治区《关于完善基层治理体系，提高基层治理能力的若干意见》，创新乡村治理、社区治理、社团治理、学校治理、企业治理、宗教治理等6个领域基层治理，形成1+6政策体系，推动治理资源不断下沉，进一步完善基层治理体系，提升基层治理能力，乡村治理效果持续显现。

三、从市域社会治理视角看宁夏乡村治理中存在的短板弱项

治理是一项永恒的事业，没有完美的治理，治理只有进行时，没有完成时。虽然宁夏乡村治理取得积极进展，成绩有目共睹，但社会治理不可能一蹴而就，总会在解决完老问题后，新的问题随即产生。治理的目的是解决矛盾纠纷，通过制度建设减少矛盾问题的发生概率，提高解决问题的质效。所以，治理的逻辑在于通过个案处理与经验积累，最终达到推进治理体系和治理能力现代化的目的。其中，治理体系现代化尤为重要，是治理能力现代化的决定性因素。与治理体系和治理能力现代化这个高水平治理要求相比，实事求是地讲，宁夏的乡村治理确实还存在一定的差距。

（一）基层干部对乡村治理缺乏深刻理解和认知，加之传统路径依赖，许多乡村干部还没有从思想上真正实现从乡村管理向乡村治理的转变

从管理到治理不但是治理方式的转变，也是一场深刻的思想革命。由于受传统观念和计划经济时代的影响，乡村干部工作中往往管理思维大于治理，习惯于为民作主，一个人说了算，人治痕迹明显，履职中忽视程序正义，把权力监督看成是对个人的一种不信任，认为权力制约是妨碍了工

作效率，对相关制度存在一定程度的抵触情绪，导致乡村治理在实践层面法治化程度不高。德治由于缺少有力的抓手，流于形式口号，无法发挥德治教化作用，自治工作由于基层乡村社区忙于政府事务，成为行政末梢，基层干部无暇顾及自治事务，加之缺乏有效抓手，村民参与意识不足，整体推进乏力。

（二）在城镇化不断加速的背景下，乡村人才外流严重，乡村治理人才缺乏，乡村干部素质不高，乡贤数量不足

宁夏城镇化正处于快速发展时期，大量农村劳动力进入城市，在城市生活工作日渐成为一种常态，形成了一种有别于传统的生计模式。乡村青壮年外流，使得乡村空心化日益严重，直接影响到乡村治理的绩效。正是因为乡村治理人才的缺失，导致大部分乡村治理工作创新不够，缺乏与本村实际的结合，治理内容相互模仿痕迹重，同质化程度较高。近年来，随着驻村工作的开展，大量驻村干部充实到乡村干部队伍中，对改变乡村干部思想观念，提升乡村干部能力素质发挥了重要作用，但由此也产生了一种对驻村干部的"路径依赖"。按照当下乡村干部的实际能力水平，如果驻村干部撤离，部分乡村治理成效存在下滑的可能。

（三）乡村治理体现为全面落实上级要求，对上级负责，与乡村实际结合度不高，导致上下存在脱节现象，形式主义普遍存在

上面千条线，下面一根针。这句话不但是对基层工作繁杂辛苦的形象表达，也反映了乡村治理工作对上不对下的实际。乡村治理对上负责的优势是可以把党和政府的各项惠民政策及时传递到农民手中，防止惠民政策存在"最后一公里"问题，有效预防村级腐败。但这种只对上不对下的治理方式，使得乡村治理工作不能深入，始终悬浮于乡村之上，不能全面融入乡村生活，有效反映群众生活诉求和治理需要。对群众而言，乡村治理往往是"他者"的舞台，是政府和村干部的事，与自身关系不是很大。同时，这种对上不对下的工作态度，也导致基层特有的形式主义。一是奉行文牍主义原则。基层干部有相当一部分精力都用在写各种汇报、总结材料上，有年初计划、中期考核、年终总结等不同环节，中间还有不同部门需要的各种材料，在基层同志看来，工作干得好不好，与工作实际效果关系不大，关键在于材料有没有，写得好不好，有没有创新，上级领导是否满意。二是表格数字满天飞。随着信息化的推进，数字管理成为基层治理的重要抓手，基层工作的重要内容就是填报各种数据报表，以满足上面工作要求，应付各种检查考核。有些数据要得很急，早晨要，中午十二点前必须报，导致数据造假现象普遍存在。三是不管实绩要痕迹。按照一般理解，考核是为了推进工作，以工作实际效果为准，但在实践中由于一些工作相对务虚，无法用成效说话，上级考核主要看工作痕迹，有了痕迹，说明干了工作，痕迹越充分，说明干得越好，调研中会发现，许多基层社区都设有专门的展厅，没有展厅的，都有展板，专门展示工作取得的成绩，平时关门或收起来，遇有领导考察视察，作为创新亮点工作进行介绍，对每一位领导讲的都是同样的内容。四是不问实际成效，但求形式合规。在基层行政决策中，贯穿着走程序的意识，制度"虚置"现象严重。随着全面从严治党的持续推进，对各级干部问责力度不断加大，基层政府不像以前直接拍板决定某项工程项目由谁做，而是严格按照相关要求，扎扎实实走程序，为行政决策合法性背书。走法定程序只是"先上船，再买门票"，这种形式主义的做法使得程序规定并没有发挥应有的价值和作用，空转现象严重，是导致政绩工程、形象工程、基层腐败禁而不止，多发高发的重要原因。

（四）乡村治理中群众积极性不高，参与度不强

与管理的单向度和强调整体性不同，治理是注重政府与社会双向互动，鼓励个体积极参与的事业。乡村治理中群众参与度不高的问题，是基层治理中存在的较为突出的现象。群众参与度不高的原因是多种多样的，既有空心化导致的参与能力不足的问题，也有自上而下治理产生的利益疏离，更有乡村发展的阶段性与现代治理统一性要求之间存在的张力。宁夏在全国属西部欠发达地区，虽然经历了新中国成立70多年的历史巨变，特别是改革开放40年的快速发展，但农村发展的阶段性特征还非常明显。费孝通先生在20世纪80年代研究中国农村"乡土重建"时，指出我们正处在一个"三级两跳"的时代关口，在未完成乡土社会到工业社会的转型过程中，又面临跳进信息社会的时代要求，由此急需处理技术的跃进速度远远超出人类已有的社会组织对技术的需求这一重要问题。由于部分留守村民仍然处于传统农业社会向工业社会、信息社会转变阶段，"三级两跳"的社会结构特征使得村民素质和传统社会组织跟不上工业化、信息化时代的治理要求，选择"服从"而非"参与"也许是一种无奈的结局。

（五）乡村治理存在较为严重的内卷化和形式主义现象

在新中国成立后的若干年内，农业、农村一直是国家汲取治理资源的重要场域。随着改革开放不断深入，我国社会主义现代化建设取得巨大成绩，国家有能力开始反哺农业农村，大量的治理资源开始自上而下进入农村，即所谓"资源下乡"，农民开始享受国家改革发展的红利。为了保障资源分配的公平性，维护农民合法权益，国家自上而下加大了对乡村治理的考核监督。这种监督考核有效保障了治理资源的精准到位，但也产生了乡村治理工作疲于应付各种检查、填报各种报表、参加各类会议、整理各种资料等形式化、内卷化问题。从实际工作看，乡村治理中存在的这种内卷化和形式主义的东西，也与信息壁垒有关。乡村是基础数据的来源，报送相关数据是乡村工作的重要环节，由于许多部门间信息不能共享，乡村需要针对不同部门填报相同数据，造成重复性劳动。另外，基层信息基础设施往往由不同的供应商提供服务，设备不兼容也导致村干部需要下载各种版本的 APP 才能完成不同的工作任务，无形中增加了工作负担。

（六）乡村治理水平与治理能力存在一定程度的差异和分层现象，示范村与普通村、后进村治理存在较大差距

现在的乡村已经不是传统社会里的乡村，也不同于计划经济时代"二元"结构意义上的乡村，经过改革开放 40 余年的发展，乡村不断在发生嬗变。有些乡村消失了，有些乡村衰落了，有些乡村处于维持性阶段，也有一些乡村获得了快速发展，已经与城镇无异。与经济社会发展的不平衡现象一样，乡村治理客观上也存在一定程度的差异性。如果说经济社会发展不平衡更多是一种客观现象的话，乡村治理的不平衡，人为因素可能要大一点。在脱贫攻坚过程中，为了总结经验、鼓励后劲，各地都打造了许多示范样板村，单位帮扶、领导包抓制度进一步强化了示范的意义。一些

头脑灵活的村干部，看到了示范带来的资源聚集效应，因此积极争取示范以获取资源。这样，在各种荣誉资源的累积效应下，示范村在经济发展、村容村貌、基础设施、集体经济、村民收入、民主管理等方面与普通村、后进村之间的距离逐渐拉大。随着示范村吸纳资源能力不断提升，最后反映在乡村治理中，形成了村治中示范村、普通村、后进村并存的"差序格局"。由于持续不断的锦上添花，有些地方这种差距还在不断扩大。正因为"示范村"不具有普遍意义，鉴于普通村、后进村数量占据多数，如何均衡治理资源，关注普通村、后进村，找到普通村和后进村推进乡村治理的新路子，提升普通村、后进村的治理水平，是我们面临的一项新的任务。

四、以市域社会治理为抓手，推进宁夏乡村治理体系与能力现代化

（一）准确认识乡村治理的科学内涵，提升乡村干部对乡村治理的认知水平

治理的概念是 20 世纪 90 年代以后才从国外传入我国的，以区别于传统的管理、管制和统治。治理强调充分发挥市场、社会的作用，突出治理主体的多元性和互动性。显然，在中国语境下，强调治理主体的多元性并不等于承认治理主体地位的平等，但多主体的参与应是治理的应有之义。在宁夏乡村治理实践中，治理一词虽然经常被人们提及，挂在嘴上、写在墙上、见于各种文件之中，但对治理的理解千差万别，许多基层干部在具体工作中仍然是一种管理思维，对发挥多元主体参与治理，思考不够，招数不多，究其原因主要是对治理理解不深，学习不够。学习是行动的先导，只有让广大干部深刻理解乡村治理的科学内涵，掌握其精髓要义，才有可能在实际工作中贯彻治理的理念，落实治理举措。所以，强化基层干部特别是村级干部对治理理论的学习，准确把握乡村治理的科学内涵，掌握乡村治理的相关要求，是乡村治理有效推进的先决条件。

（二）以系统思维推进乡村治理，注重发挥治理要素在乡村治理中的作用，打造乡村治理共同体

共同体建设是一个复杂的系统工程，迄今为止人类社会已经历多种共同体，从血缘共同体、家庭共同体、社会共同体、文化共同体到政治共同体、人类命运共同体等不一而足。虽然有如此之多的共同体，但共同体的建构有相似的规律，一般而言，政治（法治）、经济、社会、文化构成共同体建设的四个面向，它们分别解决共同体建设中的最为关键的四个问题：权利、利益、认同、权威。十三次党代会提出要打造乡村治理共同体，就必须要着眼于乡村经济发展、民主政治和乡村文化建设，在乡村治理中关注农民的权利问题、利益问题和精神文化需求，而非单纯将乡村治理看成是一项维护社会和谐稳定的行政工作。国内外的历史证明，没有发展就没有治理，没有参与就没有治理，没有认同也没有治理，治理是物质、规范与精神的有机结合。所以，从某种意义上说，治理的根基在治理之外，只有寓治理于乡村不断发展中，从政治、经济、社会、文化等不同面向持续用力，避免单向度的行政思维，才能收到长久的治理质效。

（三）大力发展村集体经济，以集体经济活力激发村民参与治理积极性，发挥自治强基作用

党的十九大报告提出基层治理要走法治、德治与自治融合发展的路子。自治是基层治理的重要环节，也是乡村治理的基础。基层自治实践中群众参与意愿不高，原因既有自身参与能力不足的问题，也与自上而下的议题设定不能满足群众需要、与群众的利益需求联系不紧密有关。我们在调研中发现，凡是经济发达地区的乡村和村集体经济搞得好的乡村，群众参与自治事项的积极性普遍较高。近年来，宁夏把壮大村集体经济作为精准扶贫和乡村振兴的重点工作来抓，收到了较好的效果，村集体经济从无到有，从小到大，不断积累，取得了显著的成绩。但我们也看到，当前村集体经济在发展中也存在一些令人担忧的现象，个别地方村集体经济以发展积累为名不分红，管理上集权化程度较高，经营活动不容他人置喙，集体经济有成为个别村干部专属财产的风险。要通过制度机制建设夯实集体所有制根基，坚持村集体经济的集体属性，防止村集体经济在改革过程中逐渐演化为少数人占有、使用和享有的财产，村民成为打工者或局外人。只有通过不断壮大村集体经济，让农民从集体经济发展中得到好处，才能"以财聚人"。与此同时，让广大农民行使作为村集体经济"所有者"的各项权利，把民主参与和自身利益结合起来，撬动农民参与乡村治理的积极性，是提升乡村自治能力的一条有效路径。

（四）切实落实基层减负要求，解决乡村治理中存在的各种形式主义，为乡村治理创造时间和空间条件

近年来，基层负担重逐渐成为一种常态，基层干部把大量时间耗在填制各种报表、应付各种检查、参加各种会议上，村务工作行政化日趋严重。村务行政化不但加剧了乡村干部的工作负担，也极大地挤压了治理空间，导致法治泛化、自治弱化、德治虚化。为减轻基层负担，自治区党委、政府多次出台文件，明确提出要求，要求把基层减负作为一项重要工作任务来抓。但从目前落实情况看，形势还不容乐观，据笔者在基层的调查，基层负担仍然较重，大量应该由部门完成的工作，仍由基层社区承担。落实党中央、国务院和自治区党委、政府要求，切实减轻基层特别是城乡社区的工作负担，使他们有一定的时间、空间，做一些与乡村实际和村民利益密切相关的事，把法治、德治、自治制度落实落细，是今后一个时期基层工作的一项重要任务。一是科学把握政策出台的密度，给基层落实政策一个相对宽裕的时间空间。通过制定符合实际的考核办法，最大限度减少形式主义产生的土壤。二是坚持推进人民民主和党的自我革命两条道路不动摇，保持两条道路的均衡性。在强化党的自我革命的基础上，充分发挥人民民主的巨大伟力，通过实施全过程人民民主，培育基层自治能力，提升基层自治水平，充分发挥人民民主的监督作用，改变基层政府对上负责、对下无责的现状。基层干得好与坏，最终由人民群众说了算，只有如此，才能从根本上清除基层形式主义产生的根源。三是改变现有干部管理制度，形成能上能下，能者上庸者下的用人导向和干事创业环境。现今干部出事多是因为贪污腐败，搞形式主义的干部不但处理得较少，许多还因为政绩工程步步高升。所谓干得好，不如说得好，既要干得好，也要学会宣传包装，不然干得再好也是白搭等基层干部中存在的现象，说明我们用人制度还存在许多问题，特别是干部制度执行中倾听群众意见不足，存在走过场现象。四是加强治理资源向基层倾斜。不但人力资源向基层倾斜，物质等资源也要向基层倾斜，尽可能减少中间环节，在基层形成责权利相匹配的治理体系，使得基层干部有权、有责、有利益，切实解决说的不会干，干的不会说，说了也白说的治理困境。五是加强监督检查督查，创新监督检查督查方式。"一竿子插到底"解决基层形式主义问题，以铁的事实戳穿形式主义的种种谎言，让形式主义当场出丑，暴露在阳光下无处遁形。

（五）改革示范村和单位帮扶中事实存在的资源配置不均问题，探索一体均衡推进乡村治理的新路子

自治区第十三次党代会提出加快建设乡村全面振兴样板区，推动乡村振兴走在西部前列。时间紧，任务重。典型示范的本意是在相同甚至较差的条件下做得更好，用典型事迹发挥引领带动作用，同时积累探索发展经验，为全面推进某项工作创造条件。但现实中的示范村建设逐渐演变为政策资源堆砌的样板（形象）工程，不但远离典型示范的本义，同时也基本不具备可复制性。要恢复示范的本来含义，摒弃政策资源叠加的做法，践行社会主义是干出来的伟大号召，把立足本村实际，依靠自我发展，真正做得好、可复制的示范村建立起来，为打造乡村振兴样板区提供经验借鉴。单位帮扶体现了一方有难八方支援的社会主义制度的巨大优势，在精准扶贫战略实施中发挥了重要作用。由于不同单位资源禀赋不同，在实际工作中也产生了一些问题：一是不同单位的帮扶力度不同，进一步拉大村级之间发展的距离，加剧了村治分层的形成；二是一些地方政府以帮扶单位提供的帮扶资源多少论英雄，给资源贫乏的单位造成一定的压力，帮扶工作也不同程度受到影响。考虑到精准扶贫阶段性任务已经完成，乡村振兴主要靠激发乡村自身发展动力，资源堆砌短时间内可能效果明显，但从长期看，并不利于乡村长远利益，无助于解决乡村全面振兴问题。建议进一步规范单位帮扶中的资源使用，可将单位帮扶与扶贫资源使用适度分离，建立单位帮扶资源库，有钱出钱，有力出力，有智献智，由各级农业农村行政管理部门依据乡村振兴样板区建设实际需要统一分配使用帮扶资源。这样做，不但能够减少单位帮扶资源不均衡现象，也可有效平衡不同单位扶贫效果不同的问题，防止帮扶过程中"嫌贫爱富"现象的发生。同时，这种方式也有利于根据乡村实际和规划投放资源，避免了多头投入、盲目投入带来的资源浪费，保护了农民的财产权益和合法利益。

促进民族团结进步地方立法分析及
对宁夏立法完善的建议

黑静洁

习近平总书记在 2014 年中央民族工作会议上提出了"用法律来保障民族团结",党的二十届三中全会通过的《中共中央关于进一步全面深化改革、推进中国式现代化的决定》也明确提出要"制定民族团结进步促进法"。纵观近 10 年来与民族工作相关的重要会议以及重要文献,可以清晰地看到,运用法治保障和巩固民族团结的大好局面已成为党中央和全社会的共识。相应地,在地方立法层面,制定促进民族团结进步相关地方性法规正在各个层级逐步展开,系统的民族团结进步地方立法体系初现端倪。从保障新时代民族工作可持续发展的角度来讲,构建系统完备的民族团结进步促进法律体系是必然之举。可以预见,随着国家层面的民族团结进步促进法的制定和颁布,各地的民族团结进步促进地方立法必然随之而来。为进一步提升地方立法的有效性与针对性,有必要对迄今已经颁布的民族团结进步促进地方立法做一番系统梳理,总结经验、发现问题,在此基础上提出切实可行的完善建议。

一、促进民族团结进步地方立法的现状考察

自 2015 年以来,截至 2024 年 10 月,共有 6 个省、自治区出台促进民

作者简介 黑静洁,北方民族大学法学院院长,副教授。

族团结进步地方立法，分别是贵州、新疆、青海、宁夏、内蒙古和四川。①
基本情况如下表所示。

表 1　促进民族团结进步地方立法情况表

省份	地方立法名称	颁布时间	立法规模
贵州	《贵州省促进民族团结进步条例》	2015 年 3 月 27 日	38 条
新疆	《新疆维吾尔自治区民族团结进步工作条例》	2015 年 12 月 29 日	60 条
青海	《青海省促进民族团结进步条例》	2019 年 3 月 22 日	36 条
宁夏	《宁夏回族自治区促进民族团结进步工作条例》	2020 年 11 月 25 日	46 条
内蒙古	《内蒙古自治区促进民族团结进步条例》	2021 年 1 月 30 日	70 条
四川	《四川省民族团结进步条例》	2022 年 12 月 2 日	75 条

通过上述基本信息的呈现，可以得出以下两点。

（一）各地对于促进民族团结进步地方立法的认识存在较大差异

这可以从立法名称和立法规模得窥端倪。就立法名称而言，有 4 个省、自治区使用"促进民族团结进步"的概念，2 个省使用"民族团结进步"；新疆和宁夏均为"工作条例"，其他省、自治区只称"条例"。名称使用的区别反映了各地地方立法机关的认识分歧。以是否使用"促进"为例，其中包含了对民族团结进步工作的基本认识。在当前的国情背景下，民族团结进步工作是一项需要长久坚持并持续推进的事业，对民族团结进步工作乃至民族工作的认识都在不断深化，因此，冠以"促进"二字意在表明该项工作的持续性特征。至于是称之为"条例"还是"工作条例"，反映的是对民族团结进步促进工作的定位。"工作条例"的称谓是将民族团结进步促进工作作为常规工作来对待，关注的重点在职责划分与工作部署，而"条例"则更多是在事业的层面来看待民族团结进步工作，因而更强调将民族团结进步工作融入地方各项工作，作为地方各项工作的宏观统领。当然，上述分析是从应然角度出发所做的推测，就具

---

①新疆和云南还分别颁布了《新疆维吾尔自治区民族团结进步模范区创建条例》和《云南省民族团结进步示范区建设条例》，但这两个条例属于广义的民族团结进步促进地方立法的配套规范，因而，不在本文的考察样本之列。

173

体立法内容而言，并不必然因立法名称的不同而有较大差异。但由此表现出的认识分歧当然会体现在立法的贯彻落实中，因而上述推测并非全然空穴来风。

（二）各地对促进民族团结进步工作的认识差异

各地颁布的条例规模不尽相同，《青海省促进民族团结进步条例》规模最小，只有 36 条，而《四川省民族团结进步条例》规模最大，达到 75 条，是青海省的两倍还多。立法规模的差异更能体现地方立法机关对民族团结进步工作的认识和定位不同，这一点还可以从各地条例的内部结构看出来。条文结构的重大差异表明各地立法机关对于民族团结进步工作的认识有一个不断推进的过程。从立法时间上看，越早颁布的条例越具有工作属性，越晚颁布的条例越具有事业属性。并且，在不同时间节点，党对民族工作认识的不断深化也在立法中体现出来。以铸牢中华民族共同体意识为例，习近平总书记在 2014 年 5 月召开的第二次中央新疆工作座谈会上首次提出"中华民族共同体意识"的概念，到 2017 年的党的十九大上正式提出"铸牢中华民族共同体意识"。因此，在 2017 年之前颁布的条例，都没有出现"铸牢中华民族共同体意识"的表述（贵州省的条例甚至没有出现"中华民族共同体意识"的概念），在此之后颁布的条例都将"铸牢中华民族共同体意识"明确写入。在 2019 年召开的民族团结进步表彰大会上，习近平总书记系统论述了铸牢中华民族共同体意识的基本内容，此后颁布的条例基本上体现了习近平总书记的重要思想。

表 2 促进民族团结进步地方立法文本构成

立法名称	条文结构
《贵州省促进民族团结进步条例》	未分章节
《新疆维吾尔自治区民族团结进步工作条例》	一、总则
	二、工作职责
	三、社会责任
	四、保障与监督
	五、法律责任
	六、附则
《青海省促进民族团结进步条例》	未分章节

续表

立法名称	条文结构
《宁夏回族自治区促进民族团结进步工作条例》	一、总则
	二、政府职责
	三、社会协同
	四、宣传教育
	五、示范创建
	六、保障监督
	七、法律责任
	八、附则
《内蒙古自治区促进民族团结进步条例》	一、总则
	二、促进中华文化认同和文化传承
	三、促进各民族共同繁荣发展
	四、民族团结进步创建
	五、加强社会协同
	六、保障与监督
	七、法律责任
	八、附则
《四川省民族团结进步条例》	一、总则
	二、构筑中华民族共有精神家园
	三、促进各民族交往交流交融
	四、推动各民族共同走向社会主义现代化
	五、深化民族团结进步创建
	六、保障与监督
	七、法律责任
	八、附则

以上结论是基于对地方立法的文本观察，其目的是要表明：党对民族工作的认识始终处于一种发展的状态，在不同的历史阶段总会有认识的深化，地方立法应当适应认识的变化并及时作出调整。如何在确保立法整体结构与内容基本稳定的前提下，能够适应民族工作指导思想的认识推进，及时将最新理论成果反映在立法中，这对于地方立法机关而言是一项重大挑战。这涉及对于促进民族团结进步地方立法的定位、属性、架构等根本

问题的精准界定。但从目前的地方立法来看，在这些关键问题上，还存在较大的缺陷与不足。

二、促进民族团结进步地方立法的问题检视

（一）促进民族团结进步地方立法的定位不准

民族团结进步事业是一项具有极强政治性的工作，兼具政治性与业务性。因此，在地方立法层面，首先应当解决的是立法定位问题，即促进民族团结进步的地方立法是政治宣示性的立法，还是明确工作职责与业务归属的立法。如果是前者，则立法应当突出政治引领与宏观指导的特性，使其成为民族工作法规体系的基本法，在此基础上构建系统完备的民族工作规范体系；如果是后者，则立法应当明确权责划分与法律责任，为具体的民族工作提供法律依据。但从现有的地方立法来看，立法者显然在这个问题上没有明确的认识。就立法内容而言，既有政治宣示，也有权责划分。但这种鱼与熊掌兼得的立法指导思想导致的后果是人为地造成条例内部结构的割裂。各地的条例通常以总则的形式将政治宣示的内容呈现出来，在随后的章节规定相应的工作职责与权责划分。但立法者并没有关注政治宣示与工作职责之间的照应关系，导致总则部分成为孤立的存在，无法为具体职责划分提供原则指引。

以《宁夏回族自治区促进民族团结进步工作条例》为例，该条例总则第三条规定："民族团结是各族人民的生命线，守护民族团结生命线是全社会的共同责任。各族群众应当牢固树立汉族离不开少数民族、少数民族离不开汉族、各少数民族之间也相互离不开的思想。"从立法技术的角度讲，总则是对于法律原则的规定，确定的法律原则对整部立法都有指导作用。但从法律文本前后对照来看，很难发现第三条与之后条文之间的内在关联。究其原因，是立法者未能将政策语言有效转化为具有指导作用的法律原则，这恰恰是立法定位的偏差所致。由此产生的另一个后果是：条例对于民族工作的各项规范设定不能切实关注与相关地方立法的有效衔接，妨碍条例的落实效果。民族工作是一项系统工作，涉及政府职责的方方面面，不可能也无法在一部立法中彻底解决民族工作相关的所有权责划分。

因此，条例应当定位基本法的属性，重点解决政治定位，后续以条例为基础，构建民族团结进步工作地方立法的配套体系，而非"毕其功于一役"。这种立法定位不清产生的副作用是，立法中政策语言过多，必然影响法律规范用语的表达空间。语言风格虽然是形式问题，但也会影响到法律的实施效果。政策用语在立法中非常必要，是立法的指导思想，也是我国立法的一大特色亮点，但过多使用也会在某种程度上影响立法的规范属性。法律应该更多地将政治（政策）要求通过立法技术转化为法律权利义务关系，从而通过法律实施有效达致政治目的，而非仅仅体现在法律文本中。

（二）促进民族团结进步地方立法的特色不鲜明

尽管民族团结进步工作是全国性的工作，但由于各地民族分布、民族特色乃至经济社会发展的不同，民族团结进步工作必然呈现出不同形态。相应的地方立法就应当将各地的工作特色深入挖掘，并在立法中加以体现。但从现有地方立法来看，恰恰缺少各地民族团结进步工作的地方特色，因而条例的同质化倾向明显。

其中最重要的原因是认识不到位，立法者一方面没有意识到民族团结进步工作同经济发展、社会管理等各方面工作的紧密衔接，从而站在地方工作全局的高度谋划制定地方立法，另一方面也没有对各地民族团结进步工作的突出问题和特色进行系统梳理并在立法中予以有针对性的解决。忽略对各地民族团结进步工作特殊性的准确把握，必然会影响地方立法的实施效果。更重要的是，缺少特色的地方立法在未来也难以处理与即将出台的上位法之间的关系，不可避免地成为上位法的翻版，这样一来地方立法的意义将大打折扣。

（三）促进民族团结进步地方立法的刚性不足

立法获得有效实施的基本保障是其关于法律责任的明确规定。当前，促进民族团结进步地方立法的另一项缺陷是关于法律责任的规定明显不足。从法律责任条款占比来看，《贵州省促进民族团结进步条例》中的法律责任条款仅 3 条，占总条文数的 7.9%；《新疆维吾尔自治区民族团结进步工作条例》中的法律责任条款 5 条，占比 8.3%；《青海省促进民族团结进步条例》中的法律责任条款 4 条，占比 11.1%；《宁夏回族自治区促进民族团结

177

进步工作条例》中的法律责任条款 3 条，占比 6.5%；《内蒙古自治区促进民族团结进步条例》中的法律责任条款 4 条，占比 5.7%；《四川省民族团结进步条例》中的法律责任条款 3 条，占比 4.0%。

法律责任条款的占比从形式上表明地方立法的威慑力有所欠缺，但更值得关注的是，法律责任条款的内容缺乏针对性，只是笼统地规定了违反条例职责可能承担的行政责任乃至刑事责任，并没有与立法规定的工作职责进行有效对应，从而使法律责任条款缺少可操作性。

上述问题的产生，归根结底还是对于促进民族团结进步地方立法的认识不充分，在立法过程中也未能坚持法治思维，从而造成立法的诸多潜在隐患。

三、宁夏促进民族团结进步地方立法的完善建议

（一）转变立法观念，明确立法定位

尽管民族团结进步工作具有很强的政治属性，但这并不意味着政治属性可以超越地方立法的法律属性。强调用法律保障民族团结，旨在运用法治思维和法治方式巩固民族团结进步事业的建设成就，不断推动民族团结进步事业向前发展。因此，在立法观念上，就应当用法治思维取代政治思维，严格按照立法范式和法律规范逻辑调整完善地方立法，运用法律语言将政策宣示的内容转化为权利义务规范，从而增强立法的可操作性，避免立法成为单纯的政策宣示。就立法定位而言，应当明确民族团结进步促进地方立法在民族工作法律规范体系中的基本法地位，立法重点应当放在明确民族工作所应遵循的基本原则，并对民族工作的职责进行系统、全面的规定，从而明确民族工作的权责划分。在立法时机上，要注重与上位法的关系协调。在国家层面的民族团结进步促进法颁布之后，尽快启动对地方立法的修订完善，紧跟形势发展，回应时代需求，切实发挥地方立法的保障功能。

（二）坚持宏观视野，注重立法协调

民族团结进步工作同地方的经济社会发展等各个领域的工作都会产生交集，所以民族团结进步工作的实际效果在很大程度上取决于同相关领域

工作的配合协调，从而有效发挥工作合力。相应地，在地方立法层面就应当从地方工作的大局出发，站在更为宏观的高度审视民族团结进步工作，进行系统的立法谋划。这里强调的立法协调包含两个层面：一是促进民族团结进步地方立法体系的内部协调，二是促进民族团结进步地方立法与其他相关领域地方立法的外部协调。内部协调更多体现在民族工作法律规范体系的构建，需要在基本法中作出整体规划。外部协调则要突出民族工作部门与其他工作部门之间的权责划分。在立法技术上，要注意避免地方立法之间的内部冲突。

（三）细化法律责任，增强立法刚性

立法的权威源自立法的有效实施，而立法的有效实施离不开法律的权威，法律的权威来自法律责任的威慑力。因此，要切实发挥地方立法对于民族团结的法律保障功能，就要必须完善地方立法的法律责任条款。一方面，应当充实促进民族团结进步地方立法的法律责任内容，凡是有禁止性规范和命令性规范的内容，都应当有相应的法律责任条款，如此才能确保法定义务与职责落在实处。另一方面，应当进一步明确违反条例行为的法律责任，不能笼统规定追究刑事责任或行政责任，而是要将法律后果予以明确。以《新疆维吾尔自治区民族团结进步工作条例》为例，该条例第五十六条关于法律责任的规定与前边的相关条文做了呼应，第五十七条还规定了具体的承担行政责任的内容（"违反本条例第四十五条规定的，由县级以上人民政府主管部门给予批评教育，责令改正；有违法所得的没收违法所得，并处一千元以上一万元以下罚款"），这是 6 部促进民族团结进步地方立法中唯一的明确规定行政处罚内容的地方立法，也是未来完善相关地方立法的方向。

宁夏数字法治政府建设的成效、问题与实现路径研究①

贾德荣

数字法治政府是数字政府在法治领域的具体体现，是深入推进依法行政，建设法治中国的重要支撑。习近平总书记在中央全面深化改革委员会第二十五次会议上强调，要全面贯彻网络强国战略，把数字技术广泛应用于政府管理服务，推动政府数字化、智能化运行，为推进国家治理体系和治理能力现代化提供有力支撑。②2021 年 8 月，中共中央、国务院印发的《法治政府建设实施纲要（2021—2025 年)》提出要"健全法治政府建设科技保障体系，全面建设数字法治政府"。面对新形势新任务新要求，宁夏把数字政府建设与法治政府建设有机结合起来，夯实"数字基石"，在建设数字法治政府方面取得了一定成效，同时也存在短板，客观分析宁夏数字法治政府建设中的短板并提出推进宁夏数字法治政府建设的成效、问题与实现路径，是建设的应有之义。

一、宁夏数字法治政府建设取得的成效

党的十八大以来，宁夏以数字政府建设为抓手，围绕法治政府建设重

作者简介 贾德荣，中共宁夏区委党校（宁夏行政学院）法学教研部副主任、教授。

①本文是 2021 年度国家社科基金西部项目《黄河流域生态环境法治保障研究》阶段性成果（课题批准号 21XFX019）。

②伍爱群：《全面建设数字法治政府》，《人民日报》2022 年 8 月 3 日第 11 版。

180

点任务和重要领域，积极开展创新性探索，把数字政府与法治政府有机结合起来，在数字法治政府建设方面形成了一批制度成果和实践案例，数字法治政府建设取得显著成效。

（一）高站位推进数字法治政府建设

自治区党委和政府高度重视数字法治政府建设，坚决扛起数字法治政府建设重大政治责任，坚持高位推动、持续推进，始终将数字法治政府建设作为全面依法治区的重点任务和主体工程进行谋划、部署和落实，推动全区数字法治政府建设向纵深发展。宁夏把"实施依法治区战略"确定为"五大战略"之一写入自治区第十三次党代会报告，将党政主要负责人是否有效加强和切实推进数字法治政府建设作为领导干部考核指标确定下来，不断加大数字法治政府建设在全区效能目标管理考核中的力度，把数字法治政府建设融入领导干部依法履职的整个过程，宁夏数字法治政府建设步入正轨。例如，2022 年，银川市兴庆区被评为西北唯一全国法治政府建设县级示范区，全区有 4 个单位、11 个项目分别被命名为第二批自治区法治政府建设示范地区、示范项目；[1]2023 年，银川市证照分离改革"3124"工作模式获评自治区法治政府建设示范项目并在全区推广，发挥了引领作用、示范作用。

（二）数字法治政府建设制度体系逐步形成

制度带有根本性、全局性、稳定性和长期性，制度体系是数字法治政府建设的有力支撑。宁夏非常重视规章制度在推进数字法治政府建设中的重要作用，聚集数字法治政府建设工作，制定了一系列规章制度，推动数字法治政府建设行稳致远。2021 年以来，自治区党委和政府等先后颁布《宁夏回族自治区数字政府建设行动计划（2021 年—2023 年）》《宁夏回族自治区法治政府建设实施方案（2021—2025 年)》《数字宁夏"1244+N"行动计划实施方案》《自治区人民政府关于加强数字政府建设的实施意见》《宁夏回族自治区数字政府"34567"体系框架》《宁夏回族自治区开展政

---

[1]《宁夏回族自治区 2022 年度法治政府建设工作报告》，宁夏回族自治区人民政府网 https://www.nx.gov.cn/zwgk/zfxxgk/fdzdgknr/fzzfjs/202303/t20230331_4017381.html。

务服务线上线下融合和向基层延伸试点工作实施方案》《关于推进法治政府建设"八大提升行动"的实施方案》《宁夏回族自治区法治政府建设指标体系（试行）》《宁夏回族自治区全区数字政府建设重点任务清单（2023年—2025年)》等规章制度，为全面推进全区数字法治政府建设提供了制度支撑，助推数字法治政府建设水平不断提升。

（三）数聚算领夯实数字法治政府数字基础

宁夏紧紧围绕全面推进数字法治政府建设基本目标，大力加强数字法治政府基础设施建设，畅通数据资源共建共享渠道，提升数据资源利用效率，以数据资源推动数字法治政府建设全面提速。2021年5月26日，国家发展和改革委员会宣布正式启动全国一体化大数据中心算力网络枢纽节点建设，宁夏成功入选，成为全国八大枢纽节点之一；[①]"数字宁夏"建设力度加大，2022年建成并投用了七个大型数据中心，数字政府建设在全国位于前列。算力质效指数居全国第四，数据中心产业发展指数居西部第一。[②]2023年2月24日，东数西算一体化算力服务平台在宁夏银川正式上线运营。2023年，宁夏数字产业在全区"六新"产业中，增速排名第二，成为促进数字经济高质量发展的主力军。目前，宁夏已建成覆盖全区的政务服务"一张网"和一体化信用信息、公共资源交易、投资项目在线审批、企业登记注册等平台，智能化一体化的政务服务体系全面运行，这些为宁夏发展数字信息技术、集聚大数据产业、改造提升产业链、建设数字法治政府奠定了坚实基础。

（四）数字法治政府建设创新实践成效显著

近年来，宁夏坚持把数字法治政府建设作为推动宁夏高质量发展的重要增长极，通过不断创新实践，数字法治政府建设取得令人瞩目的成就。宁夏政务服务"一张网"上接国家政务服务平台，下接各级各类政务服务机构3178个，网上可办率达95.3%，全程网办事项达2605项。"我的宁

---

① 丁建峰：《宁夏入选全国一体化大数据八大中心枢纽节点》，《宁夏日报》，2021年5月28日第3版。

② 李立平：《东数西算建设再提速 宁夏加快推进数据中心集群发展》，《证券日报》，2023年3月17日。

夏"政务 APP2.0 版本上线，公共服务单位"一站式"入驻，"掌上办"数量大大增加，①涵盖人社、医保、公积金和民政等 26 类高频服务，基本实现了"一端服务全宁夏，一屏智享新生活"的目标；全面推行企业开办"一网通办"，大力推行"全区通办""跨省通办""跨区域通办"，以及"掌上办、网上办、马上办""一件事一次办"等便利化服务，审批全线电子化，政务服务能力持续优化提升。"宁政通"政务 APP 全面投入运行，统一全区行政审批、行政机关网上办公、行政执法等公务人员办公系统，并在全区各级政府部门推广应用，政府协同办公水平不断提升。宁夏"互联网+监管"的大数据中心、行政执法风险预警、分析评价等子系统，以及统一行政执法、统一身份认证等配套系统如期建成并上线全面运行，"互联网+监管"基础不断夯实，监管系统集成能力显著提升。

二、宁夏数字法治政府建设存在的困境

宁夏数字法治政府建设虽然实现了政府治理模式的变革与飞跃，但数字法治政府建设的理想图景并未完全置于法律框架之内，数字法治政府建设进程中出现的一系列困境亟待解决。

（一）数字法治政府建设法律规范有待完善

数字技术飞速发展，给实体政府的组织架构、运转方式、工作程序等带来革命性影响。数字法治政府不是数字技术与实体政府的简单拼凑，也不是数字政府与法治政府的简单叠加，而是彼此深度融合的过程，这必然涉及实体政府的职能、角色定位、权力运行方式等方面的深层次调整或重塑，必然涉及各方利益关系的重新定位和深度调整，所有的这些变革必须要在法治框架内进行。目前，还没有一部规范数字法治政府建设的法律法规，现有法律基本是以政府实体空间为基础制定，对政府虚拟空间治理中出现的一系列挑战和难题尚不能有效应对。具体到立法活动，宁夏和全国一样，数字法治政府立法的统领性、前瞻性不足，没有一部基础性的、涵

---

①张永超：《全力打造"中国算力之都"！数字宁夏腾"云"攀高峰》，《中国城市报》，2024 年 6 月 11 日第 A10 版。

盖贯通整个数字政府治理领域的法律规范，迅猛发展的数字行政模式尚未完全纳入行政法治框架，大多数立法只是暂时针对数字法治政府的某一个方面或领域作出零散规定。这些零散规定总体上多为原则性规定，可操作性不强，或者以政策文件规范数字法治政府建设。数字法治政府建设的法律规范不足，无法满足数字法治政府建设的法治需求。

（二）数字法治政府建设不均衡发展现象突出

数字法治政府建设的成功与否，关键是看数字赋能效用能否充分发挥。实践中，数字赋能的效用在不同地区不同主体间会有不均衡表现，从而使得数字法治政府建设出现不均衡性结果，其实质是数字技术在不同主体间存在不平等。目前，数字法治政府建设不均衡发展主要体现在以下几个方面。第一，对数字法治政府建设认知有误区。数字法治政府的实质是以数字技术促进法治政府建设，但有些地方认为，数字法治政府就是数字技术和法治政府的简单叠加，或者推崇数字技术本身，更重视数字技术的工具属性，盲目崇拜数字技术和数据，过分依赖数字设备，则对社会大众的数字技术需求缺乏深入了解和判断，使数字技术支配数字法治政府建设，数字、政府及社会之间的有机融合不够。第二，多元主体参与数字法治政府建设的结构失衡。数字法治政府建设是向政府、企业和公众等治理主体赋能的过程。在这个过程中，由于社会既有权力结构的稳定性和保守性，数字法治政府建设更侧重于赋能政府自身，[1]参与数字法治政府建设的企业因其在数字技术、数字市场等方面的优势也会获得较多的赋能，而公众囿于其知识、环境、数字技能等因素的差异，参与的能动性不强，对其赋能则较为有限。第三，政府数字权力扩张与相对人数字权利保障不均衡。数字法治政府建设过程中，政府天然的主体地位使其拥有数字技术优势，数字技术与政府权力融合会产生技术权力。政府权力具有天然扩张性，在法律对政府数字权力没有有效规制的条件下，数字权力的作用边界被无限放大。而相对人拥有数字资源的有限性使得公民数字权利实现受限。在实践中，

---

[1] 赵淼，鲍静，刘银喜：《从赋能到包容：数字政府建设非均衡困境、生成机制及化解路径》，《中国行政管理》，2022年第12期。

公民的数字权利一方面需要政府数字权力的保护，另一方面又面临政府数字权力的干预和影响，当政府数字权力无限扩张时，相对人数字权利则逐渐式微，权力与权利的博弈出现失衡。

（三）数字法治政府建设保障机制不完善

一是数字政务服务发展水平有待持续提高。从宁夏一体化政务服务平台建设情况来看，涵盖全区的互联互通的政务服务平台已基本建成并投入运行，但政务服务线上线下融合不够，部分地区一体化政务服务平台和实体政务服务大厅后台办事系统尚未完全打通，一些政务服务平台参与主体协同配合不足，职责不清，部门之间、地区之间"信息孤岛"还存在，数据开放共享不足，造成一体化政务服务发展水平参差不齐。二是数字经济发展质量还不高。党的十八大以来，宁夏数字经济有了一定的发展，也形成一些自己的特色和优势，但由于宁夏数字经济发展起点低、发展环境不成熟以及吸纳新技术能力不足，数字经济的发展与数字法治政府建设要求有一定差距。具体讲，宁夏在发展数字经济上还存在数字产业化规模小、附加值低、支撑产业数字化的创新资源基础薄弱、数字应用场景开发不足，以及数字产业生态链条亟待完善等问题，这些问题都成为宁夏推动数字法治政府建设的瓶颈。三是数据信息存在安全风险。数字法治政府建设需要对国家和公民的海量数据进行采集、分析、加工和利用，在此过程中，可能由于相关技术不成熟、黑客攻击、主观因素等造成数据信息存在安全隐患和个人信息保护不足问题，尤其是政府收集和掌握了大量的个人信息，有些政府在未经当事人同意的情况下有意或无意将公民个人信息公开或者提供给第三方使用，容易侵犯公民个人信息，这也成为影响数字法治政府建设的困境之一。四是数字法治政府建设专业人才缺乏。宁夏受经济条件、自然环境、发展机会等因素影响，急需的数据人才培养难、引进难，引进的人才留住难等问题突出，严重制约了数字法治政府建设进程。

三、推进宁夏数字法治政府建设之路径

数字法治政府建设存在的困境，既是宁夏数字法治政府建设存在的

短板，也是数字法治政府建设的努力方向。因此，需紧紧围绕上述困境，采取客观务实、开拓创新、兼容并蓄的策略，积极推进数字法治政府建设。

（一）构建以权利保障为中心的数字法治政府建设理念

数字法治政府建设既是政府治理规则的重构，也是政府治理价值的再造，其核心在于约束公权力，保障、维护私权利。科技革命的发展与数字技术的相融催生了数字法治政府，也催生了数字权力和数字权利。因政府在数字化过程中，拥有更多的技术优势而赋能更多，使得数字权力有更大的控制力和影响力，数字权利因不断深化的数字鸿沟，使得传统的权力与权利利益制衡格局被打破，这就需要重构"权力—权利"关系格局，坚持规制数字权力与保障数字权利并行。第一，探索建立数字权力的控制机制。要严把数字权力的入口关，严格数字技术标准，防止政府过度收集和运用个人数据信息；政府收集和掌握的数据信息在法定条件下要适度公开，以数据共享监控数据权力的行使；要严格把握数字权力的应用，明晰数字权力边界，明确行使主体的公开、告知、释法释理义务，规范行使程序，有效限缩数字权力行使的自由裁量空间。第二，积极构建数字权利的保护机制。要加强数字权利保护立法，依法确认数字权利，并对数据领域各种主体的合法权益加以甄别，给予不同程度的法律保护；要构建协商共建的数字民主机制。加强数字民主程序建设，拓展公民参与渠道，完善数字民主实现的途径和方法，强化对数字民主的全面监督，切实保障数字权利实现；积极探索数字权利救济制度建设，赋予公民对其数字权利受侵犯后通过司法渠道予以救济的权利。

（二）切实加强数字法治政府建设的法律因应

宁夏应积极利用民族区域自治地方在立法上先行先试的有利条件，在国家层面尚没有出台数字政府法的前提下，可以结合《中华人民共和国网络安全法》、《中华人民共和国数据安全法》、国务院 2022 年 6 月印发的《关于加强数字政府建设的指导意见》以及宁夏有关数字政府建设规定，制定地方性法规或者地方政府规章，对数字法治政府基本情况作出如下规定：第一，数字法治政府的法律定位。要清晰界定数字法治政府是数字与法治的有机耦合，还有法治政府的数字化、数字政府的法治化等等情形，要以法律的形式予以定位。第二，建设主管部门及其职权职责。要明确规定数字法治政府建设的直接主管部门及其设置，主管部门的职能及运作方式。第三，数字法治政府建设标准与服务标准。应规定数字法治政府政务服务事项及供给范围，线上线下事项如何衔接，政务数据的流通与共享范围和标准，明确将第三方评价方式、公众反馈纳入评价标准。第四，数据安全和个人隐私的保护。应就数据收集、储存和共享的标准及责任，数据权属，个人信息与政务信息的界限，个人信息被运用的知情权和监督权等事项作出规定。

（三）健全数字法治政府建设保障机制

一是加强数字政务平台体系建设。要全面整合区内各地方、各单位政务服务大数据平台，建立全区一体化政务服务平台，建立完善的政务服务大数据管理机制、标准体系和安全保障体系，构建统一的政务服务规则和程序，实现各平台互联互通和数据资源共享。要强化数据赋能，强化数据管理职责和治理能力，进一步统筹管理好数据供给和需求，防控数据滥用风险，激活数据使用价值，提高政务服务平台、服务能力。二是打造高质量的数字经济。要紧紧围绕宁夏数字经济战略布局，坚持以重大项目带动，紧扣"六新六特六优+N"现代化产业体系构建，紧盯发展数字经济的关键环节和前沿领域，筹划和推动一批重大项目落地，以项目带动扩大产业规模；坚持要素支持，优化营商环境，大力培养人才，加大政策和资金支持，强化智库支撑，鼓励跨界联合，以集聚创新资源；壮大核心产业，延长产业链条，发展"产业集聚—产业生态—产城融合"的区域经济规模[1]。三是加强数据安全运行监管。要制定数据安全运行规则，明确数据参与各方的职权职责和义务规定，加强数据安全风险防控，严格数据信息的采集、储存和运用，提高数据风险的分析、研判和预警能力，保障数据安全运行。要建立健全数据安全运行监管机制，建立数据黑名单制度，加强数据使用申请合规性审查，杜绝有劣迹的人获得数据信息。提高数据安全风险防控

---

① 李彬，张丹丹：《将数字经济打造成宁夏高质量发展第一增长极》，《通信世界》2023年第20期。

能力，通过数据平台检测、数据相关主体投诉举报、第三方信息推送等方式及时发现数据运行风险，处置数据异常使用行为，筑牢数据安全防火墙。要加强责任追究，对政务服务系统监管不到位，致使数据信息发生泄露，侵害当事人合法权益的，要依法问责，保障数据健康有序运行。四是大力培养专业人才。要建立人才工作组织和保障机制，加强对人才引进和培养工作的统筹规划，建立人才分析体系，分析研判所需要的人才类型、数量和质量。要搭建统一开放的人才信息交流平台，建设动态调整的重点人才需求库。要优化完善人才引进和培养政策，增强各项政策措施对人才的吸引力和集聚力。要拓宽人才引进渠道，创新人才引进方式，破解引进难题。要健全人才服务体系，提升人才服务质量，让人才"留得住"。要构建人才使用、评价与激励机制，为各类人才搭建想干事、能干事、干成事的平台，激发人才活力。

黄河宁夏段水资源保护的法治保障研究

张 芳

一、宁夏黄河水资源特点及利用情况

(一) 黄河在宁夏的战略地位

宁夏是黄河流入的第二个省，从黄河源头到宁夏入境约 2481 公里。黄河自中卫市沙坡头区迎水桥镇南长滩村入境，至石嘴山市惠农区礼和乡银河村麻黄沟出境，在宁夏境内全长 397 公里，约占黄河全长 (5464 公里) 的 7.3%，属黄河上中游段。黄河是宁夏的母亲河，宁夏水资源主要来源于黄河，2023 年宁夏全区取水量为 64.78 亿立方米，其中取用黄河水量为 56.19 亿立方米，占 86.7%。沿黄地区是宁夏经济社会发展的核心地带，沿黄河两岸聚集着宁夏约 50% 的耕地、约 60% 的人口、80% 的产业聚集和 90% 的地区生产总值，宁夏依黄河而生、因黄河而兴，黄河对宁夏的发展具有战略性地位和作用。

(二) 宁夏黄河水资源基本水情

宁夏是唯一全境属于黄河流域的省区，干旱少雨，水资源严重短缺，生态环境十分脆弱。水资源及其利用具有以下几个特点。一是自然禀赋不

作者简介 张芳，宁夏回族自治区人民政府研究室 (发展研究中心) 三级调研员，法学博士，主要研究方向为综合经济、农村经济、环境与资源保护等领域。

优。宁夏多年降水量为 289 毫米，水面蒸发量为 1250 毫米，属典型的干旱地区。全区人均水资源量仅为 597 立方米，远低于世界人均 1700 立方米缺水警戒线，水资源常年严重匮乏。二是区域差距较大。根据降水等值线区分，宁夏北部引黄灌区因黄河之便，可利用水资源总量丰富，是宁夏经济发展的重点区域，中部干旱带土地荒漠化严重，水资源极度匮乏；南部山区虽然区域降水量大于 400 毫米，但水土流失严重，水资源工程性、水质性缺水问题突出。三是农业用水占比较高。宁夏水资源总量匮乏，也存在用水粗放的情况，尤其是农业用水占比较高，产出效益有待继续提高。2023 年全区农业用水 52.97 亿立方米，占 81.8%，工业用水 4.86 亿立方米，占 7.5%，生活用水 3.7 亿立方米，占 5.7%，生态用水 3.25 亿立方米，占 5%。四是需水缺口较大。随着经济社会的发展和人口的不断增加，产业用水、工程用水及生态用水等各方面水资源匮乏问题将更为突出，据《宁夏水资源承载能力分析评价报告》有关数据预测，到 2030 年宁夏缺水量将达到 14.2 亿立方米，水资源不足将直接影响经济社会发展。

二、宁夏黄河水资源法治保障现状及其不足

（一）国家关于黄河水资源立法梳理

目前，关于水资源的立法，国家层面除了《中华人民共和国宪法》关于水资源等自然资源的保护规定外，主要有《中华人民共和国水法》《中华人民共和国水污染防治法》《中华人民共和国水土保持法》《中华人民共和国防洪法》《节约用水条例》等法律法规。

2004 年的《黄河河口管理办法》，针对当时黄河河口多头管理、开发与保护中矛盾突出等问题，对黄河河口规划、入河海道管理、黄河故道的开发利用进行了有效规范和有力约束。1999 年黄河发生断流后，国家为遏制连续多年发生的黄河断流问题而采取统一调度的有效措施，于 2006 年出台了《黄河水量调度条例》这一国务院行政法规，主要针对黄河水量分配、调度，应急管理等方面做了规定，2007 年制定了《黄河水量调度条例实施细则（试行）》，进一步明确了沿黄十一省区市水量调度机构，对实现黄河流域上下、左右岸及地区间水资源有序调度及可持续利用起到重要规范作

用，保证了黄河多年不断流。2014 年《南水北调工程供用水管理条例》为缓解北方尤其是沿黄河流域地区水资源短缺、地下水超采严重、水生态环境明显恶化等问题，国家整体优化配置水资源，统一规划，采取规范水量调度、严格水质保障、合理配置水源等方式，将淮河、长江等丰水河流水资源调配到北方缺水省区，保障这些地区的水资源生命线。还有《黄河下游浮桥建设管理办法》（2017 年修正），专门规范了黄河下游民用浮桥的管理。《黄河流域省际边界水事协调工作规约》由水利部及黄河水利委员会制定并发布的，对黄河流域水资源分配、流域跨区域管理做了一定的规范。

2023 年 4 月 1 日施行的《中华人民共和国黄河保护法》，为加强黄河流域生态保护，保障黄河安澜，推进水资源节约集约利用，弘扬黄河文化提供了法治保障。

（二）宁夏黄河水资源法治保障现状

近年来，宁夏围绕法治政府建设目标任务，严格落实"节水优先、空间均衡、系统治理、两手发力"治水思路，坚持"四水四定"，持续健全治水管水法规制度体系，严格用水管控，强化取水监管，严格节水管理，以法治推动了水资源节约保护。

1. 水资源立法保护

立足宁夏是全国水资源最为匮乏省区的现实，围绕资源性缺水、工程性缺水、水质性缺水等制约宁夏经济社会发展的水资源领域的问题，全面系统地对自治区水资源管理、使用、水污染防治、水资源保护利用、水工程建设管理等方面进行规范和调整，先后出台或修正《宁夏回族自治区水资源管理条例》（2024 年）、《宁夏回族自治区水污染防治条例》（2020年）、《宁夏回族自治区生活饮用水卫生监督管理条例》（2019 年）、《宁夏回族自治区河湖管理保护条例》（2019 年）、《宁夏回族自治区湿地保护条例》（2024 年）等地方性法规，修正《宁夏回族自治区六盘山、贺兰山、罗山国家级自然保护区条例》（2017 年）、《宁夏回族自治区生态保护红线管理条例》（2023 年）等，从"节水""保水""用水"等多角度加强依法治水，推动了自治区水资源管理合理有序高效开发利用。

2. 《中华人民共和国黄河保护法》贯彻落实

《中华人民共和国黄河保护法》施行以来，宁夏扎实履行《中华人民共和国黄河保护法》规定的各项职责义务，先后出台了《关于建设黄河流域生态保护和高质量发展先行区的实施意见》《宁夏回族自治区建设黄河流域生态保护和高质量发展先行区促进条例》等法规政策。这些制度的出台为宁夏打好深度节水控水攻坚战，推动全区河湖状况及水环境质量实现历史性改变发挥了积极作用。2023 年黄河宁夏段 20 个地表水国控断面Ⅲ类以上良好水质比例稳定在 80%，劣 V 类水体动态清零。

3. 持续完善"四水四定"制度体系

为加快先行区建设，以水资源作为重要突破点，按照"以水定城、以水定地、以水定人、以水定产"要求，结合宁夏水资源匮乏现实，出台《宁夏回族自治区"四水四定"实施方案》等 29 项配套制度和落实措施，明确取耗水总量、万元 GDP 用水量、万元工业增加值用水量、农业灌溉面积、城镇开发边界等 22 个主要指标，提出 6 个方面 25 项重点任务，从节约集约利用水资源的角度合理规划人口、城市和产业发展。此外，还编制发布了《节水评价技术导则》《现代化生态灌区健康评价导则》《互联网+城乡供水"数据规范》等 8 项地方标准，为水资源节约高效利用定下了"规矩"。

4. 探索水权交易制度体系

2023 年出台《宁夏回族自治区用水权市场交易规则》等配套政策制度，优化用水权交易审核流程，对交易期限进行了界定，明确了用水权交易期限起止日期，初步打通了水权交易通道，用水权制度体系不断完善。宁夏与四川共同完成全国首单跨省区水权交易，对全国省级层面运用市场机制解决水资源供需矛盾起到了示范引领作用。

5. 持续完善节水管理制度

在地方性法规方面，2007 年出台了《宁夏回族自治区节约用水条例》，2012 年、2022 年两次进行了修正，重点推动提升用水效能。一方面，按"四权"改革的要求提出提高农业用水效率、节约用水原则，另一方面，增加了用水权的有偿取得制度，坚持资源有价、使用有偿，推动用水权商品化。在政策文件方面，2021 年出台《关于加快推进高效节水农业发展的实施意见》《关于落实水资源"四定"原则 深入推进用水权改革的实施意见》，2023 年出台了《宁夏实行最严格水资源管理制度考核办法》，2023 年十三届五次全会出台《关于加强水资源节约保护的实施意见》《关于推进水土保持工作的实施方案》等，为节水构建了完善的制度体系。

（三）宁夏黄河水资源法治保障不足

1. 《中华人民共和国黄河保护法》配套法规制度衔接不够

《中华人民共和国黄河保护法》的出台在黄河流域具有里程碑意义，是国家"江河战略"法治化的重要成果，使黄河流域有了专门的立法规制，对建立黄河流域水量保障、水质保护和水效提高长效机制具有重要意义，保障了整个生态系统及水资源能够可持续利用。但是，《中华人民共和国黄河保护法》实施后，在流域治理方面依然面临一些不足，部分规定过于原则和笼统，配套制度和规范性文件的规定不健全，修订衔接不及时，存在执法冲突、司法联动机制不强、管理制度责任不明确、法治氛围不够等问题，影响宁夏黄河流域治理的系统性、协同性和高效性。

2. 原有水资源分配方案不适应发展实际

一方面，黄河自身水资源径流量变小与耗水量增加产生的用水矛盾加剧。"八七"分水方案制定时，黄河天然径流量为 580 亿立方米，耗水量为 370 亿立方米。37 年来，随着用水量的增加，黄河的径流量也在逐年减少，与此相反的是黄河水资源的耗水量却在逐年增加。从"八七"方案分配水量和黄河水资源的径流量与耗水量看，当时的分配主要考虑宁夏和内蒙古的灌溉用水，但未给工业用水留足空间，导致用水短缺。如宁夏宁东基地自 2003 年建设以来，2023 年工业总产值 1872 亿元，连续 6 年入选中国化工园区前十名，是国家"西电东送"、大型煤化工及循环经济示范区，宁东基地是"八七"分水方案出台后才发展起来的宁夏乃至全国重要的煤化工基地，但当时的分水方案并未涉及和考虑到其用水指标。当前实际状态是，宁东用水缺口较大。另一方面，宁夏作为民族地区，人口政策宽松，人口增长速度也较快，2023 年宁夏人口自然增长率达到 3.43‰，在全国排名靠前，但宁夏全境属于黄河流域，自然地理条件干旱缺水，水面蒸发量是降水量的 4 倍，除黄河补给外，无其他水资源来源，水资源匮乏已成为影响当地发展的首要难题，是国家统筹分配水资源时应予以关注的变化点。

3. 水资源节约集约制度不完善

习近平总书记在 2014 年治水十六字方针中，将"节水优先"置于首位，在 2019 年郑州召开的黄河流域生态保护和高质量发展座谈会中把水资源节约集约利用作为主要目标，在 2024 年兰州召开的全面推动黄河流域生态保护和高质量发展座谈会上又提出要加快建设节水型社会。节约集约用水是解决水资源供需矛盾的重要方式，是保护好水资源的第一要务。我国近几年致力于节水型社会建设，积极倡导节约用水，国家相关部门先后出台了节水行动、节水规划、节水方案等一系列政策文件，国家关于节约用水的刚性约束零散规定在《中华人民共和国水法》《中华人民共和国清洁生产促进法》《中华人民共和国电力法》等相关法律中。2021 年水利部最新出台了《关于实施黄河流域深度节水控水行动的意见》，2024 年出台了《节约用水条例》，为节约用水明确了规范。但是，全区在水资源使用中依然存在粗放、利用效率低下的问题，已经出台的一些法规过于笼统，针对性和可操作性不强，节水方面的内容较分散，而部门政策文件的刚性约束不强。

4. 水权交易制度不完善

宁夏近年通过改革在水权交易方面取得了一定成效，但与"四水四定"要求有一定的差距。从交易供给方面看，有效的市场调节机制还未形成，富余的水资源还未被完全激活盘活，导致重点产业水资源供给不足，在市场上买不到水。从交易需求方面看，未来宁夏新上产业项目用水缺口较大，成为制约发展的主要问题，市场化的水价机制未形成，存在交易平台不完善、交易信息不对称等问题。

三、黄河宁夏段水资源保护的法治完善

（一）加强黄河保护法配套法规制度完善

为更好促进《中华人民共和国黄河保护法》的贯彻实施，必须要在

《中华人民共和国黄河保护法》的框架下，制定更为具体的法规或规章，完善流域水利制度标准体系。一方面，宁夏要专门组织力量开展规章、规划、标准等地方性法规的立改废及与《中华人民共和国黄河保护法》等制度的衔接工作，及时完成地方立法合法性审查与调整，对已经陈旧、落伍，与《中华人民共和国黄河保护法》不一致的法规规章要进行清理，保证地方立法与国家立法之间衔接一致。另一方面，地方政府要把完善配套制度建设作为重要方面，加强地方性法规和规章制度的完善细化，促进地方性法规与《中华人民共和国黄河保护法》相互衔接呼应。如针对生态保护与修复，就水生态保护修复具体制度的完善，区域水土流失防治、地下水超采监管等内容要细化具体制度措施，关于水资源节约集约利用中的取水许可制度、定额管理制度、水价体系的完善等。

（二）积极探索争取国家优化调整水量分配方案

黄河流域的"八七"分水方案历经三十多年，水资源供需矛盾愈加突出。当下沿黄八省（不含四川）产业结构发生变化，从1980年的第一产业占绝对优势主导到近年来的第三产业、第二产业并重，第一产业占比仅在10%以下的产业结构①，用水主体从农业向服务业和工业转变，内蒙古、宁夏等省区因国家煤炭等能源化工基地的建设导致每年用水缺口较大，而山西等省区有节余指标，需要作出适当调整优化，使当时的分水方案更趋科学性。

2024年，习近平总书记在兰州召开的全面推动黄河流域生态保护和高质量发展座谈会上指出，要"稳步优化调整'八七'分水方案"。因此，要根据经济社会发展和变化的情况，充分考虑各省的实际，按照"四水四定"红线原则，对各省利用水资源的需求量进行专业评估，根据黄河水资源的空间分布及承载能力合理分布人口，根据水资源条件确立产业发展规划，严格限制高耗水产业发展，制定高耗水产业对水资源定额使用的强制

---

① 沈大军，阿丽古娜，陈琛：《黄河流域水权制度的问题、挑战和对策》，《资源科学》，2020年第1期。文中提到，根据沿黄青海、甘肃、宁夏、内蒙古、陕西、山西、河南和山东八省区的数据统计，八省区三次产业的比重已经从1980年的47∶26∶27演变为2017年的8∶45∶47。

性标准，对用水总量进行严格控制，将用水指标精细落实到县。根据地方实际适当考虑工业用水需求，争取申请国家根据各省经济社会发展新情况调整水量分配额度，适度调整黄河水资源的水量分配方案，在大稳小调的原则下科学确定各地分水的具体比例，精准化定额分配到各用水区域。还可通过设置水资源分级分水模式等措施，有效缓解生态用水不足、生产用水匮乏、生活用水短缺的长期性矛盾。要考虑民族因素和民生需求，更好实现人水协调发展，避免因分配不合理导致黄河流域生态持续恶化的循环反复。

（三）完善水权交易制度机制

一是加快水权的确认和明晰。开展有效的水权交易首先要明确产权，而明晰产权就是要将水资源的产权分配到确定的主体，对用水权进行精准核定，把确权作为第一步。要在原有确权的基础上对黄河水资源进行全面确权。对农业用水权在分配到县（市、区）的基础上，要进一步将用水权分配到乡村、村组和干渠，尽可能将水权确权到最小的有效计量单位。工业用水权在根据项目对水资源的使用量进行科学论证的基础上，通过市场机制购买用水权指标，购买后必须办理用水权确权凭证。二是依法建立健全公正透明的水权市场。交易主体上，坚持政府和市场分类，以政府主导、市场为主体，政府对市场交易机制不能过多干涉。学习借鉴美国田纳西州成立国有公司专门负责水权交易的做法，赋予公司一定的经济主体性质，按照公司方式运作使其具有较大的经济调度权，发挥市场经济杠杆的作用，让市场来自己匹配交易。交易平台上，对市场交易的平台、价格、规则、审批等依法进行明确，建立统一的交易平台，公平公正交易，以有效的场所为市场交易提供坚实的平台和基础。定价机制上，确立用水权基准价，根据行业、区域、节水潜力等分类确立基准价体系，水权交易价格在基准价的基础上按照市场调节。

（四）绿色发展引导水资源节约集约利用

根据国家最新出台的《节约用水条例》精神，宁夏可以地方性法规的形式对黄河流域生产、生活节约用水进行细化规范，将节水措施和激励机制法定化，加大执行和监管力度，对宁夏黄河水资源节约集约利用产生良好的约束作用，使水资源利用从粗放型向集约型利用转变，预防水生态危机。在节水措施中，对重点领域要强化深度节水，农业鼓励提高灌溉利用效率和节水技术改进，工业鼓励提高水资源重复利用率，建立高耗水负面清单制度，严禁高耗水项目建设。对城市用水建立长效机制，严格要求使用低耗水技术设备提供服务；严格保护地下水资源，加强对非常规水源的利用，提高再生水、雨水和海水利用率；注重激励机制的应用，支持对节水设备和产品财政上的优先保障，加大对节约用水的项目和企业的补助奖励等，对机关、家庭节约用水给予奖励。明确节约用水管理体制和部门管理职责。综合而言，通过全方位、立体化、多层次的制度规定，为宁夏黄河流域节约用水定好细化的法治规矩，有效防止水资源的浪费。

（五）积极吸纳社会组织和社会力量参与管理

在黄河流域管理规定中，政府虽然在作出一些重大决策时也征求专家学者的意见，但意见建议的采纳率不高。大多数专家学者的参与管理只能通过申报课题、研究报告等非正式的决策咨询形式，采纳结果不具有刚性效应，这就挫伤了专家学者及社会各界参与水资源管理的积极性与主动性，造成政府单打独斗局面。因此，借鉴外国流域管理的主要经验，如日本和美国建立专家团队的形式，通过立法等刚性形式赋予专家学者应有的决策权，可在相关规定中对专家学者参与决策权予以足够保障，明确不按照严格程序征求专家学者意见，不进行科学评估，造成后果由决策机构承担应有的责任。通过保障专家学者参与决策，保障决策和管理的科学性、长远性，杜绝地方为了短期经济利益破坏和牺牲水域生态环境，推动真正实现黄河流域水资源在多元主体、共同参与管理下可持续发展。

宁夏知识产权保护法治机制分析研究

刘淑芳

创新是引领发展的第一动力，保护知识产权就是保护创新。2024 年 10 月 19 日，习近平总书记向国际保护知识产权协会世界知识产权大会致贺信强调，中国始终高度重视知识产权保护，深入实施知识产权强国建设。近年来，宁夏全面落实习近平总书记关于知识产权保护工作的重要指示论述和党中央、国务院的决策部署，取得显著成绩。2024 年 9 月 26 日，宁夏回族自治区第十三届人民代表大会常务委员会第十二次会议通过了《宁夏回族自治区知识产权保护条例》。

一、宁夏知识产权保护水平测度与分析

（一）知识产权立法保护 GP 指数分析介绍

为科学分析宁夏知识产权保护水平，在测度宁夏知识产权保护水平时，采用修正的 GP 指数方法来计算，通过知识产权保护的立法水平和执法水平来衡量宁夏知识产权保护水平。根据 Ginarte 和 Park（1997）提出的知识产权保护 GP 指数法，参考学者韩玉雄和李怀祖（2005）、池建宇和王树悦（2014）的打分类别，从我国国家司法角度通过评分计算的方式就知识产权

作者简介　刘淑芳，经济学博士，宁夏大学马克思主义学院讲师，硕士研究生导师。

保护立法水平进行评估，即综合全面地进行精准量化打分。通过 5 个具体类别加总考量知识产权保护立法水平，5 个具体类别由细分的具体类别项目的算数平均值计算获得。表 1 呈现了具体的类别项目。

表 1　知识产权保护立法水平打分类别项目

1 覆盖范围	2 国际条约成员	3 权力丧失的保护	4 执法措施	5 保护期限
1.1 药品专利	2.1WIPO 公约	3.1 专利的计划许可	4.1 专利侵权的诉前禁令	
1.2 化学品专利	2.2 巴黎公约	3.2 专利的强制许可	4.2 专利侵权的连带责任	
1.3 食品专利	2.3 专利合作条约	3.3 专利撤销	4.3 专利侵权人举证责任	
1.4 动植物品种专利	2.4 布达佩斯条约			
1.5 医用器材专利	2.5 斯特拉斯堡协定			
1.6 微生物沉淀物专利	2.6 洛迦诺协定			
1.7 实用新型专利	2.7 国际植物新品种保护公约			
	2.8TRIPS 全部公约			

资料来源：作者根据相关资料整理所得。

通过 GP 指数测度方法，采用 2002—2023 年数据，基于各项目打分计算知识产权保护立法水平指数值主要稳定在 4.52。

（二）宁夏知识产权保护指标体系分析

考虑到我国仍是世界上最大发展中国家的基本国情，对于宁夏知识产权保护水平的计量不能仅用立法水平衡量，参考许春明和单晓光（2008）、姚利民和饶艳（2009）等学者的研究，修正 GP 指数法中相对虚高的指数值，以宁夏知识产权保护执法水平的落实情况来纠正可能偏高的数据值。在具体计量测度的时候，考虑数据的可得性与具体方法实施步骤，从五个层面对宁夏知识产权保护执法水平进行计量测度，即司法保护、行政保护及管理、经济发展、社会公众意识和国际监督五个层面，具体维度见表 2。

表2　宁夏知识产权保护执法水平评价指标体系

一级指标	二级指标	三级指标	指标来源
宁夏知识产权保护执法水平	司法保护	律师人数占总人口比重	韩玉雄和李怀祖（2005） 姚利民和饶艳（2009）
	行政保护及管理	"立法时间"的长度	韩玉雄和李怀祖（2005） 许春明和陈敏（2008）
	经济发展	实际人均GDP	韩玉雄和李怀祖（2005）
	社会公众意识	人均专利申请量	姚利民和饶艳（2009）
	国际监督	WTO成员	许春明和单晓光（2008）

资料来源：作者根据相关资料整理所得。

通过对宁夏知识产权保护执法水平评价指标体系的构建，采用2002—2023年宁夏实际数据，[①]得到各年份宁夏知识产权保护执法水平指数值。继而，在上述知识产权保护立法水平指数值和宁夏知识产权保护执法水平指数值测度计算工作完备的基础上，参考学者沈国兵和刘佳（2009）的计算方式，通过知识产权保护立法水平和宁夏知识产权保护执法水平的乘积对宁夏知识产权保护水平进行科学的测度计量，得到2002—2023年宁夏知识产权保护水平指数值，具体计算结果见表3所示。

表3　2002—2023年宁夏知识产权保护水平

年份	宁夏知识产权保护水平指数值	年份	宁夏知识产权保护水平指数值
2002	1.7877	2013	2.3434
2003	2.0214	2014	2.3524
2004	2.1260	2015	2.3615
2005	2.2002	2016	2.3706
2006	2.2794	2017	2.3796
2007	2.2891	2018	2.3887
2008	2.2981	2019	2.3978

①以2002年为计量的初始年份是考虑到我国在2001年12月加入WTO，保证数据的统计口径，方便横纵向的对比。具体数据来源：国家知识产权局统计年报、国家统计局、《中国统计年鉴》、《中国律师年鉴》、《中国法律年鉴》、《中国社会统计年鉴》、EP数据平台、宁夏统计局以及《宁夏统计年鉴》等，个别缺失的数据采用前后两年数据的平均值或前后年份数据进行补充。

续表

年份	宁夏知识产权保护水平指数值	年份	宁夏知识产权保护水平指数值
2009	2.3072	2020	2.4069
2010	2.3162	2021	2.4160
2011	2.3253	2022	2.4250
2012	2.3343	2023	2.4341

资料来源：作者根据相关数据资料计算整理所得。

　　为便于分析，将2002—2023年宁夏知识产权保护水平指数值绘制成相应折线图1。经过对图1和表3的综合观察，在考察期2002—2023年，宁夏知识产权保护水平指数呈现出持续增长态势，由1.7877增长至2.4341，提高了0.6464，年均增长率为1.48%。特别在2002—2006年，宁夏知识产权保护水平指数出现了快速的增长态势；2006—2023年，宁夏知识产权保护水平指数增长幅度较为平缓。基于修正GP指数法的模型原理分析，2002年时，知识产权保护立法水平指数值4.1905，在具体执行过程中落实了42.67%；2023年时，知识产权保护立法水平指数值4.5238，在具体执行过程中落实了53.81%。可以看到，宁夏知识产权保护水平的持续提升带动了宁夏知识产权保护水平指数的持续增长，成效斐然。

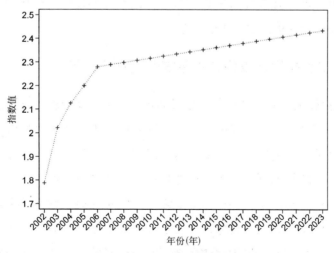

图1　宁夏知识产权保护水平变化趋势图

（作者根据相关数据资料计算整理所得）

（三）宁夏知识产权保护法治机制

经济持续发展、人口规模增长、人口知识水平提升以及科学技术水平突破是推动经济社会快速发展的引擎，也是地方知识产权保护水平提升和发展的关键。2023年底，银川市中级人民法院为了能够更好地办理疑难技术类知识产权案件，与自治区市场监管厅共建共享技术调查官库，并联合制定《知识产权技术调查官管理办法（试行）》《技术调查官参与诉讼程序指引（试行）》等制度，增强了知识产权案件审判专业性。石嘴山市的"333"知识产权保护模式在全区范围内进行复制推广，通过持续培育知识产权保护规范化市场、构建知识产权保护长效机制、建立完善纠纷多元化解机制、增强企业知识产权维权意识、保护各类经营主体的合法权益，成功申报国家知识产权强市建设试点城市。与此同时，全区各地公安机关通过不断加大对商标、版权、专利等知识产权犯罪活动的打击力度，开展"线上+线下"知识产权保护宣传，加强知识产权相关法律法规供给，特别是五市联动强化"中宁枸杞"地理标志和证明商标、"六新六特六优"产业等知识产权保护，建构起了宁夏全链条监控保护机制。2024年《宁夏回族自治区知识产权保护条例》的出台，完善了知识产权保护执法监督机制，激发了全社会创新创造活力。近年来宁夏知识产权保护水平的不断提高，离不开不断构建和完善知识产权保护法规体系建设的优势转化，离不开宁夏知识产权保护法治水平的不断提升。

二、宁夏知识产权保护水平提升的优化路径

（一）依托国家知识产权强国建设部署，完善宁夏知识产权保护体系

第一，宁夏知识产权保护体系要有针对性地为宁夏重点发展产业的知识产权保驾护航。近些年，宁夏大力发展"六优六特六新"产业，知识产权保护各产业的技术创新，服务产业科创，特别是数字经济产业、新型材料产业、文化旅游产业、枸杞产业等需要有针对性地、精准地进行地理标志、发明、作品等知识产权保护，激活各产业的创新。第二，通过正确舆论引导，完善知识产权保护宣传体系，实现良好的知识产权保护氛围。通过形式多样的知识产权保护宣传进校园、进社区、进企业，加强宁夏居民、

技术人员、学生的知识产权保护意识，才能更好地保障知识产权权利人的合法权益，实现人人懂法、人人守法、人人都是知识产权保护宣传员的良好环境氛围。第三，构建和完善知识产权保护动态监测体系。知识产权案件涉及的范围广，案件专业性强，相应审理时间长，对于知识产权案件的受理、执行就需要动态掌握，可以通过相应案件数据库的完善、相应数据平台的构建，以"一竿子插到底"的实时动态情况的反馈，实现知识产权保护的监测与监督。

（二）积极推动知识产权保护机制协同

第一，完善行政执法与刑事司法有效衔接的协同工作机制。通过知识产权案件信息数据平台的构建与共享，形成各环节数字信息全链条记录与协同跟进，基于各部门间的实时沟通协调，对相应知识产权保护案件达成共识，通过行政执法与刑事司法形成统一标准，保障知识产权司法和执法的协同工作。第二，完善知识产权保护局、法院、检察院与学校的协同工作机制。实务能力的培养和提升，需要知识产权保护中心的工作人员到法院、检察院参与协助知识产权案件的处理；法官、检察官等工作人员也需要到知识产权局、高校、职校挂职，将具体经验体会结合相应案件对学生、学员进行指导和培育工作，实现将人才培养的过程沉浸在知识产权保护案件与知识的传授氛围中。第三，推动涉外知识产权保护，保障"一带一路"建设。在"一带一路"建设中，宁夏与共建"一带一路"国家有不断深入的贸易合作，也产生了知识产权保护的新挑战，需要提供有力的司法服务，保护我国的知识产权。

（三）完善知识产权保护人才引进和培育制度机制

第一，知识产权保护需要专业化的人才团队，由于知识产权案件涉及的专业方向众多，对相关知识产权保护人才和团队的知识水平和综合能力要求较高，特别是现阶段，宁夏重点发展的各个产业需要稳定的、精通知识产权法、熟悉重点产业技术创新的专业人才和团队，需要法律专业知识与理工科专业技术知识兼具的人才。因此，引进高质量的知识产权保护人才的制度机制需要不断完善与创新，也可以通过团队兼职与银龄专业人员返聘进行补充。第二，知识产权保护执法人员的培育机制也亟须完善，考虑到知识产权司法机构数量较少，要将知识产权司法保护与具体案例给一线执法人员进行充分详细的指导与解读，就需要在全区各高校、职校进行相应课程设置与实践，同时赋予一线执法人员"线上线下"相应课程知识与案例分析培训和学习的灵活培育机制，保障执法人员实务能力的提升。

宁夏深化农村集体经济组织建设的立法思考与对策研究①

白 杨

《中华人民共和国农村集体经济组织法》（以下简称《农村集体经济组织法》）于 2024 年 6 月 28 日审议通过，将于 2025 年 5 月 1 日起施行。这是我国第一部关于农村集体经济组织的专门立法，给相关的地方立法、执法提供了综合的法律指引。宁夏已经将《农村集体经济组织条例》（以下简称《条例》）纳入 2024 年度政府立法调研论证项目，并开始了前期的立法工作。

一、宁夏农村集体经济组织规范及实践现状

宁夏目前还没有专门的农村集体经济组织立法。但是，形成了散见于农业农村相关的地方性法规中，以农村改革政策支撑性文件为主，辅助于集体经济组织规章等实践规则的规范体系。

（一）地方性法规中关于农村集体经济组织的规定

现行有效的地方性法规中，出现"农村集体经济组织"的共有 16 部，包含以下 6 种用法。

作者简介　白杨，宁夏社会科学院社会学法学研究所助理研究员。

①本文系 2024 年宁夏法学会青年课题《完善农村集体经济组织法律制度深化研究》（项目编号 Q2024FXH24）的部分成果。

1. 对集体经济组织下定义

规定了成员范围、所有权、财务运行方式以及组织性质。①

2. 规定集体经济组织成员资格

从特殊群体保护的角度强调了妇女集体经济组织成员资格和权益。②

3. 规定集体经济组织的行使主体

同时肯定了集体经济组织与村民委员会的集体资产权利主体地位③；肯定了农村集体经济组织及其成员的权利主体地位④；肯定了农村集体经济组织及其成立的企业和单位的权利主体地位。⑤

4. 规定集体经济组织职责

立法的态度是以政府鼓励、引导和支持农村集体经济组织实现农村集体经济组织依法管理集体资产、开发集体资源、服务集体成员这些职责

---

① 见《宁夏回族自治区农村集体资产管理条例》（2015 年修正）第二条：本条例所称农村集体经济组织是指乡（包括镇，下同）、村（包括村民小组，下同）全体成员以生产资料集体所有形式组建的独立核算的经济组织。

② 见《宁夏回族自治区妇女权益保障条例》（2019 年修订）第三十七条：农村妇女与男性平等获得农村集体经济组织成员身份，平等享有农村土地承包经营权、宅基地使用权、房屋所有权、集体收益分配权等。确权部门应当依法登记、确认妇女的财产权益。任何组织和个人不得以未婚、结婚、离婚、丧偶等为由侵害妇女合法财产权益，不得截留、拖欠、剥夺妇女依法应当获得的土地征收、征用补偿费。

③ 见《宁夏回族自治区农村集体经济承包合同管理条例》（2015 年修正）第二条、第三条、第五条、第六条规定了集体所有土地的发包生产经营权主体为农村集体经济组织或者村民委员会。《宁夏回族自治区土地管理条例》（2022 年修订）规定了永久基本农田保护职责和责任书的签订主体为农村集体经济组织或者村民委员会。

④ 见《宁夏回族自治区防沙治沙条例》（2019 年修正）第三十条，规定农村集体经济组织及其成员可以作为治沙的补偿主体。

⑤ 见《宁夏回族自治区农村集体经济审计条例》（2015 年修正）第二条：本条例所称农村集体经济审计，是指对农村集体经济组织及其企业和单位的资产、财务收支和有关经济活动进行的全面审计；向农户筹资筹劳形成的集体资产和有关单位占用、使用集体资产情况进行的专项审计。

为主。①此外，立法将农村集体经济组织规范运行、民主决策、风险防范、监督考核、农村集体经济组织管理人员报酬与集体经济效益挂钩的激励制度等机制的完善创新主体设定给了各级人民政府及有关部门。

5. 规定集体经济组织的权利

强调了集体经济组织土地经营权和用水权。②

6. 规定集体经济组织事项决定规则

规定了集体资产处置表决规则，但是为不完整条款。③

（二）地方政策支撑文件中农村集体经济组织规范情况

2012 年以来，从自治区到县区围绕农村基本经营制度、集体产权制度、土地制度等开展的 30 项改革试点工作中，出台了一系列政策性文件，形成了完备的农村集体经济组织规范性文件体系，归纳后可以窥见集体经济组织的规范性框架。

---

①见《宁夏回族自治区农业机械化促进条例》（2019 年修正）第二十三条规定了农村集体经济组织开展农业机械社会化服务的职责。《宁夏回族自治区老年人权益保障条例》（2018 年修订）第二十一条鼓励农村集体经济组织为老年人购买商业保险；《宁夏回族自治区实施〈幼儿园管理条例〉办法》（2011 年修正）第十五条鼓励农村集体经济组织集资办园、捐资助园；《宁夏回族自治区节约用水条例》（2022 年修正）第十九条，鼓励和引导农村集体经济组织进行农田水利工程建设、经营和运行维护，保护农田水利工程设施，节约用水，保护生态环境；《宁夏回族自治区节水型社会建设管理办法》（2022 年修正）鼓励山区农村集体经济组织兴建集雨水窖、水池、水塘等蓄水工程。《宁夏回族自治区乡村振兴促进条例》规定：以资源发包、房屋租赁、物业出租、中介服务、资产参股等方式发展新型农村集体经济；聘请专业人员开展市场化运营，参与政府购买服务以及财政投入的农村小型公共基础设施的建设管理；为返乡入乡人员和各类人才提供必要的生产生活服务并根据实际情况提供相关福利待遇。

②见《宁夏回族自治区乡村振兴促进条例》，农村土地经营权流转不得损害农民、农村集体经济组织的合法权益；《银川市水资源管理条例》（2022 年修改）第三十四条规定，农村集体经济组织及其成员使用本集体经济组织的水塘、水库中的水的，不需要申请取水许可证。

③见《宁夏回族自治区农业机械化促进条例》（2019 年修正）第二十七条规定了农村集体经济组织所有的大中型农业机械变卖、报废所得资金的使用，应当经农村集体经济组织全体成员或者成员代表会集体决定。

1. 形成了农村集体经济组织设立运行管理的政策支撑体系

自治区层面从集体经济组织资产、人员、资金方面进行了架构，先后制定印发了《农村集体产权制度改革试点方案》《关于加快农村集体经济组织成员权证发放的通知》《关于做好农村集体经济组织成员权证发放工作的补充通知》等文件。各县区的视野更具体，从农村集体经济组织成员身份认定、组织管理、股权使用管理、集体收益分配等各个方面建构。如，隆德县制定下发了《隆德县农村集体经济组织成员身份认定办法》，平罗县制定了《平罗县农村集体收益分配使用管理暂行办法》《平罗县集体经济组织股权使用管理暂行办法》《股权转让协议》《股权抵押贷款协议》，灵武市制定了《(股份)经济合作社章程》《股东(社员)代表大会议事规则》等。同时，各县(市、区)指导村级集体经济组织因村因社制定修订了《农村集体经济组织章程》。

2. 形成了农村集体资金资产资源监督管理的政策支撑体系

从农村集体经济组织财务会计制度体系构建的方面形成了一系列文件。"三资"管理类包括《宁夏农村集体经济组织"三资"管理制度》的通知、《金凤区农村集体资产管理办法》等，涉及农村集体经济组织资产登记、保管、使用、处置、监督管理、年度清查和定期报告制度。会计制度类如《关于推进农村集体经济组织和村民委员会分账管理的指导意见》《农村集体经济组织会计制度》。同时，通过监管平台规范，如自治区关于启用财务新账套系列通知《关于农村集体资产监管平台启用的系列通知精神》等，搭建农村集体资产监管平台，配套"区、市、县、乡、村"五级网络化监管模式，推动农村集体"三资"信息化、规范化。

3. 形成了集体资产经营管理政策支持体系

包括扶持集体经济的政策文件，如《宁夏扶持壮大村级集体经济项目管理办法》《关于加快发展现代农业的扶持政策(试行)》。进行资产经营制度创新的政策文件，如《宁夏回族自治区集体经营性建设用地出让(出租)指导意见(试行)》等。试点县(区)也制定了相关改革实施方案，如贺兰县作为宅基地改革试点县，出台了《贺兰县农村宅基地退出暂行办法》《贺兰县农村宅基地有偿使用办法》《贺兰县农村宅基地流转管理办法》

《贺兰县农村宅基地收益分配指导意见》等宅基地改革政策支撑体系。

（三）宁夏农村集体经济组织建设现状及实践规则情况

宁夏全区已成立农村集体经济组织 2221 个，确认农村集体经济组织成员 416 万人，量化集体资产 40.6 亿元，农村集体资产总额超过 226 亿元。2023 年村集体经济总收入超过 23 亿元，年均增速接近 16%。宁夏各地政府主导的集体经济组织注册登记，集体经济组织成员名册，承包地宅基地确权、流转、退出，集体经济组织三会的设立，章程财务制度的建立得到了统一规范，实现了集体经济组织的标准化和规范化建设。

1. 农村集体经济组成成员身份认定规则[①]

基本形成了以户籍为基本判断标准，统筹考虑出生年月、土地承包关系、对村集体积累的贡献和特殊身份等因素，以及对外嫁女等特殊情况或个性问题，提交村民代表大会表决确定的确认规则。同时，建立健全集体经济组织成员登记、鉴定、公示、确认、备案机制。

2. 农村集体资产清产核资工作标准及流程

清核的集体资产包括未承包到户的资源性资产和集体统一经营的经营性资产、现金以及债权债务等。操作流程为清查、评估处置、登记、核实、公示、确认、上报这七个环节。核查要求是确定存量、价值和使用情况，做到账证相符和账实相符。实行集体资产登记、使用、处置、保管台账管理制度。在清产核资基础上，按照产权归属进行集体资产所有权确权，不能打乱原集体所有界限，并由农村集体经济组织代表集体行使所有权。

3. 集体经济组织内部治理架构

包括形成的成员（代表）大会、理事会、监事会"三位一体"的组织架构；各集体经济组织在农经站指导下修订的《集体经济组织章程》（以下简称《章程》）；全面实现了行政村村委会组织和集体经济组织核算分

---

①依托全国农村集体产权管理系统进行农村集体经济组织重复成员身份核查，核实清理"两头占"成员。截至 2022 年 3 月，全区共上传并审核成员信息 421.4 万条、股权（份额）信息 405.5 万条，跨区域身份证校验核查出重复人员 5.5 万人，涉及集体经济组织 2224 个、农户 129.8 万户。农村集体经济组织成员名册、股份（份额）名册和改革资料已全部上传完毕。

离、双线运行、"分账不分家"、账户分设、资产清查、资产划分的工作格局。

4.股权量化及股权结构设置

将村级集体经营性资产折股量化到每个村集体经济组织成员头上：集体股占15%，成员股占85%，成员股由基本股、家庭股、贡献股、救助股构成；年满18周岁集体经济成员每人一股基本股；户内有两人及以上人口，户主与二轮承包地、房地一体不动产权证一致，每户一股家庭股；卸任的村"两委"班子主要成员、军烈属、两参人员，每人配0.2—0.5股贡献股；智障、残疾、因病致贫、丧失劳动能力成员，每户配置0.5股救助股；单个股东所持份额不得超过总股份的2%。[①]

5.农村集体资产所有权的收益分配规则

按照成员股为主、集体股为辅，"生不增、死不减（通过分享家庭内拥有的集体资产权益的办法获得和消纳集体资产份额)、可抵押、可流转、可转让、可馈赠、可继承（全县范围内流转、转让，本村集体经济组织成员内馈赠、继承)"的规则。具体分配规则为当年净收益按照弥补上年度亏损、85%用于成员股分红、15%用于集体股分红的分配顺序和比例进行分配。具体分红相关事宜和比例由股东代表大会决定后写入章程。

二、宁夏集体经济组织建设中存在的问题

宁夏集体经济组织在规范制定与实践中形成了大量规则，但这些规则与《农村集体经济组织法》的适配性、其本身体系的自洽性、适用的普遍性均存在一定问题。

（一）地方性法规及政策体系建设中的问题

宁夏集体经济组织规范体系呈现以下特征。一是正式规范不足，多为非正式规范。一方面，在地方性法规层面，关于集体经济组织的规范少且

---

① 平罗县政府办公室：《平罗县建立"2328"机制推动农村集体产权制度改革》，https://www.nx.gov.cn/zwxx_11337/sxdt/201904/t20190429_1448111.html，2019-04-29，09:50:57。

零散，规则单一同质，不成体系。另一方面，在政策性文件层面，各项措施以规范性文件和工作性文件为载体，意味着行政救济和司法救济的不可能。二是地方性法规中的概念存在与上位法律规范不统一的表述，尤其是现有地方性法规中对于经济组织的经济职能和村民委员会的公共事务（非经济）职能未做区分。具体体现在条文对村集体经济组织的定义和对村民委员会和集体经济组织的并列使用上。三是多为软规范，且为扶持性规定。在仅有的 16 部地方性法规中，有 9 部 11 款在提到集体经济组织时都是软条款。四是集体经济组织的要素规范不足，如集体经济组织成员资格认定、治理结构规则存在于政策文件中，且虽然规范规则数量多，但效力层级低、同质化高、适用区域窄的现状较普遍。

（二）实践运行中的问题

当前，宁夏集体经济组织实践中存在两大方面的不足。一是对于集体经济组织实践中形成的改革经验和非正式规则，缺少立法的确认和转化。宁夏农村集体经济组织的建设是在宁夏农村集体产权制度改革、三权分置的耕地改革、宅基地改革以及集体经营性建设用地改革四大改革实践中推进的，这些改革的核心是在增加集体经济组织权益和减损农民个体权益之间寻找机制平衡点，如果立法不及时进行确认和纠偏，将会引起实践与法律理想状态相反的秩序图景。二是立法对于集体经济组织的实践需求回应不足。绝大多数村集体经济组织当前面临的更迫切的问题是经济实力薄弱、经济发展欠缺方向、集体经济组织经济统筹能力不足等。但是，当前，法规规范的重点在集体经济组织的运行管理以及集体经济组织成员的权益核定上，而对集体经济组织经济发展迫切要解决的实践问题没有给出回应，同时，还回避了农民个体以及农民集体在集体经济组织中的经济主体性问题。

三、对宁夏农村集体经济组织立法的思考建议

解决上述问题的有效路径就是制定《条例》，从地方最高位阶的专门性地方性法规入手，实现集体经济组织法规范体系构建。

（一）加强与《农村集体经济组织法》的衔接

要注意尽量少保留与上位法重复的条款，而着重关注《农村集体经济组织法》给地方立法留下的补强空间。

1. 回应《农村集体经济组织法》的授权条款

一是关注明确授权地方性法规立法的条款。《农村集体经济组织法》第十二条第五款，授权省、自治区、直辖市人民代表大会及其常务委员会对农村集体经济组织的成员确认作出具体规定。二是关注明确授权制定规章的条款。第四十三条第二款"省、自治区、直辖市可以根据实际情况，制定本行政区域农村集体财产管理具体办法，实现集体财产管理制度化、规范化和信息化。"三是关注明确法规指引适用为法律法规、行政法规、法规、国家规定、集体经济组织章程的条款，把握宁夏《农村集体经济条例》的立法权限。如，第二十七条第四款规定的表决规则中，"本法或者其他法律法规、农村集体经济组织章程有更严格规定的，从其规定。"此处的法律法规应作包括地方性法规理解。

2. 回应《农村集体经济组织法》中的待补正概念

待补正概念包括存在争议需要解释的概念以及在立法中多次出现的尤其是同一条款出现两次以上的概念。如，《农村集体经济组织法》第二条中农村集体经济组织、土地集体所有、成员集体三组概念中"集体"范围统一的或者各自的范围界限；第十一条成员资格中"稳定的权利义务关系"这一基本要求和"以农村集体经济组织成员集体所有的土地等财产为基本生活保障"这一特殊情况补充要求的认定标准；第二十六条第二款"需由成员大会审议决定的重要事项，应当先经乡镇党委、街道党工委或者村党组织研究讨论"中"重要事项"的标准等，都需要在地方条例中予以补正，以减少概念的重复使用造成的权益保护争议。

3. 回应《农村集体经济组织法》中仅作为词语出现的专有名词

有的专有名词在上位法中只出现一次，但实践中存在或者作为政策扶持对象的，地方立法应当重点回应。如，乡镇级农村集体经济组织、村级农村集体经济组织、组级农村集体经济组织出现在第二条集体经济组织的定义中，公司、农民专业合作社出现在第六条第三款，但在通篇立法中仅出现了一次，如何发挥这几个主体之间的联动作用，在制定《农村经济组织条例》时，必须在机制方面予以重点构建。再如，新型农村集体经济，在全文中出现了七次，但是只有第四十一条概括列举了新型农村集体经济的四种方式，再未对新型农村集体经济做解释或者说明，实际上，新型农村集体经济是地方实践的重要内容，条例制定时应当具体四种方式的权益内容。

4. 回应《农村集体经济组织法》中明确指引适用农村集体经济组织章程的条款

《农村集体经济组织法》中"农村集体经济组织章程"共出现了 31 次，皆是作为兜底的规范指引出现的。第四条将依照农村集体经济组织章程平等享有权利、承担义务列为集体经济组织的基本原则，同时授权"章程"对农村集体经济组织行使所有权的职能（第五条），农村集体经济组织成员的权利（第十三条）、义务（第十四条），成员身份的丧失（第十七条），成员大会、成员代表大会、董事会、监事会或者监事的产生办法、具体职权、议事方式和表决程序等的职权事项、义务、赔偿责任（第二十六条至第三十二条、第三十五条、第六十条），集体资产的使用管理经营（土地承包之外）（第三十七条）、收益分配（第四十二条）作为兜底保障。可见，《章程》是重要的规范补充形式，宁夏在制定条例时，务必思考其对《章程》的规范界限。

（二）要把握宁夏农村改革成果地方立法转化的界限

对宁夏通过农村改革形成的一系列制度成果和政策文件，在制定条例时，需要根据不同情况作出取舍规定。

1. 四类农村改革成果在《条例》中的转化界限

目前，宁夏通过农村集体产权制度改革实现了农村集体经济组织标准化建设，并通过耕地改革、宅基地改革以及集体经营性建设用地改革盘活农村集体经济组织可直接支配的集体资产。这四类改革中形成的制度创新及经验的地方立法转化，《农村集体经济组织法》第三十七条四款基本上给出了明确的界限。第一类是集体所有和国家所有依法由农民集体使用的耕地、林地、草地以及其他依法用于农业的土地，其承包经营的法律渊源为农村土地承包的法律。第二类集体所有的宅基地等建设用地取得、使用、管理的法律渊源为法律、行政法规和国家有关规定。第三类集体所有的建筑物、生产设施、农田水利设施使用、管理的法律渊源为国家有关规定和农村集体经济组织章程。第四类集体所有的教育、科技、文化、卫生、体育、交通等设施和农村人居环境基础设施使用、管理的法律渊源为法律法规、国家有关规定和农村集体经济组织章程。也就是说，宁夏农村集体经济组织条例不能直接规定上述集体资产的使用和管理，但对于后两类，可以通过结合农村集体经济组织章程进行法规范转化。法律传递出对正式法律渊源调整四类关系极为审慎的态度，而对作为组织成员合意结果和私法调整范畴的章程的态度则宽松灵活，制定条例时应当用好这一立法策略。

2. 村民委员会与村集体经济组织职能在《条例》中的转化界限

在农村自治组织（村委会）与村集体经济组织之间的"政经"关系中，改革实践与制度规范是不自洽的。改革实践中，一方面，村民委员会和集体经济组织实行核算分离、双线运行的财务独立格局，村民委员会负责公益性资产，集体经济组织负责经济性资产。目前宁夏所有行政村已全面完成了账户分设、资产清查和划分工作。另一方面，负责人兼任，宁夏全区99.3%的项目村推行村党组织书记通过法定程序担任村级集体经济组织负责人，后者很难保障前者的公平运行。而在立法上，《农村集体经济组织法》第三十六条将国家扶持形成的财产认定为集体资产，第五十一条又规定农村集体经济组织用于村级组织和村务运转的支出计入相应成本，实际上否定了村委会的财务资格。实践与立法相悖的秩序图景主要是因为村委会"村民自治"弱化，行政色彩不断加重，使村委会职责实际与集体经济组织职责分离这一现象异化形成的，在村委会不能去行政化的前提下，制定条例时要明确村级集体经济组织与村民委员会的资金来源和使用，并进一步明晰双方的职责职能。

3. 农业经济管理站的权力责任在《条例》中的转化界限

在实践中，农业经济管理站是农村集体经济组织的直接管理部门。其职能涵盖：指导农村土地承包合同管理、农民有序流转农村土地；合理开发利用土地资源，以及农村土地承包纠纷的调查、调处、仲裁；防止农村集体资产流失和增加新的债务以及债权债务的化解；监督管理支农惠农政策的兑现；引导村集体经济组织登记注册、项目申报、制定章程制度，并监督实施；指导农村集体经济组织"三资"使用及审批、财务委托代理、农村财务管理人培训等。《农村集体经济组织法》在不同条款中规定了农村集体经济组织的主管部门有县级及以上地方人民政府农业农村主管部门、乡镇人民政府、街道办事处，但是，第六十条又笼统规定了责令限期改正的职责主体是主管部门，权力职责与部门出现了不匹配的表述，制定条例时应当考虑确定其法律地位，明确农经站的权力内容，做到权责一致，发挥农经站的农村经济监管指导作用。

宁夏农业综合行政执法队伍能力
建设调研研究①

农业综合行政执法是指由特定的行政机关或行政组织，依授权或依委托，在一定范围内综合行使原来由不同农业部门行使的行政处罚权、行政检查权等执法权力。2018年，中央出台《关于深化农业综合行政执法改革的指导意见》，2022年2月1日起施行的《农业行政处罚程序规定》第八条规定："县级以上地方人民政府农业农村主管部门内设或所属的农业综合行政执法机构承担并集中行使行政处罚以及与行政处罚有关的行政强制、行政检查职能，以农业农村主管部门名义统一执法。"2023年4月，农业农村部召开全国农业综合行政执法能力建设推进工作会议，将农业综合执法行政队伍改革提上日程。自农业综合行政执法改革推进以来，宁夏深入推进农业综合行政执法体制改革，全面整合执法职能，积极创新农业行政执法机制，为全面实施乡村振兴战略提供坚实的法治保障。但随着农村地区逐渐向城市化不断演进，农村面貌、农民的生活环境以及农业执法的内外环境都在发生变化，农业综合行政执法队伍能力建设也面临着多重考验。

作者简介　张炜，宁夏社会科学院《宁夏社会科学》编辑部助理研究员。
①本文系宁夏哲学社会科学规划青年项目"宁夏创建国家农业绿色发展先行区路径研究"（项目编号23NXCGL07）阶段性成果。

一、宁夏农业综合行政执法队伍的整体情况

根据中办、国办 2018 年印发的《关于深化农业综合行政执法改革的指导意见》要求，宁夏农业农村部门逐步设立农业综合行政执法机构，规范管理职能，优化管理配置，组建专业执法人员队伍。其中，银川市将农业行政执法职能从"大综合行政执法"中剥离出来，回归农业农村主管部门，在银川市辖三区以及灵武市、永宁县、贺兰县分别单独成立农业综合行政执法大队，吴忠市、石嘴山市、固原市以及中卫市均不再保留市一级农业执法机构。目前，全区 27 个市、县（区）共组建执法机构 22 个，划转编制和人员 395 人，基层执法力量不断增强，纵向指导关系更加顺畅。

2023 年度，全区不断加大农业执法办案力度和重点领域执法力度，共出动农业行政综合执法人员 13405 人次，立案查处 355 件，挽回经济损失 716.66 万元，罚款 200.94 万元，没收违法所得 23.85 万元。开展"绿剑护粮安"专项行动及肉品专项整治行动等，加大对农产品质量安全、种子安全等重点领域执法。重点检查种植养殖生产基地、菜篮子等农产品主产区，加大对农业重点领域执法力度，依法查处涉农领域违法犯罪案件。

同时，全区农业行政执法相关部门不断完善执法制度，强化法治引领，制定和出台了一系列法规文件，确保执法活动有法可依、有章可循。例如，宁夏农业农村厅制定和颁布《自治区农业农村厅农业综合行政执法案卷管理制度》《自治区农业农村厅"双随机、一公开"工作实施细则》等政策文件，并联合自治区公安厅、自然资源厅、市场监管厅等单位制定《宁夏回族自治区自然资源保护行政执法与刑事司法衔接工作细则》《宁夏回族自治区自然资源领域行政执法与刑事司法衔接重大案件会商制度》等配套制度，强化行刑衔接，监督引导执法人员严格、规范、公正、文明执法。

二、宁夏农业综合行政执法队伍建设存在的问题

（一）执法人员专业构成复杂，专业性不强

新一轮机构改革后成立的农业综合执法大队，将之前分散在农机、渔

政、畜牧、动物卫生监督等行业部门的相关行政检查职能从原单位剥离，推行农业综合执法，由农业综合执法大队统一行使行政处罚权，执法人员大多是从农业等相关专业技术人员中选拔，导致现有的农业执法队伍人员专业结构复杂，法学专业毕业生较少，业务素质参差不齐。

截至 2024 年 9 月，全区农业综合执法共 22 个执法机构中核定编制人数 395 人，实际在编在岗 290 人，其余基本为空编、借调等。执法人员农学专业的占 22.4%，畜牧兽医专业的占 22.7%，法学专业人数仅占 7.3%。现有的农业综合执法人员多为畜牧、兽医等农业类专业技术人员，大部分都是非法学专业出身，并且曾经从事的工作以畜牧、农机、动物卫生检疫等为主，对涉农法律法规掌握并不全面，执法经验较少。实践中，执法人员通常需要从事多个专业执法领域，全面系统掌握各领域专业知识的可能性几乎为零，因此执法人员的专业性和综合能力有所欠缺。

（二）执法人员年龄老化现象突出，核定编制人数较少

截至 2024 年 9 月，全区农业执法在岗人员的年龄结构中，31—40 岁的执法人员占比 19%，51 岁以上的占比 34%，41—50 岁的占比 34%，30 岁以下的执法人员仅占比 13%。由此可见，全区农业执法在岗人员的年龄结构偏大，人员老龄化现象突出。这种年龄结构对农业执法的效率、创新能力和适应性均产生一定影响，可能导致执法队伍活力不足，对新技术的接受和应用能力下降等问题。

同时，目前全区农业执法的核定编制人数普遍较少。例如，彭阳县农业综合行政执法大队核定事业编制 16 名，但实际划转到岗人员仅 7 名；红寺堡区农业综合执法大队核定事业编制仅 4 名；贺兰县农业综合执法大队核定全额预算事业编制 18 人，现有执法人员 14 人，但其中 3 人长期驻场检疫，仅剩 11 名执法人员。由于执法人员相对紧缺，难以应对日益增长的农业执法需求，可能导致执法覆盖面不足、执法力量薄弱，出现执法空白或漏洞。

（三）执法人员工作积极性不高，影响执法队伍的稳定性

按照《中华人民共和国公务员法》规定，行政执法职能只能由公务员身份的干部承担，但因行政编制的紧张，目前宁夏农业综合执法队伍整合过来的行政执法人员仍然是事业编制，执法岗位因其专业特殊性相对于其他专业技术人员在评聘方面难度较大。因此，宁夏现有各执法大队人员多为事业编制，既不能参照公务员管理，又无法将技术成果用于职称评定，导致一些执法人员缺乏获得感和职业满足感，这在一定程度上也影响了执法人员的工作积极性。

虽然目前各执法大队的执法工作量呈现增长态势，但执法人员数量整体较少，执法人员配备明显不足。通过调研发现，执法难度大、工作强度高、职称评聘困难，都是当前干部不愿意加入执法队伍的原因，在一定程度上影响着执法队伍的稳定性。

（四）农业执法部门与其他部门协作沟通机制有待健全

农业综合执法与公安、生态环境、市场监督、自然资源等部门的信息共享、联动协作、联合会商、行刑衔接等执法协作机制需进一步完善。在实际执法过程中，存在将执法职能委托给局属相关站、室、中心行使的情况，造成"谁执谁的法"现象普遍存在，削弱了农业综合执法的合力，不利于建立部门间及跨部门间协作机制。从自治区一级农业综合执法角度来看，难以高效指导和监督基层规范执法。目前，全区共组建执法机构22个，划转编制和人员395人，但在上一轮机构改革中，自治区一级未单独成立农业综合执法机构，执法人员分散在各行业的处、局和事业单位中，自治区一级仅履行检查监管职责，未独立开展农业执法工作。因此，在处理一些跨省（区）、覆盖面广、影响力大的涉农案件时不太顺畅，容易受到限制，难以高效指导和监督基层规范执法。

（五）对农业投入品的执法监管系统不健全

农业投入品管理是农产品质量安全监管工作的重点，但现有的监管系统不能完全适应实际工作需求，既不方便经营者用，又不方便执法单位管理，尤其是农业追溯管理系统。目前，全区普遍存在系统数据录入率过低、培训使用不到位以及电脑等配套硬件设施使用率不高等问题。以宁夏平罗县为例，目前现有230家农资店（不含兽药店），但实际正常运营的仅195家，"三个台账"相关信息数据仍然以人工输入为主，亟须优化升级改造。

与市场监管局食品快速检测不同，农业农村主管部门对农产品的检测分例行抽检（其结果不作为处罚依据）、监督抽检等，检测和执法相对分离，风险发生后要及时预警到产地和经营主体，责令限期整改，把风险控制在田间地头，对拒不改正的启动监督抽检并立案查处。实际生产过程中，对种植业推行的农产品质量安全承诺达标合格证制度，不具有类似动物检疫证的强制性，事前预警不够，事后处置效果不佳，也会造成农产品质量控制和后期执法均较为被动。

三、宁夏农业综合行政执法队伍建设的对策建议

（一）以机构改革强化执法力量，将能力强的监管人员充实到执法队伍中来

现有的农业综合行政执法人员专业构成复杂、法学专业化程度低、年龄结构老化，缺乏从事行政执法工作的经验和法学专业教育背景。按照事人相配、任务明确、责任到人的原则，需要配齐配强农业综合行政执法队伍。通过校园招聘、事业单位考试等方式，吸引更多年轻的执法人员加入农业执法队伍，为农业执法队伍注入新鲜血液。争取增加农业综合执法人员编制，将能力较强的监管人员充实到执法机构中来，特别是在公开招聘及人员调整时，优先招录法学专业人才。通过合理的人员配置和岗位调整，优化农业执法队伍的专业结构和年龄结构。在新一轮机构改革中，考虑在自治区一级成立农业综合执法机构，集中行使法律法规赋予省级部门及所属单位的行政执法职能，或单独成立农业综合行政执法局，配备具有行政执法权的行政编制人员，定员定岗定编。强化农业综合执法监督力量，形成"上下一盘棋"，凝聚全区农业执法力量。

（二）强化重点领域执法，提升农业综合行政执法效能

强化农业重点领域执法是保障农业安全生产、维护农民合法权益、促进农业可持续发展的重要措施。例如，农产品质量安全、农药、兽药、饲料和饲料添加剂、畜禽屠宰、动植物检疫等领域，都直接关乎农业生产安全和人民群众身体健康。要重点围绕农业资源环境保护、农业投入品监管、农产品质量安全等领域开展专项执法行动，加大对破坏农业资源环境、农

产品质量安全等违法案件的查处力度。要加强对农业生产使用量大的农资品种和群众投诉举报、违法案件发生较多的农资生产经营主体的执法检查力度。

要定期对农资、农产品质量安全、畜禽屠宰等重点领域开展联合专项执法检查，既解决了多头执法的问题，又可以加强执法力量解决农业执法人员数量不足、监管力量薄弱等问题，堵住农产品和农资市场监管的漏洞。及时向社会公开农业执法优秀案卷和典型案例，提升农业综合行政执法透明度和公信力。通过公开典型案例，可以以案释法、以案普法，帮助社会公众更好地理解和掌握农业法律法规，提高整体法律意识和法律基本素养。

（三）丰富执法能力提升活动形式，提高农业综合执法效能

充分发挥行政复议层级监督优势，依法纠正违法和不当行政行为。定期组织开展农业综合行政执法案卷评查、执法技能比赛等活动，多措并举提升农业综合行政执法效能，坚决纠治农业领域选择性执法、逐利执法等现象。根据《宁夏农业综合行政执法能力提升三年行动实施方案（2023—2025年)》要求，采取"线下+线上"相结合的方式，全面提高执法人员业务能力，加强现代化办案手段在农业执法案件中的应用。

线上利用"慧执法"平台，全面推广掌上执法。通过"中国普法""农业农村法治""宁夏法治""农夫学法"等微信公众号进行普法宣传。截至2024年11月，全区农业农村系统7777条"双随机、一公开"检查记录中，"慧执法"移动便捷执法检查应用率超过了53%。线下通过举办执法人员素质提升培训班、农业法律知识讲座、普法辩论赛等形式，围绕农业法律法规条文解读、办案各环节流程、执法实践业务等重点内容开展普法活动，提升全区农业执法质效。

（四）建立定期会商制度，形成行业监管与行政执法联动的工作局面

搭建行业监管与农业执法之间的信息共享平台，实现数据互通、资源共享，加强沟通会商、协调配合。建立由行业监管单位和行政执法机构业务骨干参加的执法业务定期会商制度，定期通报监管检查、执法办案情况，协商解决行业管理和执法查处过程中遇到的有关工作衔接、法律适用等问题，依法按照程序做好线索处置、信息共享等协作机制；加强日常监督和行政执法工作衔接配合，形成行业监督与行政执法联动的工作局面。

农业执法部门要加强与公安、市场监管等部门的联勤联动，开展跨部门、跨区域联合执法行动，定期交换监管和执法信息，包括违法线索、案件处理情况等。例如，农产品质量安全、农资打假、畜禽私屠滥宰等领域，可联合公安、市场监管等部门进行，形成农业综合执法合力，确保监管执法工作高效运转，防止出现监管"真空"。

（五）全域示范创建，提升农业执法信息化和数字化水平

科技创新是提高农业生产效率的关键因素。推动农业执法能力建设，需要依托数字、先进装备制造等技术手段融合协同，加快发展农业新质生产力。在农业综合执法领域，运用互联网、云计算、大数据、人工智能等数字技术应用，建立农业执法综合管理系统。加强政法机关与农业综合执法机关在信息数据共享、证据调取采信、案件线索移交等方面衔接。

目前，宁夏"慧执法"APP由石嘴山市执法平台改造升级为全区通用的农业综合执法总平台，已纳入农业领域法律法规258部，充分实现了部分执法检查场景数字化。利用大数据等信息技术发展数据驱动型的农业综合执法工作方式，逐步建立起"行政执法网上办案系统+移动执法APP+执法终端"三位一体的信息化执法模式，实现办案流转网上运行、执法文书线上生成、执法办案同步问询、执法信息及时公开。可以利用可视化大数据分析工具，实现全区农业执法数据可视化分析，提高农业执法效率和透明度；还可以将可视化分析结果应用于实际执法工作中，如指导全区农业执法计划的制定、优化执法资源的配置、评估执法效果等。

法治调研篇
FAZHI DIAOYAN PIAN

宁夏国际商事仲裁的现状、问题与对策[①]

刘振宇　梁超宇

2015 年 3 月 28 日，国家发展改革委、外交部、商务部联合发布《推动共建丝绸之路经济带和 21 世纪海上丝绸之路的愿景与行动》，在该文件中明确了宁夏参与"一带一路"的战略定位，即发挥宁夏人文优势，推进内陆开放型经济试验区建设，形成面向亚洲国家的陆上、空中通道，商贸物流枢纽，产业和人文交流基地。[②]宁夏应抓住"一带一路"建设这一重大机遇，加强对外经贸往来，为经济发展注入强劲动力。同时大量涉外投资和贸易合作项目的达成，也不可避免地会带来数量众多、类型复杂的跨国商事纠纷，以合法、高效的方式对这些纠纷加以化解符合国际商事贸易发展的需要。国际商事仲裁作为解决跨国商事纠纷的有效手段之一，在国际商事争议解决中占据重要地位。宁夏要建立完备高效的国际商事仲裁体制机制，调节对外贸易往来中的企业关系，防控对外经贸发展中的风险，实现对外经贸往来中多元化纠纷解决机制的具体落实，打造井然有序、公正高

作者简介　刘振宇，宁夏大学人文社会科学处副处长，法学院教授，法学博士；梁超宇，宁夏大学法学院硕士研究生。

①本文系 2024 年度宁夏回族自治区人民政府重大行政决策咨询研究重点课题"宁夏构建高质量开放环境研究"（课题编号 202424）阶段性成果。

②刘秀玲，蔡莉，朱瑞雪：《"一带一路"与民族地区投资环境的提升》，《大连民族大学学报》，2017 年第 4 期。

效的涉外经贸营商环境，不断推进宁夏涉外经贸发展，提高宁夏对外开放的竞争力。

一、宁夏国际商事仲裁的发展现状

自"一带一路"倡议提出以来，宁夏积极致力于法治化营商环境的建设。2017 年 6 月 5 日，举办了首届落实"一带一路"倡议仲裁机构领导干部座谈会。来自国际经济贸易仲裁委员会、中国海事仲裁委员会以及国内 20 余家仲裁机构的领导及代表参加了会议。2019 年 9 月 12 日，北京融商"一带一路"法律与商事服务中心与宁夏银川市仲裁委签订《建立诉讼与调解相衔接多元化纠纷解决机制合作协议》，合作建立"一带一路"国际商事调解中心银川调解室。2020 年 9 月 24 日，中国国际经济贸易仲裁委员会丝绸之路仲裁中心与陕西、宁夏等 5 地律师协会在西安签署了合作协议。2021 年 9 月 24 日，宁夏回族自治区政府提出，在符合法律法规的前提下，探索引进国际商事仲裁机构，建设国际化商事法律环境。①2024 年 7 月 20 日，宁夏司法厅主办的宁夏仲裁员培训班开班。

二、宁夏国际商事仲裁的现实困境

（一）宁夏国际商事仲裁制度尚需完善

加强顶层设计、完善制度建设是宁夏国际商事仲裁法治化发展的第一要务，也是宁夏国际商事仲裁规则与国际接轨的必然要求。一方面，宁夏正处于对国际商事仲裁发展的初步探索阶段，各方面制度设计尚未完善，统筹推进的合力不强，各方面问题迫切需要从规范化、法治化、国际化的视野进行配置。另一方面，涉外商事纠纷呈现出主体数量不断增加、客体愈加繁杂、涉及问题覆盖面广、解纷效率要求高等特点。我国现行《中华人民共和国仲裁法》（以下简称《仲裁法》）虽然对仲裁行业发展有着发展

---

① 《自治区人民政府办公厅关于印发宁夏回族自治区推进"一带一路"和内陆开放型经济试验区建设"十四五"规划的通知》[OL] .https://www.nx.gov.cn/zwgk/qzfwj/202109/t20210924_3044941.html。

方向上的统筹与规划，为经济增长作出了重要贡献，但对一些国际上通行的灵活性规则的接受度较低，比较典型的有临时仲裁制度和仲裁员名册制度。

临时仲裁是衡量一国或地区商事纠纷解决机制是否健全的基本指标之一。临时仲裁与机构仲裁的核心区别在于，临时仲裁将纠纷交由各方当事人协议选定的仲裁员临时组成的仲裁庭居中裁决，而并不依赖于常设仲裁机构。①由于临时仲裁充分尊重当事人意思自治、程序灵活高效的优势，使其在国际商事纠纷解决中处于重要地位。而我国《仲裁法》明确规定否认临时仲裁的效力，虽然在实践中已有部分试点地区有限开放临时仲裁，但是依然不能满足"一带一路"背景下国际商事争端解决的需要。仲裁员名册制度的设计也应与国际通行的仲裁规则相接轨。上海自由贸易试验区已实行仲裁员名册开放制度，当事人指定仲裁员时不受仲裁机构提供名册的限制，可以任意选择名册内或名册外的仲裁员。

宁夏应当汲取国际仲裁机构的先进经验，立足自身实际完善国际商事仲裁制度。鉴于《中华人民共和国仲裁法》（以下简称《仲裁法》）的修改已经列入我国立法规划，2021 年《仲裁法》修订征求意见稿已经发布，2024 年 11 月 4 日，《仲裁法》修订草案提请十四届全国人大常委会第十二次会议首次审议。宁夏应紧跟国家立法进程，为《仲裁法》的修订提供地方性经验，健全完善具有中国特色、与国际通行规则相融通的仲裁法律制度，着力提升我国国际商事仲裁公信力和竞争力，更好服务高质量发展和高水平开放。

（二）宁夏仲裁机构与国内国际知名仲裁机构的合作不足

宁夏仲裁机构与国内国际知名仲裁机构的合作不足，未能与国内国际仲裁机构的合作发展潮流相接轨。中国有 200 余家仲裁机构，受理的商事仲裁案件数量众多，在国际上逐渐占有一席之地，已经成为助力我国"一带一路"发展不可或缺的重要力量。但应注意的是，国内主要的仲裁力量大多来自北京、上海、广州等东部沿海发达地区，而对外开放程度相对较

---

① 杜泽卿：《"一带一路"倡议下我国国际商事仲裁发展路径探析》，《哈尔滨学院学报》，2020 年第 11 期。

低的西部地区，无论在仲裁机构的数量、体量，还是仲裁的实力、经验等方面，依然处于较低的发展水平，且已有的知名仲裁机构往往各自为战，未能实现经验共享，形成"先发展带动后发展"的良性模式，导致西部地区的仲裁机构无法承担起"一带一路"建设中对于国际商事纠纷解决的现实需求，缺乏国际竞争力。[1]同时，《仲裁法》是对外开放中的"舶来品"，既缺乏原生土壤又缺乏系统理论指导。[2]仲裁的自治权与外界干预权冲突，仲裁机构的"去行政化"程度较低，仲裁机构的自治程度不足成为制约我国国际商事仲裁发展的重要因素。面对国际商事纠纷，国际投资者甚至国内企业都更加青睐于选择国际一流的仲裁机构来解决争端，中国企业在仲裁规则、程序、语言上都处于不利地位，"被牵着鼻子走"，致使最后的裁决结果不尽如人意。[3]在当前"一带一路"发展的重大机遇下，宁夏培养具有国际商事仲裁实力的仲裁队伍，建设有国际竞争力的国际商事仲裁机构，加强与国内国际知名仲裁机构经验交流与工作协作势在必行。

（三）宁夏国际商事仲裁人才培养与"一带一路"建设需求不相适应

宁夏要化解国际商事纠纷，发展国际商事仲裁，加强与"一带一路"沿线各国尤其是阿拉伯国家的国际经贸往来，离不开优秀的外向型国际商事仲裁人才。无论是法治宁夏的建设要求，还是实践中司法专业性的客观需要，法治人才的培养一直以来都是法学教育关注的重点。宁夏致力于发展区域法学教育，以宁夏大学、北方民族大学等高校为核心，以法学专业知识为教育重点，初步形成法治人才培养体系。但"一带一路"背景下国际化发展方向和复杂多样的国际法律环境，对法治人才的培养提出了新的更高要求，包括对经济学专业知识的了解、高水平的外语能力、对其他小

---

① 张迎：《浅议"一带一路"建设纠纷国际仲裁争议解决机制构建》，《交通建设与管理》，2018 年第 6 期。

② 龙迎湘：《我国商事仲裁机构章程制度的检视与完善》，《法商研究》，2023 年第 1 期。

③ 罗彪：《建立具有中国特色的国际商事仲裁体系刍议》，《中国商论》，2020 年第 2 期。

语种尤其是共建"一带一路"国家通用语言的熟练运用、国际法学专业知识，甚至需要了解共建"一带一路"国家的地方文化。鉴于当前宁夏法学教育实际，能够同时掌握国内法律与国际法律知识的学生数量很是不足，拥有跨学科专业知识的人才更是急缺。①

另外，国际商事仲裁人才的培养还包括对宁夏区外乃至海外仲裁人才的引进。宁夏受限于自身经济发展状况、地理区位等因素，对区外乃至海外人才的吸引力相较于发达地区而言，一直以来都处于弱势地位。即使能够吸引到专业人才，也因各种条件限制无法将其真正留住。这也是宁夏发展国际商事仲裁面临的一个重大挑战，是宁夏能否在"一带一路"建设浪潮下提升自身国际商事纠纷解决能力所必须要解决的现实问题。

（四）民众对国际商事仲裁较为陌生，尚未得到广泛认可

仲裁在民众的认知里存在感相对较低，是一种选择优先级低于诉讼的"小众"纠纷解决方式。一方面，商事主体对国际商事仲裁的了解较少、认同度低。国际商事仲裁制度要想平稳快速地运行起来，在宁夏真正成为多元化国际商贸纠纷化解机制的重要一环，最根本的动力是获得商事主体的认同。如果宁夏的企业尤其是中小微企业不了解国际商事仲裁，在涉外贸易往来中无法正确利用仲裁的优势保障自身的合法权益，甚至不愿意在合同中约定仲裁条款，也就无法充分发挥仲裁的优势来保障宁夏企业在涉外经贸往来中的利益。另一方面，宁夏国际商事仲裁法律服务体系尚未完备。宁夏地处我国西北地区，法治普及程度低于东部沿海发达地区。宁夏虽然致力于积极倡导推进普惠均等高效便民的公共法律服务体系，但是具体落实情况仍然存在地区差异，与国内其他发达省区市存在较大差距。这就要求宁夏各级政府以及各仲裁机构加强自身宣传与法治普及教育，让国际商事仲裁真正成为宁夏企业对外贸易的"保护伞"，为"一带一路"建设中宁夏涉外经贸发展提供法治保障。

---

①祁壮：《"一带一路"建设中的国际商事调解和解问题研究》，《中州学刊》，2017年第 11 期。

三、完善和发展宁夏国际商事仲裁的对策建议

（一）加快完善国际商事仲裁制度设计，提升仲裁国际竞争力

现代国际商事仲裁规则体系是以《纽约公约》为核心，以各国仲裁法、仲裁规则为支撑，以相关软法为补充的全球性规范体系。故我国《仲裁法》的修订需要借鉴相关国际规则。[①]我国《仲裁法》修改在即，完善顶层设计，高位推动国际商事仲裁制度法治化，是国家对外经贸发展的统筹规划。宁夏应做好地方性法规与《仲裁法》的密切衔接，提高地方立法供给的精准性和有效性，基于宁夏地方现实需求，以国际通行的仲裁规则作为完善宁夏国际商事仲裁制度设计的参照，高标准提升宁夏国际商事仲裁法治化水平。与此同时，还要积极开展符合宁夏参与"一带一路"建设的试点尝试，鼓励基层仲裁机构在符合法律法规要求的前提下大胆探索创新，在刚性立法的同时探索国际软法治理的可行性，探索出具备国际前沿发展水平的、可复制推广的宁夏地方仲裁经验，使国际商事仲裁制度真正在中国、在宁夏落地生根，共同致力于宁夏涉外经贸发展的仲裁法治保障体系建设，为宁夏和共建"一带一路"国家贸易往来打造优质的市场化、法治化、国际化营商环境，为宁夏涉外经贸高质量发展提供不竭动力。

（二）积极谋求组建多地域的仲裁网络式纠纷解决平台

随着参与"一带一路"建设进程的不断深入，宁夏交通枢纽功能作用不断增强，与共建"一带一路"国家的贸易往来和友好协作日益密切，包括国际商事仲裁在内的宁夏仲裁机构的发展迫在眉睫。

第一，宁夏仲裁机构应坚持"去行政化"改革方向，淡化国际商事仲裁机构的行政色彩。在仲裁机构"去行政化"改革探索中，广西北海仲裁委员会实行法人机构管理模式，即不占行政编制、无须财政拨款，独立运作、自收自支。宁夏可以借鉴北海仲裁委员会的实践经验，参照公司法人

---

①刘晓红，冯硕：《对〈仲裁法〉修订的"三点"思考——以〈仲裁法（修订）（征求意见稿）〉为参照》，《社会科学文摘》，2021年第11期。

制度对仲裁机构进行注册登记，为仲裁机构的发展注入市场调节的强劲动力，最大限度地将仲裁灵活、高效便捷的优势突显出来。

第二，宁夏仲裁机构应积极寻求与国内一流仲裁机构的学习交流与经验互助，借鉴国内发达省区市的国际商事仲裁协作模式。《法治中国建设规划（2020—2025 年）》指出："推动我国仲裁机构与共建'一带一路'国家仲裁机构合作建立联合仲裁机制。"国内发达地区积极开展仲裁机构的国际合作平台建设。2015 年 4 月，中国自由贸易试验区仲裁合作联盟成立。2017 年 5 月，中外 3 家知名的国际仲裁机构联合起来，共同发布了"一带一路"仲裁行动计划。2019 年 11 月，中外 42 家仲裁机构共同发布《"一带一路"仲裁机构北京联合宣言》，32 个国际仲裁机构以及 15 个国内仲裁机构签署了框架决议。①宁夏也应积极寻求合作，建立"一带一路"国际商事调解中心，组建多地域的仲裁网络式纠纷解决服务平台，打造"1+1>2"的法治化、国际化营商环境，促进完善争端解决仲裁职能，提升西部地区法律与商事综合服务能力，助力多元化国际商事纠纷解决。

第三，宁夏要逐步推进仲裁机构的国际化发展，建立国际商事仲裁员专家库。聘任来自共建"一带一路"国家的仲裁员担任宁夏仲裁机构的商事仲裁员。杭州仲裁委员会自 2018 年 5 月 30 日起，聘任 15 位外籍仲裁员担任涉外商事仲裁员。北京仲裁委员会于 2022 年 1 月 1 日施行《国际投资争端仲裁员名册》，其中有来自世界各国的 85 位仲裁员。宁夏可考虑依托国际商事法庭和中国国际经济贸易仲裁委员会，进一步加强与国外仲裁机构的交流协作和经验学习，从国内外选聘一批由法学专家和知名仲裁员、公证员、律师共同构成的商事调解与商事仲裁衔接的仲裁人员，②进而提升宁夏仲裁机构的国际影响力和竞争力，同时也能够增强纠纷当事人选择宁夏仲裁机构解决纠纷的意愿与信心。

---

① 黎群：《论国际商事仲裁合作机制的构建》，《法商研究》，2023 年第 3 期。
② 杨鹏：《"一带一路"建设中我国涉东盟商事调解与仲裁衔接研究》，《广西社会科学》，2022 年第 3 期。

（三）优化国际商事仲裁人才培养和引进模式

"致治之要，以育才为先。"宁夏应结合"一带一路"建设的新需求，加强国际商事仲裁人才培养和引进。

首先，强化高校在法治人才培养中的作用。重点支持宁夏大学、北方民族大学等高等院校加强国际法、国际商事仲裁相关法律、国际经济与贸易等涉外贸易相关专业的人才培养。[①]在单一学科学习基础上探索多学科交叉培育（如"外语+法律""法律+经济"等），加强法学学生对国际商事仲裁法、国际经济贸易理论和实务的学习。

其次，有指向性地改变法学教学方式，将教学与典型涉外案例相结合。宁夏可对相关师生在仲裁机构实习、国内国外访学交流等方面提供扶持和资助，从理论知识和实践能力两方面着手，培养法律知识扎实、专业技能娴熟，具有国际视野的国际商事仲裁从业人员，切实为宁夏国际商事仲裁行业培养后备人才。

最后，宁夏还应大力引进区外和国外商事仲裁人才。营造优越的工作环境，给予较丰厚的待遇条件，提供继续学习发展的支持，吸引区外乃至国外国际商事仲裁人才来到宁夏、扎根宁夏、服务宁夏，真正使"引进来"的国际商事仲裁人才能够留下来，形成具有国际一流水准的仲裁员队伍，为宁夏国际商事纠纷解决贡献力量，保障宁夏"一带一路"国际商事仲裁的可持续发展。

（四）加强宣传和推广，建立仲裁法律服务平台

宁夏发展国际商事仲裁，必须进行普法宣传，树立法治信仰，使宁夏商事主体能够正确认识国际商事仲裁在国际商事纠纷解决中的重要作用，进而营造宁夏商事主体积极主动运用国际商事仲裁的良好法治环境。其一，应当积极进行普法宣传活动，由"漫灌式"普法向"滴灌式"普法转化。法治宣传要精确到具体的商事主体，尤其是中小微企业，针对不同的企业等商事主体开展不同类型、程度的精准法治教育，以互联网、微信、微博、

---

① 《关于推进全区外贸新业态新模式发展的若干措施》［OL］.https://www.nx.gov.cn/zwgk/qzfwj/202203/t20220321_3390956.html。

视频、动漫等新媒体新技术开展法治宣传教育，让群众享受到"指尖上的便民普法"。同时，可以将国际商事仲裁的成功案例隐去保密信息并经当事人同意，在全社会进行宣传和推广。其二，要落实好常态化普法。普法活动是一项长期的基础性工作，不能只在陷入纠纷的时候才进行国际商事仲裁普法宣传，相关部门应当未雨绸缪，设立普法宣传专项行动队伍，邀请来自高校、律所、仲裁机构的专业人士举办形式多样的普法宣传活动，加强宁夏商事主体对国际商事仲裁规则、程序的了解，提高宁夏商事主体在签订涉外贸易合同中约定仲裁条款的数量、频次。其三，要建立国际商事仲裁配套法律服务平台。针对中外企业、组织和个人对"一带一路"沿线不同国家仲裁规则、招商引资政策、相关国际条约不熟悉的情形，宁夏应学习发达省区市的先进经验，如昆明成立了国家级经济技术开发区国际商事仲裁服务中心，开展国际商事仲裁法律咨询、各国国际仲裁法律研究、商事调解、经贸摩擦预警、知识产权服务、培训交流、调研策划等活动，为"走出去，引进来"对外经贸开放提供国际商事仲裁服务。宁夏可以尝试打造"一带一路"仲裁法律服务平台，为"一带一路"建设的参与者提供仲裁规则咨询、风险预警、企业法务培训等服务，使国际商事仲裁真正能够在宁夏对外经贸纠纷解决中发挥应有的治理效能。

宁夏检察轻罪治理实践、困境及其应对策略

胡雅君　张　楠　蒙　娜

2018 年中央政法工作会议明确指出，要"构建起中国特色轻罪诉讼制度体系"[①]，2019 年中央政法工作会议更是进一步强调要"深化诉讼制度改革，推进案件繁简分流、轻重分离、快慢分道"[②]。这一要求的提出不仅是出于呼应刑事立法中轻罪罪名增加的变化，更是为了回应实践中大量轻罪案件的出现。近年来，我国犯罪结构发生深刻变化，判处三年有期徒刑以下刑罚案件占比从 1999 年不到 55% 上升至近年的 85% 以上。党的二十大报告强调"推进多层次多领域依法治理，提升社会治理法治化水平"。构建完善中国特色轻罪治理体系，推动刑事诉讼模式向更有利于国家治理现代化的方向转型，是检察机关需要面对、回应的时代课题。

作者简介　胡雅君，宁夏回族自治区人民检察院第一检察部副主任；张楠，宁夏回族自治区人民检察院第一检察部检察官助理；蒙娜，宁夏回族自治区人民检察院案件管理办公室检察官助理。

①刘船：《十九大后首次中央政法工作会议传递六大新信号》，中国新闻网，2018年 1 月 23 日，https://www.chinanews.com.cn/gn/2018/01-23/8431541.shtml。

②《向着更高水平的平安中国法治中国接续奋斗——政法法律界人士热议习近平总书记在中央政法工作会议上的重要讲话》，《经济日报》，2019 年 1 月 17 日第 1 版。

一、宁夏检察机关轻罪治理实践

（一）案件办理基本情况

2014 年至 2023 年，宁夏检察机关共审查起诉犯罪 9.3 万余件，犯罪量总体呈现出先升后降的态势。2021 年审查起诉 11667 人，达到十年来犯罪量的峰值，相较 2014 年上升 54.8%。判决生效和作出不起诉决定中，轻罪案件即三年以下有期徒刑（含三年）、拘役、管制、单处附加刑、免予刑事处罚和作出相对不起诉处理占生效判决人数的 84.7%，2023 年达到峰值 88.2%。宁夏的刑事犯罪总体呈现先升后降趋势，但轻罪案件总体呈现波动式上升态势。

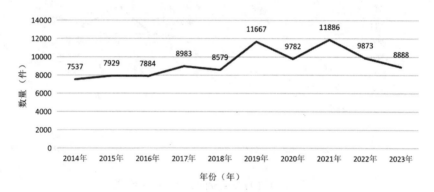

图 1　全区近十年刑事案件趋势图

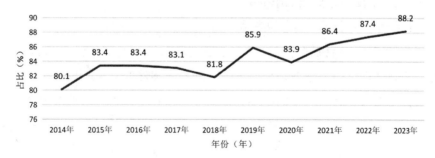

图 2　近十年轻罪案件占比

（二）主要罪名特征

十年来，宁夏地区轻罪案件排名前五的罪名分别为危险驾驶罪、盗窃罪、故意伤害罪、交通肇事罪、寻衅滋事罪，其中危险驾驶案件占轻罪处理决定的 32.8%，其他四种罪名判处三年以下有期徒刑和作出不起诉决定的人数分别占受理人数的 81%、82.3%、95.5%、73.6%，这说明宁夏地区超过八成的盗窃和故意伤害犯罪均为小额盗窃和轻伤害案件。盗窃罪和故意伤害罪作为宁夏地区排名第二、第三的轻罪案件，治理不容小觑。但随着网络犯罪的多发，2020 年以后与网络关联的帮助信息网络犯罪活动罪（以下简称帮信罪）和掩饰隐瞒犯罪所得、犯罪所得收益罪（以下简称掩隐罪）增长迅速，2022 年受理帮信罪的人数成倍增长，2022 年帮信罪的受理数同比增长 5.2 倍，已然超过交通肇事罪和寻衅滋事罪，跃居成为宁夏第三大轻罪罪名。

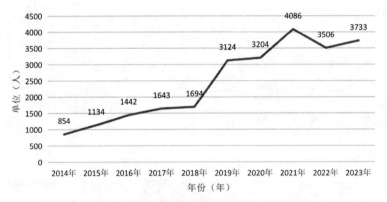

图 3 近十年危险驾驶罪受理人数变化图

（三）宁夏轻罪治理工作举措

1. 探索构建轻罪治理宁夏模式

一是宁夏检察机关建成全国首个酒驾醉驾综合治理平台。2023 年 12 月"两高两部"《关于办理醉酒危险驾驶刑事案件的意见》出台后，宁夏检察机关在自治区政法委的指导支持下，与公安厅、人民法院等多个部门建立了《宁夏酒驾醉驾综合治理系统机制》，牵头建设了"宁夏检察机关酒驾醉驾综合治理平台"。二是完善违法与犯罪梯次治理模式。针对类似如非法狩猎案件等涉案人员大多为普通老百姓，特别是对犯罪主观恶性相对较小的未成年人、老年人，适用梯次治理模式。积极与林草部门、公安机关会商，明确类似案件办理需综合情节、价值、数量、主观恶性等因素，对涉案人员分层处理，刑事打击极少数、教育挽救大多数，逐步构建"刑事打击+行政处罚"梯次处理模式，同时积极开展公开听证、公开宣告、法治宣讲等。

2. 加快"繁简分流"机制建设

积极协同公安机关建立醉驾等微罪案件快速移送、办理机制，加大速裁程序适用力度。2024年以来，宁夏刑事案件简易程序、速裁程序适用率达55.48%。发挥侦查监督与协作配合办公室的前置作用，与公安厅会签《关于健全完善侦查监督与协作配合机制的工作办法（试行）》，将繁简分流工作嵌入侦查监督与协作配合机制中，进一步助推审前刑事案件繁简分流机制适用。

3. 充分保障犯罪嫌疑人合法诉讼权益

一是持续深化认罪认罚从宽制度适用。发挥认罪认罚从宽制度优势，实现轻罪案件挽救教育目的，促进社会和谐稳定。2018年10月，修正后的《中华人民共和国刑事诉讼法》正式确立了认罪认罚从宽制度，宁夏检察机关整体适用率从2019年的35.6%提升到2023年的91.71%。二是创新审查起诉阶段律师辩护全覆盖试点工作。2020年8月，宁夏检察机关率先在全国开展审查起诉阶段律师辩护全覆盖试点工作，实现了从"一揽子"到"一对一"的辩护服务，切实保障了犯罪嫌疑人、被告人诉讼权利。2023年，宁夏检察机关与司法厅联合出台《关于在全区进一步深化刑事案件审查起诉阶段律师辩护全覆盖试点工作的通知》，在全国范围内率先实现地域范围的辩护全覆盖。

4. 扎实做好轻罪案件"后半篇文章"

一是发挥行刑反向衔接积极作用。2023年宁夏检察机关向行政主管机关提出检察意见355件，持续落实轻微犯罪不起诉后的非刑罚法律责任。在银川市试点开展不起诉案件刑事司法与行政执法衔接工作，进一步规范检察机关决定不起诉案件与党纪处分、政务处分、行政处罚工作的衔接，有效发挥了行政处罚监督职权。二是持续推进"塞上枫桥"检察品牌。依托"银川检察·枫桥12309"、检察官+村官"双助理"和"五心"工作室等机制，把矛盾纠纷化解作为轻罪案件办理的重点环节，综合运用释法说理、检察听证、司法救助等工作方式，既解"法结"，又解"心结"，努力促进刑事和解，打牢矛盾纠纷化解基础，2023 年全区刑事和解人数与 2021 年相比上升 51.28%。三是充分发挥检察建议监督实效。以类案办理为切入点，主动融入社会治理新格局，2024 年以来，共制发社会治理检察建议 284 份。推动将"社会治理检察建议落实情况"纳入地方党委和政府考核，实现以"一案之查"推动"一域之治"。宁夏、甘肃检察机关通过醉驾案件办理协作推动司法鉴定行业治理检察建议，入选 2023 年最高人民检察院"西部大开发区域检察协作典型案例"。

二、宁夏轻罪案件高质效办理面临的困境

（一）轻罪治理"源头治理"效果尚未显现

从宁夏地区轻罪案件有罪判决的情况看，2017 年以来，法院判决的所有刑事案件有前科的被告人中，危险驾驶罪、盗窃罪、故意伤害罪、交通肇事罪、寻衅滋事罪有前科人数占比达到 66.5%，反映出轻罪案件"源头治理、预防"效果尚未显现。就危险驾驶罪来说，2011 年 5 月，通过醉驾入刑大大降低了醉酒驾驶导致的交通事故，"喝酒不开车、开车不喝酒"已经深入人心。但是随着经济发展，私家车已经成为人们的普遍交通工具，酒后驾车的概率也随之增加，即使在 2023 年"醉驾意见"出台后，危险驾驶案件占比仍然达到了 25.29%，依然是宁夏轻罪案件之首。而从另一个角度看，轻罪案件再犯问题突出。

（二）轻罪案件高质效办理机制尚未完全建成

一是社会危险性评估体系尚未建成。虽然公安部、最高人民检察院出台了《人民检察院、公安机关羁押必要性审查、评估工作规定》，但尚未建立完善的社会危险性评估量化体系，捕后轻刑、免予刑事处罚、不起诉案件一定比例的存在，反映出检察机关对轻罪案件逮捕必要性的审查仍需进一步提升。二是权利保障体系还需要持续完善。司法实践中，对于轻罪案件大多适用取保候审强制措施，但鉴于我国对非羁押强制措施保障体系尚不完善，大多数轻罪案件，在审查起诉阶段仅有值班律师提供法律帮助。2020 年 9 月印发的《法律援助值班律师工作办法》，尽管明确了值班律师实质化履职的要求，但存在一定的实践困境。

（三）轻罪案件社会协同治理尚未形成整体格局

一是刑事违法与行政违法协同共治。我国对于不认为是犯罪的轻微违法行为会交由行政机关处置。但随着《中华人民共和国刑法》积极参与到社会治理中，刑事犯罪圈不断扩大，特别是一些行政犯，将原本应当由行政机关处置的违法行为纳入刑事犯罪的评价体系中。《中共中央关于加强新时代检察机关法律监督工作的意见》中明确提出"健全行政执法和刑事司法衔接机制"。因此，做好行刑衔接对失范行为治理至关重要。二是政法各单位的协同共治。公安机关、检察机关、法院等司法机关在轻罪案件处理上，虽然都有自己的职责范围，但相互之间的协作配合还不够流畅，目前全区政法各单位尚未就轻罪社会协同治理形成共治机制，仅在各地探索性地建立了一些地方机制。三是社会层面的协同共治。在社会力量参与上，社区、社会组织等能够在轻罪案件治理中发挥作用的主体，还没有被很好地整合进来。比如对于一些轻罪犯罪人的矫正工作，如果有社区的积极参与，效果可能会更好，但目前很多社区缺乏成熟的参与机制和资源。法律规定和实际操作之间存在差距，虽然有关轻罪治理的基本法律框架，但在具体的协同治理措施、责任划分等细节上还不够完善，这也阻碍了整体治理格局的形成。

三、宁夏轻罪治理应对策略研究与完善建议

（一）落实宽严相济的刑事政策，实现轻罪案件由"治罪"向"治理"转变

轻罪治理问题始终离不开司法人员的自由裁量，承载着司法人员的使命担当和为民情怀。轻罪治理需要培育系统科学的办案理念，强调与时俱进地更新轻罪司法理念。要准确把握轻罪的宽严相济与无罪推定原则之间的逻辑关联，领会并实践无罪推定原则精神实质，严格区分"犯罪嫌疑"和"犯罪"界限，摒弃有罪推定、重打击轻保护理念及行为，警惕将逮捕羁押作为惩罚性手段使用，确保被追诉人人身自由不受非法侵犯。落实宽严相济的刑事政策，要在制度允许范围内尽可能使实施机制或操作程序向正当程序靠拢。强制措施的选择适用要以保障诉讼程序的正当目的为出发

点，充分评估被追诉人妨碍或逃避诉讼的可能性风险，要优先适用非羁押措施。落实党的二十届三中全会通过的决定要求，探索"建立轻罪犯罪记录封存制度"，并做好涉案人员的管理教育帮扶。对于轻罪案件的犯罪嫌疑人不能"一放了之""不诉了之"，要及时做好教育引导，广泛开展法治教育、职业培训、生活帮扶，让违法犯罪者更好回归社会，避免其再次实施违法犯罪行为，将轻罪案件办出良好的效果，实现"治罪"向"治理"的转变。

（二）建立健全轻罪案件高质效办理的制度机制

首先，轻罪刑事政策与认罪认罚从宽制度在价值上具有高度契合性，[①]认罪认罚从宽制度是落实宽严相济刑事政策，推进轻罪治理得以实现的重要制度载体。是否认罪认罚是评估社会危险性的重要考虑因素，二者存在紧密的逻辑关联，实践中要合理衔接、充分融合。被追诉人自愿认罪悔罪、积极和解赔偿，配合国家追诉、修复社会关系，是对自身犯罪行为主观态度的外在表现，将其作为社会危险性的判断依据具有合理性、可行性。被追诉人认罪认罚，不逃避、不妨碍诉讼，表征着通过羁押措施保障诉讼程序顺利进行的必要性在下降。因此，要将是否认罪认罚作为评估社会危险性的重要考量因素，为被追诉人自愿认罪认罚提供制度性激励。[②]

其次，强化不起诉制度对轻罪案件处理的确定性效应。检察机关要实现司法裁量的有效行使，充分用足用好不起诉制度，减少诉讼增量，推进诉源治理。一是继续深化"不起诉+公益服务"工作机制，推动被不起诉人参加志愿服务、社区服务、环保服务等社会公益服务，并结合案件情节、性质、手段、危害后果、社会矛盾化解等因素，对符合相对不起诉决定的，留出一段时间让犯罪嫌疑人进行公益履职，给予其改过自新、真诚悔过的机会，也作为最终作出不起诉决定的重要参考依据，真正实现警示、教育目的。二是探索扩大附条件不起诉适用范围。完善成年人附条件不起诉制

---

①叶青，韩东成：《轻罪刑事政策下认罪认罚从宽制度的司法适用程序若干问题研究》，《中国刑事法杂志》，2020 年第 5 期。

②王毅恒：《认罪认罚从宽制度对轻罪羁押的影响——以 S 省 H 市为研究样本》，《北京警察学院学报》，2023 年第 1 期。

度适用，对适用案件范围、起诉裁量权大小、附带条件的性质与内容、社会调查是否前置以及暂缓起诉期限的确定方式等重要问题展开积极的调研论证，为成年人案件附条件不起诉提供更多实践基础。三是抓好"后端"治理，规范不起诉案件非刑罚处罚。要践行恢复性司法理念，避免"不诉了之"，积极探索实施非刑罚处罚措施，比如对被不起诉人采取集中训诫、责令具结悔过、赔偿损失和赔礼道歉等措施，要求被不起诉人参与公益服务、志愿活动，让其受到必要的教育。要强化行刑衔接机制的有效运行，对于应当进行行政处罚的被不起诉人，及时发出检察意见移送行政处罚，督促行政处罚落实，针对案件暴露出的管理漏洞等问题，及时制发检察建议督促整改，最大限度提升犯罪社会治理效果。健全司法救助与社会救助衔接机制，加大对贫困当事人的全方位、多元化综合救治工作，对案件办理过程中暴露出来的生态环境保护、食品药品安全等问题，推动地方政府完善政策制度，促进社会治理，做优做实轻罪治理的"后半篇文章"。

最后，运用好辩护制度确保轻罪治理实现程序正当性。一方面，发挥辩护制度在认罪认罚从宽中的重要作用。认罪认罚从宽制度的诉讼价值和目的与刑事辩护制度具有内在共融性，二者为相互促进与增效的关系。①充分重视辩护律师在办理认罪认罚案件中的协商作用，依法切实为辩护律师提供便利，积极听取律师意见，做好值班律师经费保障，尊重并重视律师的程序参与和实体判断价值，保证被追诉人的诉讼权益，做到减程序不减权利。另一方面，发挥辩护律师在羁押必要性审查中的重要作用。逮捕羁押虽不是刑罚，但同样是对公民权利和自由进行限制，辩护律师参与是羁押必要性审查的客观需要。辩护律师对羁押必要性及延长羁押期限有异议的，可提出审查建议，推动启动审查程序；可向审查部门提供证据材料或书面审查报告，审查部门应予受理并及时反馈意见。被羁押人员对审查结果不服等情形，要赋予辩护律师帮助获得法律救济的权利，保护被羁押人员合法权益免受侵犯。

①卞建林，钱程：《刑事诉讼法学：新时代的理论发展与制度创新》，《检察日报》，2021年1月4日第003版。

（三）构筑公检法协同发力的轻罪治理模式

公检法联合探索建立轻罪案件快速办理中心，可指定专门人员成立轻罪案件侦查、审查起诉、审判的专门办案团队，对案件事实清楚、证据确实充分，双方矛盾已化解的轻微刑事案件快速办理，10天之内完成侦查、审查起诉和审判，将"轻案快办"的理念贯通刑事诉讼全过程，以有效压缩诉讼时间，提高办案效率。健全轻罪案件调解、和解机制，把"枫桥经验"贯穿于轻罪案件办理全过程，实质性化解矛盾，解决再犯问题。建立轻罪案件人民调解工作机制。通过调解员介入，帮助当事人就调解方案、赔偿金额、履行方式等反复协商达成和解。探索建立刑事和解中心或刑事和解办公室等专门机构，完善轻罪案件赔偿保障金配套制度，最大限度保障被害人及时获取应有的赔偿权利，多方面化解案件矛盾，努力实现案结事了人和。

宁夏"塞上枫桥"调解品牌的调查研究

史伟丽

近年来，宁夏主动适应社会矛盾的新变化，积极打造矛盾纠纷多元化解"塞上枫桥"调解品牌，大力推进矛盾纠纷排查调处全覆盖体系建设，有效预防和化解了大量社会矛盾纠纷，为维护全区社会和谐稳定，建设更高水平的平安宁夏、法治宁夏作出了积极贡献。

一、"塞上枫桥"调解品牌建设举措

（一）不断健全和完善制度体系

法治实现的基础是"良法善治"，人民调解作为解决基层群众纠纷的重要方式，同样也需要通过立法加以规制。2007 年 11 月 9 日，宁夏回族自治区人大常委会发布了《宁夏回族自治区人民调解条例》，并于 2019 年 11 月根据上位法《中华人民共和国人民调解法》对其进行了修订，此次修订对调解主体、程序、协议、法律责任等做了细化规定。2023 年，自治区司法厅印发《全区"塞上枫桥"调解品牌提升行动实施方案》，全面启动"塞上枫桥"调解品牌建设。这些法规制度的建设为宁夏道路交通事故、医疗纠纷、婚姻家庭矛盾纠纷等基层矛盾纠纷多元化解提供了制度支撑。

作者简介 史伟莉，宁夏警官职业学院教授。

（二）不断强化队伍建设

根据《法治社会建设实施纲要（2020—2025年）》提出的要求，宁夏调动全社会各方力量参与法治社会建设。建立了基层纠纷信息员、金牌调解员、专职调解员、兼职调解员、人民调解志愿者五支队伍，设立人民调解咨询专家库，发挥各类主体在推进法治社会建设中的积极作用。在优化队伍结构的同时，推进调解员队伍从重数量向数量、质量并重转变。在调解组织建设方面，全区已建各类人民调解委员会3722个，其中村居（社区）调委会2863个、乡镇（街道）调委会245个、企事业调委会114个，90%以上的调解组织达到规范化建设水平，实现了人民调解全覆盖、基层调解组织全覆盖。

（三）健全和完善调解机制

一是完善人民调解"四张网"建设，宁夏设立了商会人民调解组织22个，聘请专兼职调解员140余人、企事业单位调委会143个，实现农村、城市、单位、行业的全覆盖，推动人民调解组织发挥化解矛盾纠纷的基础性作用。二是健全完善"分层分类分级"培训机制，定期组织开展自治区、市、县（区）、乡镇（街道）人民调解员四级培训，在集中授课、短期研修等培训方式的基础上，开展师徒结对、案例评析、观摩交流、模拟调解等业务活动，提升人民调解员法律素养、调解技能和信息化运用能力。三是建立等级评定结果与评先评优、实行奖励或补贴直接挂钩的工作制度，增强了人民调解员的荣誉感、使命感。四是构建大调解工作格局。先后联合自治区高级人民法院、检察院等12个部门下发《关于完善我区人民调解、行政调解、司法调解联动工作机制 进一步加强人民调解工作的意见》，2021年印发《宁夏回族自治区行政裁决与调解、仲裁、行政复议、诉讼工作相衔接的若干规定》不断健全完善了人民调解、行政调解、司法调解、仲裁调解联动机制。建立健全公调对接、交调对接、访调对接等工作机制，在公安、交警、人社等部门设立派驻人民调解工作室，实现了人民调解与行政调解的有机衔接。全区在法院、检察院、公安派出所、信访局等单位设立人民调解委员会或调解室103个。

(四) 推进调解信息化建设

贯彻落实司法部"数字法治、智慧司法"建设要求，完成了宁夏人民调解业务综合管理平台和宁夏调解通移动端建设，构建起"互联网+人民调解""大数据+人民调解""全媒体+人民调解"新时代人民调解新格局，实现了人民调解组织队伍信息归集、纠纷受理、分流、调解、结案、回访等流程全覆盖，建立了案件评定、当事人满意度评价机制，为人民群众提供指尖上的调解服务，实现人民调解工作规范化、信息化、智能化。

二、"塞上枫桥"调解品牌创建成效

(一) 大量矛盾纠纷成功化解

宁夏坚决落实习近平总书记关于"枫桥经验"重要指示批示精神，扎实开展"塞上枫桥"调解品牌提升行动，通过"定期坐诊""上门看诊""灵活就诊"等方式，解答咨询，引导群众合法诉求，切实畅通群众诉求表达渠道、规范利益协调机制，依法保障群众权益。根据调研得知，共指导3722个人民调解组织排查矛盾纠纷18443人次，化解矛盾纠纷1.5万件，成功率高达96.3%。近5年来，全区各类人民调解组织累计排查矛盾纠纷26万余次，化解矛盾纠纷17万余件，调解成功率在96.9%以上，实现了人民调解化解总量和信访总量双下降。

(二) 调解工作模式不断创新

在创建"塞上枫桥"品牌的实践中，各地根据平安宁夏建设的新目标、社会治理的新形势、人民群众的新期待，不断深化对基层社会治理规律的认识，不断改进群众工作方法方式，不断创新柔性治理场景，创建"事心双调"工作机制，涌现出如中卫市"人民调解+仲裁+信访"纠纷治理模式，西吉县"四聚焦四覆盖"，隆德县"1286"诉前调解，原州区"134"机制，泾源县"积分卡"制度，彭阳县"1+1+N"模式，同心县"老马调解四法"，固原市"1+1+3"工作机制，闽宁镇"四步工作法"、"1353"多元联动解纷和"355"婚姻家庭矛盾解纷法，沙坡头区滨河镇"红色物业联盟"纠纷破解机制等各具特色的基层治理模式，让矛盾止于毫末。

（三）先进人物及事迹不断涌现

自 2021 年以来，人民网、司法部、"学习强国"、法治政府网、澎湃新闻等网络媒体及《法治日报》《中国司法》《宁夏日报》等报纸杂志，央视、国务院办公厅《昨日要情》等大量刊发宁夏"塞上枫桥"先进事迹，宁夏人民调解工作"四张网"入选"奋进新时代"主题成就展在北京展出，多名人民调解员、多个人民调解委员会等集体被司法部表彰，宁夏先后举办 2 次全国性"枫桥经验"及调解工作会议交流宁夏经验，成为全国调解工作的一道亮丽风景。

三、"塞上枫桥"调解品牌创建经验

（一）强化"塞上枫桥"品牌宣传

宁夏坚决落实习近平总书记关于坚持发展"枫桥经验"重要指示精神和党的二十大精神，除进行了前述的制度建设，自治区党委政法委还将"宁夏法治"微信公众号更名为"塞上枫桥"以推广品牌。自治区司法厅印发《全区"塞上枫桥"调解品牌提升行动实施方案》，各地在开展调解培训中普遍将"枫桥经验"作为学习内容，开展"塞上枫桥"基层法治工作培训，公检法司等机关创新完善多元联动解纷机制，开展评选"塞上"系列"枫桥式"品牌，在媒体推送典型工作经验进行宣传，主动服务全区经济社会发展大局，为全面建设社会主义现代化美丽新宁夏提供有力法治保障。

（二）重视"塞上枫桥"主体建设

通过不断壮大人民调解队伍，全区共有兼职调解员 22229 名、专职调解员 701 人、特邀调解员 4092 人、网格信息员 10416 人、调解志愿者 5627 人，在矛盾纠纷各环节充分发挥自治、德治、法治"三治"融合的优势，各类调解员以群众易于接受的主动排查、主动调解方式在人民调解、行政调解、司法调解、信访调解、仲裁调解等环节发挥了重要作用。

（三）突出"塞上枫桥"品牌内涵

宁夏"塞上枫桥"调解品牌在建设中注重从人民群众自身的理解能力、理解方式和表达习惯等方面贴近群众现实需求，依托调解员个人独特身份、传统文化、红色文化、服务对象、调解内容、办公场所、工作方法或流程等不同特色创建品牌调解室，使得不同需求的群众能够较为便捷地找到调解组织。

(四) 牢筑基层治理"第一道防线"

各部门充分发挥人民调解在多元化解机制中的基础性作用，积极畅通诉调、访调、公调等对接机制，在矛盾产生初期及时干预，防止事态扩大，为群众提供了便捷快捷、诉非衔接、线上线下联动的多元化纠纷解决方式，既缓解了部门压力，又减轻了当事人诉累，促进人与人之间的和谐与理解。另一方面，越来越多的群众认识到调解过程和谐、重视当事人感受、协议高效履行等优势，突显了调解及时发现并有效防止"次生灾害"，在维护社会安全稳定中发挥着"第一道防线"作用，较好发挥了人民调解"治未病"的特效。

四、从品牌建设角度检视"塞上枫桥"品牌

品牌是一个以消费者为中心的概念，品牌的成长过程就是品牌与消费者之间关系的发展过程。一般来说，服务品牌的建设包括品牌识别、服务者参与、组织支持、环境营造、品牌传播、用户体验等外在展示和内涵感知方面的内容。"塞上枫桥"调解品牌作为服务品牌，从建设成绩看，主要体现在服务者参与、各级组织机构支持、品牌传播、服务效果方面。从消费者角度看，"塞上枫桥"品牌设计及其运行而言，还存在如下不足。

(一) "塞上枫桥"调解品牌的独特标识未形成

品牌标识是由图形符号、品牌标语、背景、负空间等要素构成的突出视觉效果，往往能够表明该品牌的内涵及其对服务者的承诺，体现服务者的价值观、核心能力。"塞上枫桥"是贯彻新时代"枫桥经验"的宁夏实践，宁夏各级调解机构及主管单位做了大量具体工作。但是，该品牌在体现宁夏"塞上"特点的"枫桥式"理念、行为、视觉等方面的独特性、标志性方面，还未形成使宁夏人民群众耳熟能详的调解品牌标识或宣传语。

(二) "塞上枫桥"调解品牌的质量标准不明确

从国家《服务质量评价通则》看，服务质量评价指标体系包括服务资

源、服务过程、服务结果这 3 个一级指标，服务组织、服务人员、服务环境、服务合同、服务信息、服务环节 6 个二级指标。目前，全区城市、农村人民调解网基本建成，但是党政机关、企事业单位的人民调解组织设立少、受案数量少，电子商务、金融、互联网等领域人民调解组织基本空白，人民调解组织分布不平衡影响了调解品牌的联想度。而且，除个别工作具有统一评价标准，全区各调解组织的服务质量、标准、创新和信用等方面的群众或专家普遍认可的评价考核标准尚未形成。

（三）"塞上枫桥"调解品牌的美誉度有待提升

良好的品牌声誉有助于提升客户忠诚度。消费者对于服务品牌的评价，不仅看结果，很多时候还会从服务者、服务环境、沟通与传播等方面去评估。宁夏人民调解员队伍中，村（社区）、乡镇（街道）人民调解员占91.31%，专职调解员高中以上文化程度占 51%，大专以上法律专业的调解员还不到 1%，调解员年龄整体偏大，调解队伍的现状难以适应新时代人民群众特别是年轻人对调解工作的新需要，影响了调解品牌的美誉度。另外，媒体对成功的调解案例宣传不够，对品牌调解室的宣传推广不够，对基层地方特色调解品牌推广不够，使各调解品牌影响面有限，能够让宁夏各地群众广泛知晓的调解品牌很少。群众主动寻求调解的积极性远没有诉讼高，被动接受者多。

五、深化"塞上枫桥"调解品牌建设的建议

新时代"枫桥经验"品牌文化战略涉及品牌精神文化、制度文化、行为文化等领域。宁夏应根据品牌建设的理论，在社会基层坚持和发展新时代"枫桥经验"，立足宁夏实际，坚持目标导向、问题导向、系统思维，从品牌物质文化和品牌精神文化两方面着手，不断深化"塞上枫桥"调解工作品牌建设，不断增强人民群众对调解品牌的知晓度、认可度、美誉度。

（一）开展调解品牌的物质文化建设

一个品牌，首先应有特色鲜明的外在独特标识。作为一种法律服务方式品牌，宁夏"塞上枫桥"品牌的建设，可以首先从"塞上枫桥"品牌标识、调解员着装、文书印章、服务场所、服务平台等外在形式统一标识，

设计推广相关文创产品，以此向群众传递其显著的外在独特性，使群众在接受服务中感受品牌的魅力，加强其辨识度。鼓励企业推进产品设计、文化创意、技术创新与品牌建设融合发展，建设品牌专业化服务平台，提升品牌营销服务、广告服务等策划设计水平。

（二）加强调解品牌的精神文化建设

一般来说，品牌能够持久存在在于其独特的价值、文化和个性。党的十八大以来，新时代"枫桥经验"及其所倡导的"矛盾不上交、服务不缺位、平安不出事"已经有了一定的群众知晓度。如何强化宁夏"塞上枫桥"品牌的独特性、知晓度和认可度呢？为此，需要从以下几方面来强化宁夏"塞上枫桥"品牌建设。

1. 结合区情及定位提炼"塞上枫桥"品牌的地方特色

宁夏"塞上枫桥"品牌建设应贯彻习近平总书记考察宁夏的系列重要讲话精神，以铸牢中华民族共同体意识为主线，以建设黄河流域生态保护和高质量发展先行区、铸牢中华民族共同体意识示范区为内容，提炼具有宁夏特色的新时代"枫桥经验"。

2. 结合新时代"枫桥经验"提炼"塞上枫桥"品牌的新内涵

新时代"枫桥经验"要求立足预防、立足调解、立足法治、立足基层，切实做到预防在前、调解优先、运用法治、就地解决。宁夏各地的创新工作法很多，需要从其理念、特色、各方权益保障、意义价值等方面进行提炼总结，形成"塞上枫桥"品牌的标志化、标准化指标体系，既体现对"枫桥经验"的传承，也要体现其创新，并通过加大宣传，增强各类调解机构及调解员巩固和维护品牌的自觉性，增强群众对品牌的辨识度和认可度，树立"塞上枫桥"良好的社会形象，形成口碑效应。

3. 结合宁夏人民需求体现"塞上枫桥"品牌的情感价值

品牌的情感价值，是消费者对该品牌商品或服务的信任度和依赖度。消费者对品牌的信赖度取决于该品牌能够满足其需要的实力及其声誉。"塞上枫桥"作为一种服务品牌，必须兼顾群众的情感需求。首先，各调解组织及调解员要加强自身建设，要让群众认识到接受调解方式化解矛盾纠纷的可能、必要、必须，让群众认识到调解者的实力。其次，各级政府、司法机关对调解这种解纷方式要"高看一眼"，不仅给予调解员必要的履职物质保障，还要确认和维护其法律效力，让群众相信调解结果的效力，感受到调解的独特价值。最后，对具有一定知晓度的良好调解品牌，各级地方国家机关应给予持续指导和扶持，使其做大做强，不仅调解组织要加强自我推介，媒体也应持续宣传，通过流媒体、内容营销、沉浸式故事讲述、互动式广告、体验式广告等来提高知名度以满足群众的情感需要，提高品牌知名度。

六、结语

正如学者所言，品牌文化是与品牌有关的一系列语言、审美情趣、价值观念、消费习俗、道德规范、生活方式等的结合体，是品牌与文化的有机融合。宁夏"塞上枫桥"调解品牌建设既要总结经验，又要持续科学评估新时代"塞上枫桥"的应用效果和扩散效应，加强标准化建设，不断提高服务质量，建设平安宁夏。

宁夏新就业形态劳动权益法治保障的现实、困境和思路①

张宏彩

　　平台经济的蓬勃发展催生了网约车司机、快递员、外卖骑手、网络直播主播等新就业形态，这种新就业形态劳动关系的不确定性和工作形式的灵活多样性等特性，与传统劳动形式有很大区别，给现行劳动保障法治带来挑战。党的二十大报告明确提出要："完善促进创业带动就业的保障制度，支持和规范发展新就业形态。健全劳动法律法规，完善劳动关系协商协调机制，完善劳动者权益保障制度，加强灵活就业和新就业形态劳动者权益保障。"体现了中央对新就业形态劳动者权益保障的关注和重视，也呈现出当下我国新就业形态劳动者权益保障的急迫性。从地方治理视角出发，梳理和检视宁夏新就业形态劳动者权益保障发展现状和存在问题，进而提出相应化解思路，是新时代宁夏新业态劳动者权益保障制度体系建设和新就业形态规范发展的必要举措，也是美丽新宁夏现代化建设的重要内容。

　　作者简介　张宏彩，宁夏社会科学院社会学法学研究所助理研究员，主要研究领域为区域法治、地方立法、卫生健康法治等。
　　①本文系宁夏哲学社会科学规划项目"宁夏实施依法治区战略路径研究"（项目编号23NXCFX01）阶段性研究成果。本文数据主要来自宁夏回族自治区市场监管厅、交通运输厅、商务厅、邮政管理局以及平台企业。

一、宁夏新就业形态劳动者权益法治保障现实

根据国家人社部相关文件规定①，新就业形态是指劳动者通过线上接受互联网平台发布的配送、出行、运输、家政服务等工作任务，按照平台要求，提供平台网约服务，获取劳动报酬的就业模式。新就业形态企业包括平台企业和平台用工合作企业等商事主体，其中平台用工合作企业指为平台企业派遣劳动者的劳务派遣机构或负责组织、管理劳动者完成平台发布工作任务的加盟商、代理商等。新就业形态的劳动者是根据互联网平台发布工作任务，提供网约服务的劳动者。

（一）宁夏新业态经济及其新就业形态的劳动者情况

近年来，宁夏的快递、外卖、电商等产业发展迅猛，相应的平台业务量和收益也激增。2023 年，宁夏邮政行业全年寄递业务量完成 22371.35 万件，全区人均年快递使用量为 18 件，2024 年 1—9 月，宁夏邮政行业寄递业务量累计完成 19215.33 万件。2023 年，宁夏全年网络交易额、网络零售额分别实现 1965.95 亿元、345.2 亿元，2024 年仅"双十一"活动期间，直播销售额实现 4.3 亿元。其中，农村网络零售额达 7.2 亿元，农产品网络零售额达 7.8 亿元，约占宁夏实物商品网络零售额的 50%。这些成绩的取得离不开宁夏 30 多万名新就业形态劳动者的辛勤付出。

随着平台经济蓬勃发展，宁夏新就业形态劳动者群体规模越来越庞大，为宁夏平台经济发展提供了强有力的人力资源支持。截至 2023 年底，宁夏共注册成立新就业形态企业 153104 家（包括营业网点、注册网商户、网络运输等等），从业人员约 34 万人，其中网络商务经营组织（包括网商、电商等企业和个体）约 1.5 万家，从业人员 22.2 万人；带货主播约 1 万人；网络运输组织 47 家，从业人员 8.6 万人，其中快递、外卖等配送人员约 5 万人；互联网医疗 92 家，从业人员约 0.05 万人；网络教育 71 家，从业人

---

① 人力资源和社会保障部办公厅关于印发《新就业形态劳动者休息和劳动报酬权益保障指引》《新就业形态劳动者劳动规则公示指引》《新就业形态劳动者权益维护服务指南》，（2024-08-10）https://www.mohrss.gov.cn/xxgk2020/fdzdgknr/ldgx_4234/ldyg/202402/t20240222_513849.html。

员约 0.1 万人；线上家政服务 231 家，从业人员约 0.6 万人。

（二）宁夏新就业形态劳动者权益保障制度建设情况

宁夏新就业形态劳动者多数是农民工、待业创业青壮年群体，他们选择从事配送、运输、商务等网约服务工作，关键因素是平台灵活、低门槛的用工模式。但也恰恰是这种灵活、低门槛用工模式，带来新就业形态劳动者与用工主体间劳动管理关系的不确定性、不清晰性和不稳定性等问题，使得中央和地方推进健全和完善劳动者权益保障制度建设成为新时代重大课题。

1. 中央层面法律法规和制度情况

一是《中华人民共和国劳动法》（以下简称《劳动法》）中劳动者权益保障的规制媒介是固定的劳动合同，与当下新就业形态劳动管理状态不相符。《劳动法》规定固定的劳动合同管理关系是劳动者权益保障的基础，在劳资分配中体现为用人单位缴纳"五险一金"保障性待遇。[①]但现实中，多数新就业形态劳动者处于无劳动合同管理状态，且无明确、清晰的劳动管理主体。二是《中华人民共和国社会保险法》（以下简称《保险法》）第十二条规定，新就业形态劳动者可以参考非全日制从业人员和其他灵活就业人员按照国家规定缴纳养老保险费，可见《保险法》的规制也是不全面的。实践中灵活就业者（包括新就业形态劳动者在内）其社保缴纳是自主缴纳，且缴纳主体多为个体工商户等收入较高群体，而新就业形态的劳动者在较低收入状态下，缴纳社保的比例则较低。三是中央及其各部委层面出台的大量规范性文件，主要是《关于维护新就业形态劳动者劳动保障权益的指导意见》《关于做好快递员群体合法权益保障工作的意见》《关于落实网络餐饮平台责任　切实维护外卖送餐员权益的指导意见》《关于加强交通运输新业态从业人员权益保障工作的意见》等，这些规范性文件均提出了平台企业担负起新就业形态劳动者权益保障责任的要求，但这些规范性文件存在强制约束力不足的问题，对企业和劳动者很难产生有效规制作用。

[①]《中华人民共和国劳动法》第七十二条规定，用人单位和劳动者必须依法参加社会保险，缴纳社会保险费。

2. 宁夏法规政策等制度建设情况

近年来，为支持和规范新就业形态发展，切实维护新就业形态劳动者劳动保障权益，宁夏各级党委和政府高度重视新就业形态劳动者权益保障制度建设，制定出台了一系列法规、政策等文件。据统计，2021 年至 2024 年 10 月，立法层面，自治区制定出台了《宁夏回族自治区维护新就业形态劳动者劳动保障权益实施办法（试行）》《宁夏回族自治区维护新就业形态劳动者劳动保障权益实施办法》《关于加强新业态、新就业群体党的建设工作的若干措施》等法规、规章、规范性文件；行业政策支持方面，自治区人社、交通、邮政等部门制定出台了《关于加强网络预约出租车规范化经营管理的通知》《宁夏回族自治区工程技术系列快递专业技术职称评审条件（试行）》《宁夏快递车辆运行管理办法》《宁夏回族自治区网络社区团购 网络直播营销经营行为合规指引（试行）》等相关政策制度；市域层面，宁夏 5 市均对快递车辆进入小区制定明确政策支撑。①此外，银川市还出台了《银川市网络预约出租汽车经营服务管理实施细则》。这些法规政策制度的出台夯实了宁夏新就业形态劳动者权益保障制度机制，为宁夏健全和完善新就业形态劳动者权益保障制度提供了丰富的实践经验。

（三）宁夏新就业形态劳动者权益保障机制建设情况

我国传统的劳动者权益保障机制主要分为四类：一是劳动权益保障行政机制，是指人社部门下设的劳动监察、就业促进和保障职能部门的行政执法监督与保护机制；二是司法救济机制，包括劳动仲裁、法院司法裁判、检察院公益诉讼等机制；三是工会等群团组织对侵犯劳动者权益的调查、监督、纠正等权能保护机制，以及对劳动者维权的支持和帮助等支持扶持机制；四是基层治理组织矛盾纠纷化解机制，对辖区内劳动者提

---

① 银川市制定了《关于加强邮政、快递车辆进小区管理工作的通知》等法规和政策，石嘴山市制定了《关于规范邮运和快递车辆进入住宅区的通知》，吴忠市制定了《关于为邮政快递车辆进小区提供便利的通知》，固原市制定了《关于加强全市邮政、快递车辆进社区管理工作的通知》，中卫市制定了《关于加强邮政快递车辆进小区管理工作的通知》。

供法律援助、矛盾调解等支持和帮助。依据相关法律法规和政策规定，这些机制在相应的制度框架下对新就业形态劳动者权益保障发挥着一定保护作用，但也因制度缺陷，给新就业形态劳动者维护自身合法权益带来诸多掣肘。

除上述保障机制外，近年来，宁夏积极探索新就业群体劳动者的合法权益保障新路径、新方法和新举措。一是拓展社保覆盖面，提高新就业群体社保标准。推出系列灵活就业群体、新业态群体等居民社保政策支持体系，调高了社保缴纳基数，建立了减免和激励机制，推动新就业形态劳动者积极缴纳养老、医保和公共卫生费，扩大社保覆盖面。二是在网约运输领域，自治区交通运输部门联合自治区总工会、妇联、团委等部门，建立了"党建+工建+团建+妇联"的工作模式，为新就业群体提供政策咨询、权益保障、诉求解决、体检疗养等支持。三是建立培训机制，助推宁夏农村电商、直播博主专业化、规范化、合法化发展，2023年以来，宁夏农业农村厅和乡村振兴局为农村电商从业人员、直播带货博主、网红精英等开展业务轮训和培训活动，提升电商、直播带货等主体电子商务法律法规知识素养和合法权益保障能力。

二、宁夏新就业形态劳动者权益法治保障困境

（一）新就业形态劳动管理关系认定难

我国现行劳动法律框架下劳动者权益保障法规适用的前提是劳资双方具有明确、清晰的劳动合同管理关系。但实践中，平台通过层层分包外包等手段，规避了与新就业形态劳动者的劳动合同管理关系，也规避了相应的用工成本承担责任和劳动权益保障责任。

从平台企业视角，平台基于算法的不透明性，以众包、分包、外包等形式拆分了用工流程，达到剥离企业与新就业形态劳动者间的用工责任，[1] 这种去实体化的分解过程，使得劳动者与平台企业的联系除了"信息谋

---

[1]李嘉娜：《平台用工劳动关系的现状、挑战与应对》，《工会理论研究》，2022年第1期。

合"，无劳动组织关联关系，劳动者不再是传统意义下的"单位人"。新就业形态中，不仅劳动者不清楚自身的用工主体是谁，而且平台系统各层级业务分工中劳动者呈现出"自由人"状态，这种劳动管理关系的不清晰特性侵蚀了劳动者的主体权益，使大量的劳动者成为无组织状态。

这种法律框架外劳动关系的形成，除平台去劳动关系操作外，还与新就业群体自身有一定关联，许多劳动者为平台低技能、无门槛、无固定场所、无工作时间限制等特殊用工模式所吸引，劳动者奔着计件、计量等按劳获取报酬的形式，本着过渡性、收益见效快的目的，进而对是否确立劳动关系不关心，有些甚至不愿意建立固定劳动关系，最终导致绝大多数劳动者未签订固定劳动合同，脱离了劳动法的权益保障框架。

新就业形态的用工模式，也使得传统以单位为媒介的工会等劳工组织的职工保护机制实体化、组织凝聚力无法实现，同时，因现行法律法规的局限，使得劳动行政监督、司法仲裁等职能发挥也受到掣肘，劳动者权益被减损时，各方力量很难为劳动者合法权益的维护找到明确的责任承担主体。

（二）平台割裂新就业形态劳动者风险

平台通过系列业务分割操作，达到将新就业形态劳动者排除在劳动关系之外的同时，还将其用工风险也推向传统劳动保障法律的边缘。实践中，平台经济模式下的新就业形态劳动者务工状态是自由接单、自负盈亏、自担风险等自我兜底状态，绝大多数劳动者处于无劳动合同规制的状态。这种劳动风险割裂方式造成新就业形态劳动者的劳动权益保障缺失。

此外，业务分割链末端的分包商、配送站点等经营主体，大多也不会与劳动者签订劳动合同，也不会承担社保缴纳责任。一方面，这些经营主体多数是个体工商户、合伙组织等，不仅自身抵御风险能力较弱，且无力承担新就业形态劳动者的工伤、侵权等保障责任。另一方面，在算法技术的规则和操控下，新业态劳动者的劳动是被多极、多层、多元主体支配和分割的，劳动者个体与系统看似有着紧密的联系，但没有明确、清晰的劳动关联性。平台系统中各流程、各主体乃至各分包商、配送站点任何一环与新就业形态劳动者的关联性是不稳定、不完整的。当劳动者发生劳动风险，就出现没有明确的商事主体来承担责任的现象，根本原因是平台经济通过业务分割将劳动者与其剥离、割裂，让劳动风险转嫁到劳动者自己身上。

此外，尽管中央和地方现行政策在承认平台用工形式特殊性的基础上，提出了通过"书面协议"①确定平台与劳动者的权利义务关系，以避免平台企业通过规避劳动关系或劳动合同，跳脱出现行劳动法律规制框架，达到对劳动者权益保障责任的逃避或减免目的。但实践中多数的新就业形态劳动者与平台即便签署了劳务协议，平台也通过协议条款及算法加持对社保缴纳、风险担负做了规避，"书面协议"的结果也是劳动者自己承担劳动风险，即从订单中扣除一定比例金额用于购买职业伤害险。

（三）新就业形态劳动者抗风险韧性不足

新就业形态劳动者权益保障不足，体现在抗风险韧性不足，不仅是基础社保缴纳能力不足，而且职业风险也高。当前宁夏包括新就业形态劳动者在内的农民工、灵活就业者等群体缴纳社保比例较低，"漏保""脱保""断保"问题十分严重。在传统社保制度框架下，新就业形态的劳动者主要是农民工和城市灵活就业者，其能参与的社保只有养老保险和医疗保险，险种少，缴费基数较低，保障水平也较低。平台企业通常不与新就业形态劳动者签署劳动合同或书面协议，平台系统通过信息谋合、流程控制、用工管理、过程监督、绩效评价奖惩等不同模块，将劳动者的劳动分解、配置给若干个经营主体，实现去雇佣化，进而达到转移劳动关系的目的。因为平台企业与新就业形态劳动者之间是灵活、松散、不固定的用工关系，从现行劳动保障制度主体分类来看，新就业劳动者被类推为灵活就业者，

---

①人力资源和社会保障部、国家发展改革委、交通运输部、应急部、市场监管总局、国家医保局、最高人民法院、全国总工会等八部委印发《关于维护新就业形态劳动者保障权益的指导意见》明确指出：符合确立劳动关系情形的，平台企业、平台合作企业应依法与劳动者订立劳动合同；不完全符合确立劳动关系情形，但企业对劳动者进行劳动管理的，企业应与劳动者订立书面协议，合理确定企业与劳动者的权利义务。平台企业采取外包等其他合作用工方式，劳动者权益受到损害的，平台企业依法承担相应责任；平台企业在订立劳动合同时，不得单方面利用格式条款逃避法定义务、减免自身责任、限制新就业形态劳动者权利。

其社保缴纳方式是自主缴纳，而自主缴纳的社保种类只有养老保险和医疗保险。实践中，新就业形态劳动者多因工作和收入不稳定，存在社保缴纳意愿和能力不足问题。

另一方面，中央正在推行的新职业伤害险试点工作①，是以商业险的模式探索试行，主要通过按一定比例扣除订单价格中的部分费用来支付保费。这一试点突破了我国传统社保参保方式的固化，打破了传统社保法律和政策规定的社保缴纳要以单位就业为主的模式，探索尝试在固定的劳动关系之外建立与新就业形态劳动者过渡性、临时性、灵活性的新就业状态相适应的一种职业保险形式。这种新的保险形式虽然在一定程度上缓解了新就业群体自我承担劳动风险的经济压力，但实践中，这种职业伤害险与工伤险较为相似，其实质依然是新就业形态劳动者自行购买保险，对短期入职者而言，保障水平低，风险抵御能力较弱，同时还存在伤害认定、鉴定等烦琐手续和报销时间较长的问题。

三、宁夏新就业形态劳动者权益保障制度建构的思路

新就业形态劳动者与平台企业主体间看似无明确劳动关系，但平台通过网络系统的"信息谋合"将劳动者的劳动进行严格控制，②然而平台与劳动者之间的劳动关系较为模糊，规避劳动者权益保障用工举措，这不仅伤害了个体劳动者的合法权益，而且对社会稳定构成了威胁。党的二十届三中全会通过的《决定》明确指出要"健全按要素分配政策制度""支持和规范发展新就业形态""加强劳动者权益保障"等新就业形态劳动者权益保障政策支撑。地方探索新就业形态劳动者权益保障改善路径，应从平台经济用工劳动价值论的底层逻辑出发，理清平台企业与劳动者的关联性，打破劳动

---

①2021年，人社部印发了《新就业形态就业人员职业伤害保障办法（试行）》，提出平台企业要购买"意外伤害险"等商业险。2022年7月，中央提出北京、上海、四川等7省市作为推动新业态职业伤害险试点，以解决新就业形态劳动者没有职业伤害保障的问题。

②以外卖配送为例，对订单派送时长的不断评估和量化，设置精准精确的派送时间限制，以及不同劳动者的各种等级评定标准的管理等等。

关系制度圭臬，综合施策，扩宽和增强新就业形态劳动者权益保障覆盖面与水平。

（一）打破劳动者权益保障的劳动关系制度圭臬，探索劳动要素价值评价的权益保障制度归因

习近平总书记对平台劳动者劳动保障权益作出了重要指示，强调要及时补齐制度短板，维护好新就业形态劳动者的合法权益。党的二十届三中全会《决定》提出了"健全劳动、资本、土地、知识、技术、管理、数据等生产要素由市场评价贡献、按贡献决定报酬的机制"。平台经济看似自由灵活，但实际上对劳动、技术、数据等要素的依赖和控制是非常强烈的，这种以数字链接劳动的生产模式中，劳动的价值和作用是关键和基础。在平台经济场域中，不能也无法忽视新就业形态劳动者的"劳动"对平台经济利益共同体的作用。尽管平台系统通过分包、众包等层次性、节段性的形式割裂了与劳动者直接的关联，但实际上在其每一个环节和节段都实现了对劳动的控制，而达到对劳动者的控制，新就业形态劳动者也成为"困在系统的人"。因此，现代劳动权益保障制度，需要打破传统"单位人"合同制下劳动关系的制度圭臬，探索构建以劳动要素为市场评价的制度机制，通过要素价值作用论证平台中各类主体担负劳动者权益保障的责任，为新就业形态劳动者提供合规合法的劳动待遇、劳动条件以及劳动保障。

（二）从系统控制论视角出发，理清平台系统与新就业形态劳动者关联脉络，切断平台割裂劳动者劳动风险意图

2023 年，我国新就业形态劳动者数量达到 2 亿人，我国线上订外卖的人数超过 5.34 亿人，中国是世界上最大的外卖市场。[①]随着平台经济规模的不断扩大、算法经济迭代更新的加速，越来越多的劳动者成为新就业形态群体中的一员，用工关系和工资收入的不确定性和不稳定性，以及劳动风险和未来的不可预知性，让大量的劳动者对生活工作的焦虑感、不安定感越来越强烈。这是信息技术结构下平台经济重塑劳资、劳动关系的不良

---

① 孙萍：《过渡劳动：平台经济下的外卖骑手》，华东师范大学出版社，2024 年，第 19-20 页。

后果。平台经济通过割裂劳动关系，解构劳动者与平台之间的关联，达到规避承担劳动者劳动风险的目的。通过系统控制理论，我们看到平台经济中不同主体与新就业形态劳动者有着千丝万缕的关联，无论算法做何种分割、分解，都离不开劳动者的劳动，在平台系统中新就业形态劳动者的劳动是基础、是关键、是根本。平台通过控制劳动实现控制劳动者的目的，这与传统的劳动保障法律框架下单位通过劳动合同管理控制劳动者是相同的逻辑。因此，无论平台系统如何分割业务、拆分组织关系，其各环节控制劳动的本质是没有改变的，应当担负起应有的劳动风险责任。

（三）综合施策，拓宽社会保障覆盖面，增强新就业形态劳动者抗风险韧性

党的二十大明确提出，要"扩大社会保险覆盖面"。针对当下农民工、灵活就业人员、新就业形态劳动者等群体社保缴纳比例低，以及"漏保""脱保""断保"问题突出，中央和地方应以扩大社会保障覆盖面为切入点，综合施策，针对不同人群和不同工种特点，精准发力，把更多人纳入社会保障制度体系，进一步兜牢人民生活安康底线。首先，推动健全和完善新就业形态劳动者权益保障制度体系建设，强化平台企业平等用人观和社会责任观建设，推动各类平台系统组织规范化运行，切实保障劳动者合法权益。其次，建立政府、平台企业、劳动者三方社会保障共同体机制，通过企业和社会统筹、个人账户补充、政府兜底等多元机制，构建多重社保模式，拓宽新就业形态劳动者社保资金来源和覆盖率，进而增强这一主体抗劳动风险能力和韧性。最后，构建多元化职业伤害险保障制度和机制，建立公募基金、商业保险、工伤保险等多元保障制度支持体系和机制，通过第三方社会公募基金，激励平台经济链各环节企业商事主体和劳动者购买商业保险及工伤保险，充实新就业形态劳动者劳动风险保障资金库，进而兜牢新就业形态劳动者劳动安康底线。

行政审判视角下宁夏行政执法存在的问题和对策建议①

徐　荣

党的二十大报告提出"深化行政执法体制改革，全面推进严格规范公正文明执法，加大关系群众切身利益的重点领域执法力度，完善行政执法程序，健全行政裁量基准。强化行政执法监督机制和能力建设，严格落实行政执法责任制和责任追究制度。完善基层综合执法体制机制"要求。行政案件是行政执法行为规范化建设的"晴雨表"，历年行政审判白皮书提供了一个全面观察、系统分析、认真反思总结宁夏行政机关在行政执法中存在的风险、问题的丰富样本，为法治政府建设中的行政执法领域的发展脉络、趋势判断提供了一个具备连续性、基础性的资料。分析历年行政审判白皮书，以及相关行政判决书的内容，可以从审判角度掌握行政执法规范化建设存在的堵点，进而为行政执法的高质量发展提供相应对策建议。

一、宁夏行政案件的基本情况及特征分析

调查样本选择范围为 2011—2023 年宁夏行政审判白皮书，以 2019—2023 年 5 个年度为主，把行政审判白皮书中相关数据作为分析蓝本，结合

───────────

作者简介　徐荣，宁夏社会科学院社会学法学研究所助理研究员。

①本文系宁夏哲学社会科学规划项目"宁夏实施依法治区战略路径研究"（项目编号 23NXCFX01）阶段性研究成果。

白皮书对行政审判工作中的经验总结、问题分析，以及对策建议等进行全方位观察分析，从连续性视角发现行政审判的阶段性变化，为解决法治政府建设中的行政执法问题，提供一个更为全面的观察角度。

（一）从案件数量看，出现新的阶段性变化

总体上，行政案件数量呈现由升到降的趋势。通过对历年自治区人民法院行政审判白皮书数据进行分析，2011 受理行政案件数量为 317 件，到 2015 年受理行政案件数升至 2069 件，增长超过 6 倍。行政案件立案登记制强调的诉权保障让诉讼更为便捷，人民群众法治意识的增强，行政审判的整体司法环境的改观，诉讼费用的低成本，以及其他救济渠道的不畅、"程序空转"实质性化解争议不够等，正反两方面因素的作用下使行政案件总体仍处于高发状态。其中，2013—2023 年 10 年期间，受案数量有两次阶段性高峰年度，分别为 2015 年、2018 年，两次回落年度分别为 2019 年（短暂回落后上升）、2022 年（2022、2023 连续两年下降，且下降到 2020 年度数量以下），受案数量下降明显，且呈现一定的持续性（详见图 1）。

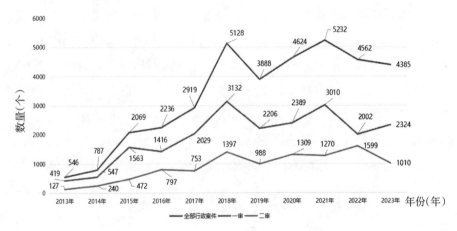

图 1　2013—2023 年宁夏法院行政案件受理数态势图
（数据来源于 2011—2023 年宁夏行政审判白皮书）

（二）从案发领域、主体和地域看，集中性特征较为明显

一是被诉行政领域集中性特征明显。行政案件类型主要集中在土地征收、城建拆迁、治安管理、劳动与社会保障等领域，涉及的征地、拆迁案件多为系列、群体性案件，影响社会稳定的风险较大。这对上述领域相关部门的行政执法工作提出了挑战，在不断的诉讼过程中也形成了具备领域性特征的行政案件。在审判过程中总结相对集中领域出现的问题，对减少和避免此领域案件行政争议发生、行政败诉，具有积极的意义。

二是被诉行政主体中乡镇级明显增加。乡一级执法问题显现，县（县级市、区）、乡两级是执法的重点，依法承担着绝大多数执法任务。2022年，在全区法院审结的一审行政案件中，县级以上政府（含管委会）作为被告的案件有436件，同比下降28.64%；各级政府职能部门作为被告的案件有1003件，同比下降31.86%；村（居）民委员会作为被告人的案件有5件，同比下降75%；乡镇政府、街道办作为被告的案件有470件，占25.97%，同比上升11.11%。

三是案件地域差异性较为显著。以市为单位，行政诉讼案件分布地区不平衡，银川市和固原市是2019—2023年行政诉讼的主要区域，且主要集中在首府银川市。银川市的一审行政案件数量与其余4市差异明显，仅2023年银川市的案件就是中卫市的5.7倍。对比图1与图3相同年度的案件数量趋势，银川市受理一审案件与宁夏全区受理一审案件趋势基本一致，具有地域代表性。固原市与其余3市相比较，相对案件较多（图2），但差异性不显著。

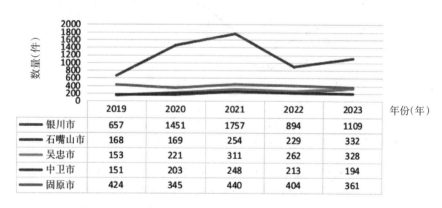

年份(年)	2019	2020	2021	2022	2023
银川市	657	1451	1757	894	1109
石嘴山市	168	169	254	229	332
吴忠市	153	221	311	262	328
中卫市	151	203	248	213	194
固原市	424	345	440	404	361

图2　2019—2023年宁夏5市受理一审行政案件对比图

（三）从出庭应诉、败诉率、上诉情况看，呈变化趋势

出庭率变化明显（见图3），行政审判白皮书显示，2019年出庭应诉率为62.72%，到2020年下降，2021年逐年上升，2022年达到95%以上，至

2023 年达到 99%以上，其间，2022 年上升幅度较大。从近 5 年出庭率的变化结合 2022 年度开展的出庭应诉专项整治可以看出，专项整治、考核这一指挥棒的作用，在出庭应诉率的提高上作用明显。5 年来，败诉率在 2023 年度首次下降到 40%以下，2019—2022 年 4 年期间败诉率在 44%—55%，2020—2023 年期间败诉率呈连年下降趋势。上诉率下降，2023 年度一审行政案件上诉率、申请再审下降比率较高，释放出一审行政裁判认可度较高的信号。2023 年度全区法院审结一审行政案件 2169 件，新收二审行政案件 943 件，上诉率为 43.48%，较 2022 年降低 26.50 个百分点。[①]行政审判中的出庭应诉经历了三个发展阶段，即"不出庭""出庭不出声""出庭又出声"，这三个阶段也正是对行政机关负责人理念转变和能力提升的见证，从不愿意成为被告，到与老百姓同样居于被审判席之下，再到接受作为行政案件被告，是行政机关对"法与权"关系的重新认识。从消极应对到配合参与，再到积极推动争议解决，将是我们在法治政府建设中所追求的从量变到质变的关键性因素。

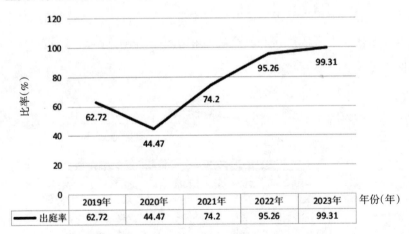

图表 3 2019—2023 年宁夏行政案件出庭率对比图
（出庭率的统计在基数上略有差别）

（四）从行政败诉原因分析看，恒定性因素较为显著

败诉原因相对恒定，败诉率有所下降。"事实不清、证据不足""程

---

① 来源于 2023 年宁夏行政审判白皮书。

序违法""不履行或拖延履行法定职责"为行政败诉三大主因，历年的行政审判白皮书中均对此予以强调，一方面是由于行政机关在工作中的程序和证据方面确实存在问题，另一方面行政机关主动化解行政争议的积极性也是影响因素。

（五）从行政诉讼调撤率看，关键性因素作用力较大

行政争议协调化解中心的平台建设，在行政诉讼的调解和撤诉中的关键性作用逐渐展现。2019 年大部分地区未建立专门负责化解行政争议的行政调解中心，2020 年在贺兰县挂牌成立宁夏首家县级行政争议协调化解中心，2021 年银川市铁路运输法院与银川市六县（市）区分别签订《关于依法推进行政争议协调化解工作的实施方案（试行）》，中卫市、中宁县也建立了行政争议协调化解中心，2022 年 12 月底，全区 28 家中基层法院已经联合各地政府建立行政争议协调化解中心，实现了协调化解中心市、县（区）全覆盖和实质化运行。2022 年全年成功协调化解行政案件 374 件，同比上升 7.24%。2023 年全年调撤行政案件 663 件，同比上升 77.27%，法院共委派至协调化解中心案件 976 件，通过中心化解案件 318 件，化解成功率 32.58%，比 2022 年上升了 16.21%。以上比率的变化是行政争议实质性化解工作成果在审判阶段的表现，其中有关预防和化解行政争议工作联席会议制度的修订，行政争议协调化解中心的实质化运行，以及庭审观摩、同堂培训、专题报告、以案说法等全方位的举措，展现了府院联动的强大动能。

二、宁夏行政执法中存在的问题

（一）行政执法中重实体轻程序的理念依然存在

为追求效率而忽视程序，尤其是在违建治理、环境整治等专项活动中，行政机关在正当程序和行政效率之间选择效率，在程序上出现问题，如行政机关在实行行政强制行为时，未严格遵守行政强制法的程序规定，未经依法确定建筑违法，未经作出决定、公告、催告或听取陈述、申辩等环节就直接实施强拆。2022 年因此类原因导致败诉的案件占全部行政强制类败诉案件的 86.87%。不重视程序性规范，如作出的行政行为超出法定期限，在行政相对人救济权限未届满时实行行政行为，行政处罚决定送达给未受委托的案外人签收等。不合理的时效要求，如上级机关在下达任务要求完成时效时不合理，部分行政机关在制定重大决策（行政方案）时，以特定时期、特定环境、特定形势下提高行政效率为由，致使基层执法人员难以兼顾质量。

（二）行政执法取证不规范问题

行政审判实质上是法院对具体行政行为的复审，是以行政机关在行政程序中取得的相关证据为基础的，加之被告负有举证责任的特殊规则，让行政机关在作出具体行政行为时，所依据的证据在行政审判中尤为关键，而以下在行政审判中出现的取证方面的问题，是在证据方面导致行政败诉的原因。如：取证不合法，个别行政机关向人民法院提交的作出行政处罚的询问笔录、告知笔录、送达回证签名非行政相对人签名；取证不及时，对于一些需要进行登记、拍照（摄像）记录、现场提取检材等的事项，不及时取证，导致行政处罚、行政强制措施等行为无相应的在卷证据支持；此类证据又极易灭失或损坏，不及时取证可能会导致作出的决定无证据支持。取证不全面，对一些关键性证据，比如在场的证人证言、笔录的签字、扣押物品的核对、现场照片的局部与整体等取证不全面、技巧不足，导致事后补充证据难度加大，成本增高，执法机关不愿再花费精力去完善，可能会产生证据方面的硬伤；取证不专业，执法人员的整体业务素质受限于招考、编制、职能过多、经验不足、能力不够等客观条件，以及主观上存在的法治思维欠缺的掣肘，一直以来就有能岗不匹配的问题存在。职能的合并，执法人员迫切地需要掌握新的知识来开展相应的工作。

（三）行政执法文书中引用法律条款不规范问题

部分行政执法人员对执法涉及的法律条文理解不透，适用法律条文笼统、不准确或者错误，比如在处罚文书中只写条不写具体款，违则、罚则分离，只写处罚依据，不写违法依据，或者引用条款错误，机械解读法规、政策。尤其是在工伤保险认定中，对工作原因、工作岗位、工作时间等要素认定把握不当，作出的认定书不符合立法精神。另外，实践中上级对下的具体业务指导工作开展不够，检查多、监督多，具体业务指导少，不能充分发挥上级业务指导的作用。

三、宁夏行政执法高质量发展的对策建议

（一）持续转变行政执法理念

充分认识执法环境的深刻转变。中国特色社会主义法律体系已经形成，新的法律、法规不断出台并修订完善，尤其是在程序性规范上更为突出。普法工作的深入开展，人民群众对法治的认识水平不断提升，互联网的普及应用，使获取法律知识、法律救济的渠道更加多元，公民权利意识觉醒程度加深、维权意识增强，法治观念深入人心，执法环境已经发生了深刻的改变，执法处于更加公开、透明的环境下，行政执法越来越专业化，对执法的规范化要求更加严格，执法的程序性问题越来越被关注到，法律法规等的学习不再是单纯的学习条文，而要对法律法规体系有把握、对立法目的有掌握，知其然且知其所以然。

树立程序正义价值理念。程序是实现实体正义的有效途径，要充分认识程序的重要性，行政执法的任何一项执法权，其本质上也是对行政权的"限制"，有了程序的规制，行政权无限行使、不当行使被限制，就能更好地保护行政相对人的合法权利，树立行政机关的形象和公信力。对执法知识的储备不能功利性地单纯地了解法则条款，而是要更深刻地把握各种程序、规范、标准的要求。在行政执法中一定要强化树立程序价值理念。

（二）持续做好提高执法主体能力的建设

提升行政执法人员能力。在传统的业务培训的基础上，加大对执法规范化、标准化的具体操作培训，即执法培训具体化。让执法人员深入实践进行学习、磨炼，尤其是要开展对执法风险的预判、处置方面的培训，即执法培训实践化。着力提升县、乡执法工作水平，基层的执法工作是整个执法体系的重中之重，培训应当以基层的需求为导向，在培训内容、培训方式、培训主体等选择上，多征求基层意见，多结合基层实际，实现培训的基层化、具体化、专业化导向。

（三）强化对内外部监督的效能转化

内部监督，充分发挥行政执法监督对行政执法工作的统筹协调、规范

管理、指导监督、激励保障作用。发挥好自治区执法协调小组的作用，增强常态化执法监督检查和监察、审计、财政等部门的专项监督的综合应用。注重和创新行政执法案卷评查方式方法，建立行政执法监督结果运用制度，但不以追责为要，而是把更多的执法监督结果运用在提高执法水平上的具体指导上来，增强执法监督效果。外部监督，加强司法行政机关、行政执法机关、公安机关、检察机关、监察机关的协调配合，强化行政执法部门对司法建议、检察建议司法文书，以及行政审判白皮书反馈内容等的重视，确保行政执法与刑事司法有效衔接，从而规范执法行为、促进执法公正。特别是在府院联动、府检联动方面，在已建立相关联动制度的基础上，向更为精细的专业领域拓展，助力行政机关采取更加精准的措施。

（四）着力创造更优执法条件

在执法证件的考取中要求执法人员考取的执法范围更加全面，以扩大执法人员的执法面，既能满足执法的专业性，又能缓解执法人员紧张的现状。实行轮岗制，要求轮岗人员持证上岗，增加执证人员数量。采取时间、经费保障，以及考评加分等方式，激励执法人员参加国家统一法律职业资格考试。在执法信息化平台建设中，强化数据信息共享应用。改善执法办案场所、区域的建设。

法治市域篇

FAZHI SHIYU PIAN

2024年银川市依法治市工作发展报告

马 雪

2024年，银川市坚持以习近平法治思想为指导，全面贯彻落实党中央关于法治建设的决策部署和自治区党委工作要求，聚焦"五八"强首府战略，紧盯法治强市建设目标任务，以法治政府建设示范创建为有力抓手，统筹推进法治银川、法治政府、法治社会一体化建设，全面推进科学立法、严格执法、公正司法、全民守法，为加快"双示范市"建设提供了有力法治保障。

一、2024年银川市依法治市工作成效

（一）坚持党的领导，统筹推进全面依法治市工作

1. 深学笃行，推动习近平法治思想学习宣传贯彻走深走实

将学习宣传贯彻习近平法治思想写入全面依法治市年度工作要点，纳入各级党委（党组）理论学习中心组学习重点内容，作为党员、干部、公务员教育培训的首要课、必修课。聚焦领导干部"关键少数"，通过"点面结合""线下+线上"等方式，分层分类开展靶向性、实战化、专业化、全覆盖培训。2024年以来，市委常委会、政府常务会议会前学法共11次，举办法治领域专题培训班6期，在党校主体班、公务员初任培训班等设置

作者简介　马雪，银川市司法局（依法治市办）秘书科科长。

法治专题课程 78 次，累计培训学员 1200 人次，开展各类宣讲活动 200 余场次，受众 3000 余人，有力推动习近平法治思想落实到全面依法治市全过程、各方面。

2. 统筹谋划，注重整体协调推进

完善党领导全面依法治市制度机制，先后提请召开全面依法治市委员会会议 1 次、委员会办公室会议 2 次，制发全年依法治市工作要点和法治领域改革任务清单，出台法治政府建设提升工程、"八大行动"等一揽子措施，围绕法治政府建设示范创建、政府立法质量提升等 8 个方面提出 30 项具体举措，健全完善"一规划两方案"工作体系，全力推进法治建设各项工作落地见效。修订依法治市委员会工作规则、依法治市办工作细则，在依法治市办下增设涉外法治协调小组，统筹立法、执法、司法、守法普法及涉外法治工作合力。

3. 述评结合，压实法治建设责任链条

切实发挥年度述法与督察考评的"双轮驱动"作用，全面推进党政主要负责人履行推进法治建设第一责任人职责落实。扎实开展领导干部年度述法工作，在十五届市委依法治市办第六次会议上组织 2 个县（市）、区和 4 个市直部门主要负责人现场述法，建立问题整改清单，并在门户网站公示述法报告。将领导干部学规学法、执规执法等情况纳入考核评价内容，建立"述法+点评+考评"一体贯通的述法工作机制，在全区率先实现"述评考用"工作闭环，倒逼主要负责人切实履行推进法治建设第一责任人责任。

（二）坚持良法善治，健全完善依法行政制度体系

1. 聚焦科学民主立法，提升立法工作质效

聚焦群众关心关注的热点、难点、堵点问题，坚持"立、改、废"并举，"小切口"谋划立法方向。科学编制年度立法工作计划，将修订《银川市燃气管理条例》等 14 项群众"急难愁盼"立法项目列入市政府立法计划。拓宽群众参与立法途径，建立立法协商工作机制，注重在法规立项、起草等环节，广泛倾听民声、汇聚民智、反映民意，确保立法过程民主公开，立法效果更贴民意。共制定地方性法规 1 件，修订、废止地方性法规、

规章 8 件，开展立法调研 10 次，切实以高质量立法推动地方治理方式转变和治理能力提升。

2. 聚焦依法行政，加强规范性文件合法性审核

扎实开展行政规范性文件审查，推行"部门初审+司法局审核"双审制。2024 年 1—10 月，审查市委、市政府各类规范性文件、协议等 236 件。严格按照行政规范性文件备案审查规定，做到有件必备、有备必审、有错必纠。审查备案县（市）区、直属部门行政规范性文件 45 件，向市人大、自治区政府报备市本级制定并公布实施的行政规范性文件 14 件，实现报备及时率、规范率、报备率三个 100%。

3. 聚焦科学民主决策，规范重大决策法定程序

健全重大行政决策制度机制，制定并公布 2024 年重大行政决策事项目录，主要涉及海绵城市建设等 4 项内容，明确工作重点和方向，增强决策的透明度和公众参与度，提升政府决策的科学性、民主性和公信力。全面落实政府法律顾问、公职律师参与重大行政决策全过程制度，2024 年以来共邀请市政府法律顾问全程参与市政府常务会议、专题会 50 余次，审核涉法性文件、合同 123 件。

4. 聚焦重点领域，开展涉企法规文件清理

紧紧围绕涉及不平等对待企业法规规章政策性文件 7 个方面清理重点，采用统筹推动、深查细核、动态清理"三步走"的方式，组织各部门对全市现行有效的 62 件地方性法规、47 件政府规章、201 件行政规范性文件和 1.5 万件政策性文件开展"大起底、大排查、大清理"。按照"谁制定、谁清理，谁清理、谁负责"的原则，梳理出涉企法规、规章、行政规范性文件、政策文件 573 件，经过两轮征集相关起草或实施部门意见，确定废止涉企行政规范性文件 12 件，废止涉企政策文件 72 件，宣布失效 11 件。

（三）坚持依法行政，推动法治政府建设全面提升

1. 发挥引领带动作用，深化法治政府示范市创建

银川市法治政府示范创建第一阶段各项任务已圆满完成，进入实地评估阶段。严格按照中央依法治国办实地评估验收标准，研究制定第二阶段实施方案，召开法治政府建设推进会，组织全市"三类人员"开展线上、

线下法律知识集中考试 17 场 7506 人次，评查全市 2021 年以来的行政执法、行政复议、行政规范性文件、重大行政决策案卷 16108 本，为中央依法治国办实地评估夯实基础，确保创建工作高效有序推进。银川市"联动发力共绘行政争议协调化解同心圆"等 5 个单项获评第三批自治区法治政府建设示范项目，西夏区、贺兰县获评法治政府建设示范地区。

2. 健全机构职能体系，推进全面履行政府职能

因地制宜设置机构和配置职能，将市本级议事协调机构由 209 个精简至 30 个，精简比例达 85.6%。动态调整市本级权责清单，调整行政职权事项 814 项，保留市本级各部门行政职权事项 3156 项、市设行政职权事项 106 项，构建边界清晰、分工合理、权责一致的清单体系，进一步规范政府权力运行。取消乡镇（街道）各类议事协调机构，统筹使用行政、事业编制，综合配置工作力量，构建起简约高效便民的基层管理体制。

3. 规范审批审查程序，持续优化法治化营商环境

严格落实市场准入负面清单制度，推动"非禁即入"普遍落实。深化"综合窗口"改革，推行数据驱动"一网通办"，打造全区无人干预智能审批试点，审批效率提升近 90%。聚焦"高效办成一件事"，构建国务院、自治区及市本级"13+1+7+15"工作体系，在证明事项、涉企经营审批和项目投资审批领域推行"告知承诺+容缺受理"模式，切实优化行政审批流程。全面落实公平竞争审查制度，在全区率先建立政策措施会审制度，形成业务部门初审加特定机构复核的"双审查"机制，做到新增政策措施应审尽审。组织开展存量政策措施清理，共清理文件 154 件，对涉及违反公平竞争的政策措施修改 8 件，废止 16 件，法治化营商环境不断优化。

4. 提升复议改革成效，推动行政争议实质性化解

打造全区行政复议规范化建设试点，在银川市市民大厅建设规范化行政复议场所，集中办理复议咨询、申请受理、案件审理、复议听证等事务，实现了从"多地、多窗、多次"到"一地、一窗、一次"的转变。共审结案件 618 件，其中通过"行政复议+调解"机制化解 193 件，占比 31.2%，被化解案件实现零起诉，首次实现行政复议案件量超过行政应诉案件量。建立常态化府院、府检沟通联络机制，接收两级法院移送化解案件 109 件，

化解 33 件，化解率 30.3%。通过案件审理发现不合法、不适当行政行为，制发行政复议意见书，促进行政机关规范文明执法。制发行政复议意见书 3 份，整改落实率 100%。依申请监督下级复议机构案件 3 件，均依法高效处理。

(四) 坚持严格执法，持续提升行政执法规范化水平

1. 稳步推进行政执法体制改革

市本级保留生态保护、文化市场等 4 支执法队伍，将城市管理、农业执法、市场监管等 3 支队伍下沉市辖三区，自然资源、劳动监察等 3 支执法队伍执法职责回归机关，人员编制下沉市辖区，执法力量进一步向乡镇（街道）延伸，推动构建以县（市）区为主的行政执法体制。

2. 有效推进严格规范公正文明执法

全面推行行政执法"三项制度"，实行权责清单、行政许可事项清单、行政备案事项清单、乡镇（街道）赋权清单"四张清单"管理，实现执法"照单履职"，进一步提高行政执法的透明度和公信力。结合市直各部门权责清单，组织全市 21 家执法部门完善行政执法裁量权基准，有效避免小过重罚、过罚不当、同案不同罚。加强行政执法证件及执法人员资格管理，年度审验全市行政执法证件 4951 个，注销 39 个，组织 130 名行政执法人员综合法律知识培训考试。与法治教育网合作，组织全市 7058 名行政执法人员完成 60 学时线上培训，指导各县（市）区、各行政执法部门结合实际开展行业"岗位比武练兵"，不断提升行政执法人员能力水平。

3. 健全完善行政执法监督体系

建立了市、县（区）、镇（街道）三级协同联动的行政执法监督体系，覆盖执法监督机构 257 个、执法监督人员 660 名。健全行政执法与纪检监察、刑事司法、"12345"便民热线衔接机制，打造"行政+纪检+检察+12345 热线"执法监督新模式，形成行政执法监督工作合力。创新执法监督方式，首次将"事前报备、伴随监督"等内容融入监督，对卫生健康、生态环保、应急管理等重点领域开展"伴随式"监督 20 余次，全面促进行政执法监督工作提质升级。将银川市税务局等垂管单位纳入行政执法监督范围，对垂管单位、党委部门有行政执法职权的机构落实行政执法"三项

制度"进行督导，打通执法监督"神经末梢"。

4. 全面提升涉企执法监督质效

开展涉企行政执法专项监督，全面排查涉企专线投诉线索 1099 条，整改问题 59 项。利用银川市规范行政执法小程序对涉企行政执法检查进行线上登记备案 1980 条，通过"一企一单"回访企业 1367 次，实地走访企业发放调查问卷，对企业进行满意度测评，满意度达到 100%。进一步优化涉企执法检查方式，推进跨领域跨部门"综合查一次"联合执法。推行包容审慎监管，指导全市 21 家行政执法部门建立包容免罚清单，明确 318 项不予处罚和 61 项从轻、减轻处罚事项，助力法治化营商环境持续优化。

（五）坚持公正司法，不断强化法治化保障水平

1. 狠抓办案质效，提升执法能动司法水平

有效推进轻罪治理，优化完善审判规程，构建"轻刑快办"机制，落实认罪认罚从宽制度，审理危险驾驶、帮信等轻罪案件 891 件，轻刑率同比上升 3.31%。深化买卖合同"一件事"改革，推动诉前调解、立案、审判、执行各环节紧密衔接，试点法院诉前调解成功分流率同比上升。制定行刑反向衔接工作实施意见，探索"不起诉+N"检察模式，提出检察意见 39 件。落实宽严相济刑事案件和认罪认罚从宽制度，认罪认罚适用率 88.74%，做实刑事案件审查起诉阶段律师辩护全覆盖。

2. 强化权力监督，规范执法司法权力运行

着力强化对审判权的监督制约，科学确定阅核案件范围，压实院庭长监督管理职责。着力履行"四大检察"法律监督基本职责，实施"高质效办案 31 条举措"，从办案质量、办案效率、办案效果等方面强化落实。着力深化府院、府检联动机制，规范行政执法行为，行政机关负责人出庭应诉率提升至 100%。着力提升行政检察监督质效，全面落实行刑反向衔接，促进行政争议实质性化解。2024 年以来，全市共办理行政检察监督案件 133 件，向行政机关提出纠正违法和社会治理类检察建议 51 份。

3. 优化服务举措，推进平安银川建设

试点推行派出所综合窗口建设，打造"城区 15 分钟警务服务圈"，实现一次一门一窗通办。全面梳理整合公安政务高频办理事项，简化服务流

程、整合服务事项，"有感服务、无感管理"成为新常态。常态化开展扫黑除恶斗争，依法严厉打击各类违法犯罪，全市刑事、八类、盗窃案件较3年前同比下降55.49%、4.62%、58.05%，电诈案件立案数持续下降，守好人民群众钱袋子。破获涉企案件465起，抓获犯罪嫌疑人430人，涉案金额15亿元，2024年成功破获公安部等五部委挂牌督办的"3·06"特大侵犯著作权案。

（六）坚持法治为民，推进法治社会建设更加完善

1. 持续提升公民法治素养

深入开展习近平法治思想学习宣传，组织开展第四个民法典宣传月系列活动，全市累计开展各类法治宣传5000余场次。聚焦领导干部"关键少数"，严格各级党委、政府会前学法制度、党委（党组）理论学习中心组集体学法制度，切实增强领导干部运用法治思维和法治方式的能力。聚焦青少年"未来多数"，在全市286所中小学开展法治第一课活动，配齐配强299名法治副校长，组建青少年普法志愿服务队，开展法治讲座、模拟法庭等青少年专项普法活动100余场次。聚焦新业态新就业重点群体，编制通俗易懂的"普法菜单"，开展法治宣传60余场次，发放"法治大礼包"400余份。聚焦法治乡村建设力量培育，深化"法律明白人"培养工程，全市培育"法律明白人"8000名，其中骨干2161名。

2. 全面加强社会主义法治文化建设

推进黄河法治文化带项目二期、普法云展馆、黄河法治文化研究等重点项目建设，推进法治文化"实体阵地""移动阵地""线上阵地"全覆盖。大力开展送法治春联、猜法治灯谜等群众性法治文化活动，创新开展"法律知识大比拼 寻找身边的法律明白人"活动，共开展街采12场、擂台赛3场，线上线下参与群众万余人次，视频点击量近300万人次，掀起全民学法热潮。深化"我的外卖会说法"活动，印制4000份普法漫画餐垫和3000个法治宣传袋，依托外卖小哥送至千家万户。

3. 大力强化公共法律服务质效

积极开展"法援惠民生"系列活动，全年共办理法律援助案件3964件，挽回经济损失1643.583万元。加强新业态新就业群体法律服务，打造

"两新"公共法律服务驿站 8 个，办理法律援助案件 26 件，调解案件 138 件，提供法律咨询 762 人次。设立全区首家涉外公共法律服务中心和涉企公共法律服务中心。一年来，共接待各类咨询 242 余人次，通过"走出去"服务企业 270 余次，覆盖企业 230 家。

4. 扎实推进矛盾纠纷多元化解

推进落实"塞上枫桥"基层法治工作机制，全市规范化建设、实体化运行三级综治中心 61 个，在西夏区、贺兰县试点"塞上枫桥"基层法治工作机制与"新疆经验"融合实践。建成人民调解中心 7 个，一站式矛盾纠纷调解中心 309 个，实现市、县、乡三级一站式矛盾纠纷调解中心全覆盖。全年开展矛盾纠纷大排查 25906 人次，调解矛盾纠纷 7323 件，调解成功 7277 件，成功率 99%。依托矛调中心、行业协会设立金融、商事等共享法庭 169 家，受理知识产权纠纷 394 件，促进矛盾纠纷一站式化解。

二、银川市依法治市工作存在的主要问题和发展展望

（一）银川市依法治市工作存在的主要问题

2024 年，银川市全面依法治市工作取得了一定成效，同时还存在以下方面的问题。一是法治建设责任还需进一步强化。部分领导干部的法治思维和法治意识还不够强，对法治建设的重要性认识不充分，对相关法律法规及政策规定掌握不够全面。个别地方和部门主要负责同志对履行法治建设第一责任人职责认识不足，工作重视程度不高、协调推动不够，存在责任落实上紧下松、层层递减的问题。二是法治政府建设还需进一步深化。个别部门规范性文件合法性审查、重大行政决策程序落实不到位，政府法律顾问、公职律师发挥作用不够，依法行政水平有待提高。基层执法力量仍然薄弱，跨领域、跨部门联合执法落实不到位。个别执法部门程序意识不强，执法规范化水平不高，还存在机械执法、执法案卷不规范、"柔性"执法方式运用不足等现象。三是法治社会建设还需进一步推进。普法宣传的精准度、准确度还需进一步提升。公共法律服务资源还存在分布不均衡的情况，乡村法律服务资源较少，品质较低，法律服务专业程度不够高。多元矛盾纠纷化解机制还不够完善，社会治理法治化水平还有待提高。

（二）2025 年银川市依法治市工作发展展望

2025 年，银川市将深入贯彻党的二十大和二十届三中全会精神，认真落实自治区党委十三届九次全会和市委十五届十二次全会精神，全面落实中央及区市党委关于法治建设的部署要求，扎实推进全面依法治市各项工作，以高质量法治护航全市经济社会高质量发展。一是压实责任，强化统筹，推动法治银川建设行稳致远。充分发挥市、县两级党委法治建设议事协调机构统筹协调作用，强化各协调小组作用发挥，统筹推进法治建设各项重点工作。扎实开展领导干部学法考法述法工作，健全完善"述法+点评+考评"一体贯通机制，推进党政主要负责人履行推进法治建设第一责任人职责落实。紧盯重点任务、难点问题，统筹部署开展法治督察，以跟踪问效倒逼法治建设责任落实。二是全面发力，巩固提升，推动法治政府建设率先突破。抓好法治政府建设示范创建"后半篇文章"，进一步细化实化法治政府建设任务举措，推进法治政府建设全面提速。健全完善执法监督配套机制、信息共享机制和结果运行机制，加强乡镇（街道）行政执法力量建设，做实事前、事中、事后三个环节监管，促进严格公正文明执法。全面落实自治区优化法治化营商环境"50 条"措施，协调推进跨部门综合监管试点工作，深化"综合查一次"改革，提升法治化营商环境层次水平。推动行政机关负责人出庭应诉和国家工作人员旁听庭审制度全面落实，健全行政复议案件多元审理和"容缺受理"机制，深化府院、府检联动机制，推动行政争议实质性化解。三是法治为民，多元联动，推动法治社会建设平稳有力。优化公共法律服务供给，深化"法援惠民生"系列活动，加快健全覆盖城乡的公共法律服务体系。强化多层次多领域依法治理，做实建强"塞上枫桥"基层法治工作机制，着力提升矛盾纠纷预防化解法治化水平。全面开展"八五"普法终期验收，紧盯领导干部、青少年、新业态新就业群体等重点人群开展专项法治宣传活动，着力深化"法律明白人"培养工程。加强社会主义法治文化建设，积极开展群众性法治文化活动，大力推广"法润银川"普法云平台和普法云展馆，推动形成一批具有引领力、传播力、感染力的法治文化品牌，全面提升基层治理法治化、现代化水平。

2024年石嘴山市依法治市工作发展报告

牛志军　司红瑞　李顾然

2024年，石嘴山市坚持以习近平新时代中国特色社会主义思想为指导，深入学习贯彻党的二十大、二十届三中全会精神，全面贯彻落实习近平法治思想和习近平总书记考察宁夏重要讲话精神，立足工作实际，完善制度机制，强化责任落实，以创建全国法治政府建设示范地区为统领，加快推进法治石嘴山建设，各项工作取得良好成效。

一、2024年石嘴山市依法治市工作成效

（一）坚持党的领导，全面夯实法治建设基础

1. 坚持高位推进

市委、市政府始终把推动法治建设作为主体工程，认真履行推进法治建设第一责任人职责，市委常委会、政府常务会议4次听取法治建设相关情况汇报，专题研究重要工作和重大事项。召开依法治市委员会及委员会办公室会议3次，印发《市委全面依法治市委员会2024年工作要点》等，全面部署法治建设各项工作。

作者简介　牛志军，石嘴山市司法局党组书记、局长；司红瑞，石嘴山市司法局党组成员、副局长；李顾然，石嘴山市委依法治市办秘书科（市司法局法治调研与督察科）科长。

2. 坚持法治教育

落实领导干部学法清单制度，坚持把习近平法治思想和宪法法律纳入党委（党组）理论学习中心组、干部理论学习培训必修课、第一课，健全会前学法、任前考法、领导讲法、年终述法、旁听庭审等学法用法机制，制发《党校干部教育培训指南》，开设习近平法治思想专题讲座 16 期，组织开展各级会前学法 33 期，举办全市学习习近平法治思想暨依法治市专题培训班、政法系统政治轮训班 17 期，不断提升法治思维和意识。

3. 坚持督导考核

把法治建设、创建全国法治政府建设示范地区等工作纳入重点督查计划，组织开展专项督察，建立整改清单，定期跟踪指导落实，推动各项工作任务落实落细。注重考核结果运用，建立"红黄绿"预警机制、行政机关负责人履职情况通报办法、发送败诉风险提示函，对领导干部不按规定出庭应诉等负面清单予以扣分，及时向纪委监委和检察机关移交线索，完善推进机制。

（二）坚持开门立法，全面践行全过程人民民主

1. 推动立法守正创新

持续加强重点领域、新兴领域立法，制定《石嘴山市湿地保护条例》，起草《石嘴山市古树名木保护管理办法（草案)》《石嘴山市人民政府规章制定程序规定（修正草案)》等政府规章，修改《石嘴山市市容和环境卫生管理条例》，开展《石嘴山市工业固体废物污染环境防治条例》立法后评估工作，着力推进地方立法质量提升。

2. 拓宽公众参与途径

创新公众参与方式，着力推进基层立法联系点规范化建设，制定《石嘴山市人大常委会基层立法联系点工作办法》《石嘴山市人大常委会基层立法联系点规范化建设实施意见》等制度，在《石嘴山日报》、石嘴山发布、石嘴山人大网等新闻媒体上发布公告，面向国家机关、社会团体、企事业单位和其他组织以及公民公开征集年度地方立法计划建议项目，广泛倾听各方意见。

3. 持续强化备案审查

建立完善规范性文件报备及审查责任清单、"零报告"等制度，对市人民政府报备的 2 件规范性文件、市中级人民法院报备的 1 件规范性文件、市人民检察院报备的 5 件规范性文件依法进行审查，"两院"规范性文件突破"零报备"。全面推进规范性文件备案审查信息化，扎实开展法规规章规范性文件数据库建设"回头看"工作，数据库录入现行有效法规规章规范性文件 207 件。严格开展地方性法规中明显滞后不适合继续适用的规定集中清理工作，对照新出台和新修改的法律法规，对需要修改的 2 部地方性法规，拟提请列入 2025 年立法计划建议项目。

（三）坚持依法行政，全面优化法治化营商环境

1. 着力提升依法决策水平

制定重大行政决策管理办法等 10 项制度，公布年度目录，严格执行决策程序。健全落实合法性审查、公平竞争审查、备案审查机制，开展涉及不平等对待企业法规规章及规范性文件、政策性文件清理工作，截至 2024 年 10 月底，全市开展合法合规性审查 345 件，公平竞争审查 145 件；清理不平等对待企业规范性文件 6 件（废止 2 件、修改 4 件）、政策性文件 24 件（废止 7 件、修改 4 件、宣布失效 13 件）。政府网站设置行政规范性文件栏目的做法被国务院办公厅通报表扬。

2. 着力优化审批服务流程

全面推行"一窗受理"审批模式和高频事项证照免提交，实现企业开办"一网通办"、"零费用"、0.5 天办结。在全区率先研究配套制定了"中介超市"平台运行管理规则、"红黑名单"管理办法，截至 2024 年 10 月底，426 家中介机构成功进驻中介超市，可提供服务 67 项，全市审查中介超市平台信息近 6000 条。企业房屋转移登记、首次登记、抵押登记、预告登记、户籍类证明等实现全程网办。塑强"石好办·事好办"政务服务品牌，"高效办成一件事"重点任务有序落实，27 个"一件事"重点事项实现线上线下能办可办。

3. 着力打造营商环境服务中心

率先在全区成立"塞上枫桥"法治化营商环境服务中心，采取"1+5+

N"实体化运行模式，实现涉企矛盾纠纷全链条解决，截至 2024 年 10 月底，受理事项 101 件（涉企 68 件），已办结 64 件（涉企 36 件）。

4. 着力推动府院府检联动

召开府院联席会议 2 次，修正《石嘴山市"一府两院"联席会议工作规则》，制定《2024 年度石嘴山市"府院联动"重点工作任务清单》等文件，协商解决难点问题，合力推动依法行政、化解行政争议。

5. 着力优化涉企法律服务

建立涉企案件绿色通道、检察护企绿色通道、劳动关系维权调处中心、企业服务驿站等，常态化开展"法治体检""百所联百会""法官检察官进企业""服务实体经济 律企携手同行"专项行动等，推进"终本清仓"、交叉执行、涉金融、涉民生案件等专项执行活动。全市法院审结商事案件 2855 件，执行案件 7678 件，执行到位金额 34.77 亿元，执行完毕率、网络查控措施期限内发起率、涉案财产网拍率、案拍比均位居全区第一。善用"活封活扣"、执行和解举措，石嘴山市中级人民法院执行法官张训刚"放水养鱼"巧执工程款事迹被最高法院《凡人小事》栏目报道。

6. 着力强化知识产权保护

成立金融审判合议庭、知识产权纠纷调委会、金融纠纷调解中心，推行"刑事追诉+公益诉讼+知识产权保护"检察监管模式，高质量办理仲裁案件，主动拓宽收案渠道，实现知识产权案件仲裁零的突破，截至 2024 年 10 月底，办理仲裁案件 40 件。知识产权民事诉讼案件一审结案率、服判息诉率、平均审理周期均位于全区法院第一。健全知识产权诉调对接联络会商机制，被自治区发改委列为 2023 年全区第二批优化营商环境创新改革举措，典型经验在全区复制推广。

7. 是着力强化社会信用修复

建立用能权初始分配制度，开辟信用修复绿色通道，信用修复受理初核时长缩短至 1 个工作日，构建"信用监管+联合惩戒+信用修复"闭环模式，"双公示"合规率达 99.97%。

8. 着力规范行政权力运行

提升监督质效，创新"百姓问政"新闻监督机制，搭建人民议政网等监督平台，发挥"12345"政务服务便民热线"总客服"作用，专线受理企业群众诉求 26.04 万件，办结率为 100%，回访满意率为 95.75%。

（四）坚持执法初心，全面提升行政执法效能。

1. 强化行政执法协调监督

启用市、县（区）人民政府行政执法协调监督局专用章，深入开展提升行政执法质量三年行动，制定完善行政执法协调监督等 19 项制度（试行），协调督促市本级 36 个执法主体设立监督机构，配备监督人员 68 人。常态化开展行政执法案卷评查，强化行政执法队伍建设，开展行政执法人员资格审核及考试，通过率达 91.7%。推进涉企行政执法专项监督，成立工作专班，公布市政府及部门监督举报电话 34 部，发放监督卡 680 份，聘请行政执法义务监督员 50 名，建立 26 个行政执法监督企业联系点，探索以"府检+法律顾问+义务监督员"联动机制，集中开展为期 3 个月的涉企执法专项监督，对收集到的 34 个涉企行政执法问题，均已交办整改，一批不作为、慢作为、乱作为，以及趋利执法、执法扰企等突出问题得到整治。

2. 强化行政执法体制改革

推动将市场监管、农业农村综合执法力量下放市辖区，交通运输执法下放远郊惠农区，同步划转行政事业编制 200 名，压实辖区执法主体责任，减少执法层级，提高执法效能。

3. 强化突出问题专项整治

开展"昆仑 2024""春风"等专项行动，针对销售有毒有害食品、污染环境、非法采矿、假烟假酒等涉及民生领域和群众反映强烈的重点领域开展执法专项整治，2024 年以来共立刑事案件 43 起，采取刑事强制措施 57 人，移送起诉 48 人，涉案价值 557.87 万余元。

4. 强化包容免罚制度建设

规范动态调整包容免罚清单，协调 19 个部门实施包容免罚事项 294 项，为企业减负松绑，安心发展。推动"双随机、一公开"监管和跨部门综合监管深度融合，抽检结果公示率达 100%。在全区率先推行道路交通轻微违法首违免罚、首次违停张贴温馨提示卡，推广先敬礼后执法、"721"城管执法模式等，让执法有力度更有温度。

（五）坚持公正司法，全面维护社会安定和谐

1. 强化平安建设

常态化开展扫黑除恶斗争，统筹开展自然资源、工程建设、交通运输行业领域整治工作，全市刑事案件、侵财案件同比下降。构建信访工作法治化格局，实行领导包案、坐班接访、带案下访等制度，全市初信初访一次性办结率达 96.96%。在全区率先出台未成年人法治化保护方案，制定法治副校长工作规范，配齐配强法治副校长和校外法治辅导员 90 名，积极构建"六位一体"的未成年人综合保护体系，营造安全、有序的校园周边环境。

2. 强化审判管理

全面准确落实司法责任制，压实院庭长审判监督阅核职责，阅核案件 6900 件，院庭长带头办理重大疑难复杂案件 4739 件，出台《追究案件质量追究办法实施细则（试行）》，细化绩效考核体系，发挥科学考评指挥棒作用，努力使司法裁判"文本法"的适用符合人民群众感受的"内心法"。深化诉讼服务体系建设，实行群众"走进一个厅，事务一站清"诉讼新模式，2 小时高效立案 6 亿元标的案件，得到当事人点赞。截至 2024 年 10 月底，两级法院共受理各类案件 25325 件，审执结 20849 件。全市法院生效裁判被发回重审率、执行完毕率等 7 项审判质量管理指标优于合理区间。

3. 强化检察监督

开展涉企挂案清理、空壳公司打击治理、涉企刑事执行监督等专项监督及"检察护企""检护民生"专项行动，督促行政机关依法对 11 家空壳公司吊销营业执照，强化市场监管。聚焦采取查封强制措施不规范、网络司法拍卖程序性违法、破产案件受理后未停止执行等重点，提出民事执行和审判监督意见 46 件。常态化落实"河长（林长）+检察长+警长"工作机制，立案办理行政公益诉讼案件 28 件，已全部整改到位。

4. 强化治安管控

加强对商业繁华区、广场、旅游景区、厂矿企业等巡逻防控，2024 年以来，共投入巡逻力量 6000 人次，盘查可疑人员 3145 人次、检查可疑车辆 2580 辆次。严厉打击假币、信用卡、证券等违法犯罪活动，深入开展反诈人民战争，成功为惠农区一企业追回被骗资金 422.5 万元。

（六）坚持法治为民，全面做强公共法律服务

1. 不断推进公共法律服务优质共享

发挥公共法律服务资源优势，建立新业态公共法律服务中心，成立市快递协会公共法律服务驿站，开展"法援惠民生"系列专项活动，广泛推行法律援助告知承诺制。截至 2024 年 10 月底，全市共受理法律援助案件 1066 件，办理公证案件 6470 件，办理司法鉴定 2002 件，挽回经济损失 18028.84 万元。

2. 不断推进矛盾纠纷有效化解

建立人民调解互助联盟工作机制，推广"五心十二调解法""四满意""三诊"等调解品牌，探索"人民调解+心理疏导"新模式，有效推动"事心双调"。推进人民法院调解平台与各解纷组织在线联通，已对接辖区 299 个基层治理单位且实质性运行，对接率达 86.66%。利用在线音视频高效调解跨越非洲承揽合同纠纷一案，"互联网+人民调解+司法调解"的诉源治理多元解纷"一张网"初步形成。2024 年以来，全市共开展矛盾纠纷排查 7201 次，调解各类矛盾纠纷 7077 件，调解成功率为 98.27%；诉前调解案件 11579 件，调解成功 7326 件，成功率为 63.27%，诉前调解分流率为 45.32%。

3. 不断推进普法依法治理精准实施

深入推进社会主义法治文化建设，强化"谁执法谁普法"普法责任制落实，创新"四必普法"工作模式，通过普法工作促进信访、复议、调解、执法工作全面提升。积极推进"法律明白人"精准培养工程，"宁夏法律明白人"精准培育云平台在石嘴山市试运行，打造"法律明白人之家"品牌工作室 11 个，培育法律明白人骨干 972 名、法律明白人 3676 人。顺利完成"八五"普法中期验收，全市 3 个单位、2 个个人获评全国"八五"普法先进集体及个人。全市建成法治宣传阵地 275 个、全国民主法治示范村 7 个、自治区民主法治示范村 7 个。

4. 不断推进行政争议协调化解

打造标准化行政复议场所，规范听证室、接待室等建设和利用，完善

复议办案机制，发布指导案例，推行行政复议申请容缺受理、应收尽收，开设涉企案件绿色通道，与纪委建立纠错案件移交机制，依法推动行政复议案件快审快办和行政争议实质性化解。2024 年办理行政复议案件 297 件，向纪委移交纠错案件 30 件，市行政争议协调化解成功率达 83.3%。石嘴山市办理某公司不服自治区文化旅游广电局不允许拆除函申请行政复议一案入选司法部典型案例，并以《一条输煤廊道的去留之争》为题在央视《法治在线》栏目专题报道。

二、石嘴山市依法治市工作存在的问题和发展展望

（一）石嘴山市依法治市工作存在的问题

1. 法治思维观念有待提升

个别部门的干部还不习惯运用法治思维、法治方式和法律手段来处理、解决法治改革中面临的问题，对法治政府建设与经济发展的辩证关系认识不足，法律知识水平亟待提升，不适应的问题亟待解决。

2. 依法决策机制还需完善

个别部门在落实重大行政决策和行政规范性制定程序方面有差距，法律顾问和公职律师参与不够深、作用发挥不充分，偶尔会出现"边送审，边上会"的情形。

3. 执法监督水平仍需提升

执法不作为、乱作为现象一定程度存在，一些执法人员执法理念落后，执法方式简单粗暴。执法监督机制不够健全，对执法行为的监督力度不够，仍存在涉企检查频次高、重复执法、多头执法的现象。基层执法力量不足，执法装备和技术手段相对落后。

（二）石嘴山市推进依法治市工作展望

1. 深入践行习近平法治思想，着力提升法治建设能力

持续加强党对法治建设的领导，把党的领导贯彻到法治建设全过程和各环节，聚焦服务党中央决策部署和地方发展大局，纵深推进法治化改革。充分发挥法治建设统筹职能作用，认真履行依法治市办统抓协调职责，推进落实法治建设"一规划两方案"部署要求，全面深化习近平法治思想学

习宣传、研究阐释、贯彻落实，开展学习贯彻习近平法治思想专题培训班，加强调研督查，推动各项重点任务落实落地。全面推动法治建设责任落实，完善领导干部学法、述法制度，推动落实党政主要负责人履行推进法治建设第一责任人职责清单，压实党政主要负责人第一责任人职责。完善法治考核评价制度，推动构建党委领导、党委组织部门牵头、党委法治建设议事协调机构办事机构协调推动的工作格局。积极推动法治督查与纪检监察监督、巡视监督有机贯通、相互协同，形成监督合力。

2. 深入推进法治政府建设，着力提升依法决策能力

全面贯彻落实国务院《重大行政决策程序暂行条例》，完善公众参与、专家论证、风险评估、合法性审查和集体讨论决定、跟踪反馈等重大行政决策法定程序的相关制度机制，进一步提升重大行政决策的针对性和有效性。加强行政规范性文件制定和监督管理工作，在制定过程中，注重广泛征求本级人大代表、基层立法联系点等有关方面的意见建议，强化公众、法律顾问参与，让群众、法律顾问充分参与重大行政决策和行政规范性文件起草过程。加强行政决策合法性审查工作，优化工作流程，深化政府法律顾问制度，切实发挥政府决策参谋助手作用，着力提升合法性审查工作质效，从源头上防止违法决策和违法执法决定出现，推动政府各项工作始终在法治轨道上运行。

3. 深入推进行政执法改革，着力提升行政执法能力

开展提升行政执法质量三年行动，促进严格规范公正文明执法。规范行政执法监督流程，强化乡镇（街道）行政执法监督人员能力建设。常态化开展案卷评查，持续推动"三项制度"有效落实，全面提升行政执法质量和效能。围绕执法实践中的难点、堵点，不断强化执法队伍管理、执法行为规范、执法监管覆盖，推动行政执法责任制和责任追究制度有力落实。树立包容审慎的行政执法理念，积极推行柔性执法、免罚清单等措施，持续优化法治化营商环境，真正让市场经营主体轻装上阵，为人民群众生产生活减负增质。充分发挥行政复议主渠道作用及复议委员会的专业优势，强化行政复议场所建设和人员力量配备，提升行政复议信息化水平和行政应诉能力。深化府院、府检联动工作机制，预防和化解行政争议，不断提

升行政执法规范化水平。

4. 深入推进营商环境建设，着力提升涉企服务能力

推进自治区持续优化法治化营商环境 50 条措施落实，做亮"塞上枫桥"法治化营商环境服务中心品牌，建立"组团式+网格化"进企业送服务工作机制，常态化开展"法律服务进园区""百所联百会""服务实体经济　律企携手同行活动"等，深化企业"法治体检"，帮助企业坚定发展信心。深入摸排涉企纠纷，及时介入调解处置，持续完善"调解在前、诉讼断后"的递进式矛盾纠纷分层过滤体系，最大限度降低诉讼数量，为辖区企业营造良好的营商环境。加大监督力度，持续推进刑事涉企挂案清理、监督立案撤案等工作，依法平等保护各类经营主体的合法权益，切实提升"护企惠企安企"工作质效。推动政务服务线上线下融合，抓好"高效办成一件事"便企便民事项落地，深化集成办、跨域办、承诺办、免申办等改革，让企业和群众更有获得感；依法依规保障民营企业市场准入、知识产权、公平竞争等权益，健全涉企法规规章政策动态清理机制，推动更多惠企政策、资金直达。

5. 深入推进基层依法治理，着力提升法律服务能力

持续推进公共法律服务融入 15 分钟生活圈，实现公共法律服务触角深度延伸，打通服务群众的"最后一米"。持续擦亮人民调解互助联盟品牌，推动新时代调解工作全领域全时空优势互补，切实维护辖区和谐稳定。做优行业性专业性调解，做好人民调解组织规范化建设工作，因地制宜推进互联网消费、快递外卖等新业态领域调解组织建设。围绕重要节点开展常态化法治宣传工作，用好"法律明白人"之家，开展法律明白人之家品牌工作室宣传推广工作。加强行政复议专业能力建设，健全行政复议人员、行政复议辅助人员机制建设。持续优化法律顾问制度。强化诉中督导，行政机关负责人出庭应诉率达 100%，加强府院联动，确保实现定分止争、案结事了。

2024 年吴忠市依法治市工作发展报告

石文芳

2024 年，吴忠市委、市政府坚持以习近平新时代中国特色社会主义思想为指导，全面贯彻党的二十大精神和习近平法治思想，深入贯彻落实党中央关于全面依法治国决策部署和自治区党委工作要求，围绕全市改革发展稳定大局，持续在法治轨道上推进改革，在改革中完善法治，一体推进法治吴忠、法治政府、法治社会建设，加快打造市场化、法治化营商环境，为推动高质量发展奠定了坚实的法治基础。

一、2024 年法治建设工作发展成效

（一）深学笃行习近平法治思想，运用法治思维推动高质量发展能力显著提升

1. 聚焦深学细悟，强化理论根基

将习近平法治思想纳入各级党委（党组）理论学习中心组重点学习内容和干部教育培训计划，市委党校设置专题课程，不断深化习近平法治思想学习宣传、研究阐释工作，通过市委党校主体班学习培训，在《吴忠日报》开设《学习贯彻习近平法治思想》专栏，举办法治专题辅导班，"一把手"讲法，邀请法律专家、学者教授开展法治讲座等多种形式，推动学

作者简介　石文芳，吴忠市司法局一级主任科员。

习常态化、集中化、多样化，持续推进学习宣传贯彻往深里走往实里走往心里走。2024年以来，全市各部门"一把手"讲法治课200余次，共举办培训班、学习班、研讨班等200余次，累计培训5000余人次。

2. 抓住"关键少数"，强化示范引领

压实落细党政主要负责人推进法治建设职责，制定印发领导干部应知应会法律清单、党内法规执行责任清单等三个清单，指导各部门在落实三个清单的基础上，结合各自职能职责增添本行业本领域个性清单。组织开展党政主要负责人年终述法，实现专题报告述法全覆盖，邀请四套班子领导及政府法律顾问、群众代表等不同群体参与述法评议和民主测评，压实党政主要负责人履行推进法治主体责任。全面落实行政机关负责人出庭应诉制度，全市行政机关负责人出庭应诉率达100%，有效发挥了"关键少数"的示范引领作用。

3. 聚焦规范执法，强化执法队伍培训

印发《行政执法人员公共法律知识业务能力提升工程计划》《行政执法人员学习培训制度（试行）》，采取"线上+线下"的形式开展行政执法人员培训，全市3799名执法人员均已完成30学时公共法律知识、20学时专业法律知识和10学时执法技能的学习培训。举办全市学习贯彻习近平法治思想暨行政执法能力提升班，开展全市乡镇行政执法人员专项清查活动，建立乡镇行政执法人员动态调整台账，全市各乡镇执法岗位384人，持有行政执法证件361人，促进了全市行政执法队伍业务素质、执法能力和依法行政水平的整体提升。吴忠市执法人员参训率、完成率位居5市第一，乡镇执法人员持证率达到94.01%，位居5市第一。

（二）不断完善体制机制建设，法治改革服务各领域发展取得积极进展

1. 切实加强党对法治建设工作的领导

充分发挥市、县两级党委法治建设议事协调机构及其办事机构职能作用，研究部署法治建设工作方向和重点任务，2024年以来，先后召开市委全面依法治市委员会会议2次、委员会办公室会议4次、各协调小组会议6次，对年度重点工作进行专题研究和阶段性规划部署，确保依法治市各项工作提早谋划、大力推进、有效落实。结合中央、自治区的要求精心谋划吴忠市法治建设"一规划两方案"，逐年制定年度工作要点及分工方案，并将"一规划两方案"指标任务纳入全市法治建设督察工作重点内容，全面落实各项重大决策部署，目前已完成自治区"一规划两方案"贯彻落实情况中期评估。

2. 提升立法和规范性文件制定科学化水平

认真落实党领导立法工作制度，坚持依法立法，严格遵守地方立法权限，完善立法调研论证、意见征集、风险评估、立法听证等制度。从基层筛选了青铜峡裕民街道办事处、利通区综合执法局、宁夏蓝迪文化公司等10家单位作为基层立法联系点，不断畅通人民群众权益表达的渠道。立足解决实际问题，坚持"小切口"推进停车场管理、城市供热管理、海绵城市管理、城市二次供水等法规及政府规章立法工作。2024年度地方立法计划建议共征集地方性法规7件、政府规章2件。完成《吴忠市城乡容貌和环境卫生管理条例》，积极推动养犬立法等相关工作。修订完善《关于依法保障和服务民营企业健康发展的实施方案》等制度，积极引导企业诚信经营、依法维权。发布《吴忠市人民政府2024年度重大行政决策事项目录》，市、县公布率达100%。充分发挥政府法律顾问参谋作用，推动政府法律顾问参与重大行政决策全过程。2024年以来，全市共审查市政府涉法事务229件，出具书面法制审核意见书156份。推动配齐配强党政机关法律顾问和公职律师，360个党政机关实现公职律师工作全覆盖，对市政府已公布的行政规范性文件及时报备，报备率达100%。

（三）不断优化法治化营商环境，市场秩序和市场主体合法权益得到有效保障

1. 突出务实高效，优化营商环境

持续开展"减证便民"行动，清理保留证明事项清单56项，变更要素清单8项，新增证明事项2项，调整下放证明事项清单3项，取消证明事项清单9项。"一业一证＋证照联办"实现"一业一流程、一证即准营"，95%税费服务事项实现"网上办"，15类工程项目"分类定制审批"从拿地到动工全流程审批时限提速40%以上。全方位清理规范涉企法规规章政策文件，清理涉企行政规范性文件52件、涉企政策文件131件。不断完善信用修复机制，移出（恢复）经营异常名录企业10025户次，修复失信记录460条。建立包容审慎监管执法"三张清单"，明确不予或从轻处罚事项310项。建立司法机关、工商联、"百所联百会"沟通机制，推行少捕慎诉慎押、知识产权保护、合同执行等60余项举措，开展知识产权专项整治，核查处置非正常专利申请3批140件。在金积工业园区探索设立法治化营商环境工作站，加强对园区企业创新发展的法律服务。设立破产专项基金，完善府院联动破产案件审理机制。建立市级领导包抓重点项目机制，实施企业困难问题直达解决等4项制度，打造"12345"热线企业解难纾困"总客服"。

2. 突出公正透明，规范执法行为

扎实开展行政执法质量三年提升行动，围绕七大重点任务，细化41条措施，建立专项整治台账，压茬推进行政执法各项重点工作。开展全市行政执法监督机构摸底工作，市32个行政执法部门报送执法监督机构30个，各县（市、区）梳理执法监督机构125个。市、县两级全部启用人民政府行政执法协调监督局印章，形成监督合力。指导各行政执法单位按照"13621+N"工作模式，完成清单并在政府网站上公示，充分保障人民的知情权、参与权、监督权。定期开展行政执法案卷评查，率先在全区印发《行政执法案卷评查标准》，采取"逐一评查、交叉互查"等形式组织对全市各乡镇和各行政执法机关2023年6月—2024年9月办结的行政处罚案卷进行抽查，共评查1051本执法案卷，现场反馈问题170多个，并抓好督促整改。推行联合执法"综合查一次"，解决以往检查碎片化和随意性及执法扰企等问题，执法质效得到进一步提升。创新开展"伴随式"执法监督活动，率先在全区建立吴忠市行政执法监督与"12345"政务服务便民热线合作机制，筛查行政执法投诉132条。

（四）坚持严格公正司法，经济社会高质量发展法治屏障得到有力构筑

1. 扎实推进司法责任制准确落实

持续发挥决策意识机构核心作用，常态化推进检察长列席人民法院审判委员会会议制度。完善领导干部办案责任制，引导领导干部带头办理"硬骨头"案件。探索开展违反检察职责情形追责惩戒工作，积极发挥检务督察作用。市公安局深入推进执法责任体系改革，常态化开展执法突出问题整治工作，落实执法办案积分制，实体化运行两级执法管理委员会，不断提升执法办案质效和监督制约效能。

2. 深入推进行业领域性改革有效落实

推行裁判文书"阅核制"，进一步压实院庭长审判监督管理责任。市中级人民法院成立立案速裁团队，加大简易程序适用力度，一审案件简易程序适用率达85.7%。市检察院制定出台《刑事案件轻型快办工作制度》。持续推进以审判为中心的诉讼制度改革，正确适用认罪认罚从宽制度，不断健全刑事司法权力运行机制。开展"大标的额民商事案件""判实未执"等重点领域专项法律监督。深化行政复议体制改革，建成行政复议规范化场地，完善落实府院、府检联席化解行政争议联席会议制度。2024年以来，市、县两级共接收行政复议申请247件，同比增长4倍，受理207件，办结133件，结案纠错率达25.56%。全市行政争议化解中心共化解行政争议75件，行政复议工作取得纠错率高、出庭率高、履行率高、复议后诉讼败诉率低"三高一低"的良好成效。

3. 加快推进平安吴忠建设高水平发展

强化社会面治安管控，深入排查风险隐患，加强预判预警预防。2024年以来，刑事案件发案2234件，同比下降23.2%；行政案件发案8733件，同比下降0.98%。持续健全公共安全风险监测预警体系，深化城镇燃气、交通运输等重点行业领域安全风险排查整治，完善各类应急预案30余份。聚焦社会治安态势，组织开展"清风""百日行动"等专项整治行动，重拳打击黄赌毒、盗抢骗等突出违法犯罪，累计清查重点场所6213家次，排查各类安全风险隐患627处，抓获现行违法犯罪人员270名、在逃人员25名。2024年以来，电诈发案数、财损数同比分别下降41.8%、22.4%，实现"两升两降"目标。深入源头治理，抓好矛盾纠纷化解，深入推进"塞上枫桥"基层法治工作机制落实落地，打造一站式矛盾纠纷调解中心90家、"塞上枫桥"品牌警务室和调解室100余家，全市矛盾纠纷化解成功率达98%。创新发展"塞上枫桥"人民调解品牌，利通区"王兰花家庭纠纷调解热心小组"、同心"老马调解室"等品牌调解室成为当地家喻户晓的明星调解室，《抓好"三三三"筑牢化解矛盾纠纷基石》《以"1353"工作模式打造法治为民前沿阵地》经验做法被司法部宣传推广。

（五）深入践行法治为民，公共法律服务体系建设水平明显提升

1. 突出重点内容，弘扬法治精神

把社会主义核心价值观融入法治建设，持续深化"美好生活·民法典相伴"主题宣传活动，打造民法典主题公园，开设电视专栏，推动民法典各类宣传活动 1500 余场次。围绕国家安全、生产安全、电信诈骗、食品安全等民生热点，开展主题宣传活动 200 余场次，发放宣传资料 20 余万份。广泛开展各类法治文化基层行活动，将普法宣传的触角延伸到城市乡村的每个角落，2024 年以来，全市开展法治游园、云普法、法治演出下基层等活动 580 场次。

2. 紧盯重点对象，提升法治素养

全面落实宪法宣誓制度，坚持逢任必宣誓原则，2024 年以来，市人大常委会为新任命的 50 余名国家工作人员举行了宪法宣誓活动，同时，"一府一委两院"有效落实宪法宣誓制度，宪法宣誓已成为国家工作人员就职时的"规定动作"。开展国家工作人员无纸化学法用法工作，全市 96 家单位、6000 余名国家工作人员参考，参考率和及格率均达到 90% 以上，国家工作人员法治素养有了明显提升。

3. 优化法律服务，构建联动格局

高标准建设一体化市级公共法律服务中心，并持续推进全市公共法律服务实体平台建设，全市共建成市、县（市、区）公共法律服务中心 6 个，乡镇（街道）公共法律服务工作站 48 个，村（居）公共法律服务工作室 587 个。推行公共法律服务"1353 工作模式"，加大"宁夏公法云"推广使用力度，统筹推进 15 分钟公共法律服务圈建设，聚焦残疾人、老年人等特殊群体，提供预约、上门和定制化等服务。扎实推进村（居）法律顾问工作，开展"百所帮百村"活动，全市 587 个村（居）实现法律顾问全覆盖，12 个律所党支部与村党支部结对共建。2024 年以来，为村（居）群众审查合同 300 余份，提供法律咨询服务 30000 余次。

4. 深化普治并举，践行法治为民

推进法治文化阵地建设，全市建成民法典主题公园、宪法主题公园（广场）9个，全市587个村（社区）基本实现法治文化阵地全覆盖。持续深入开展全国民主法治示范村（社区）创建，利通区被确定为全国"公民法治素养提升行动"试点地区，3个村（社区）被命名为"全国民主法治示范村（社区）"，11个村（社区）入选"自治区民主法治示范村（社区）"，3个法治文化阵地入选"宁夏黄河法治文化带示范阵地"。全面实施"法律明白人"培育工程，培养"法律明白人"1.2万余人、骨干3000余人，培育认定农村学法用法示范户700余户。运用新技术新媒体开展精准普法，策划拍摄"守正义　正青春"青少年法治教育系列短视频8期，拍摄"法治信仰""法治丝路"短视频、微电影11期，其中8期被司法部视频号采用、2期被"学习强国"学习平台转发、1期入选全区青少年普法视频优秀作品。"吴忠法治"公众号关注人数增长至28.4万。

二、吴忠市依法治市工作存在的问题

一是法治建设责任履行不全面。个别县区和部门对法治建设工作的全局性、重要性、紧迫性认识不足，运用法治思维开展行政决策、推动解决问题的法治素养还不高，履行本部门法治建设责任中规中矩，亮点创新工作少。二是重大行政决策程序意识不强。个别领导和部门还存在"临时抱佛脚"的惯性思维，不能做到结合本部门工作重点要点科学谋划、严格按照年初计执行重大行政决策目录，在征求公众意见、组织专家论证、风险评估、合法性审查等环节还有不规范的地方。三是基层行政执法人员能力不够。一些基层执法部门尤其是乡镇不同程度存在执法人员非专业、偏老龄、流动快等现象，法治素养和执法规范性水平不高，对新形势、新政策、新任务等的理解和执行还跟不上发展需要。四是法治领域改革需持续落细。近年来，全市法治领域改革取得了显著成效。党的二十届三中全会对法治建设领域改革提出了更加深入具体的部署和要求。当前，仍存在溯源治理协同机制还不完善、诉讼案件数量上升、审判执行压力仍然较大等难题，吴忠市需在地方性立法、深入开展司法改革、发挥好行政复议解决行政纠纷主渠道作用等方面进一步做好绣花针功夫，持续用力，久久为功。

三、2025 年吴忠市依法治市工作发展展望

2025 年，吴忠市将坚定政治站位，强化政治担当，深化推动法治吴忠、法治政府、法治社会三位一体建设。

一是统筹市委党校等部门适时组织习近平法治思想理论与实务培训班，邀请法治实务部门、律师，以及法学专家、学者开展同堂辅导交流，持续推动习近平法治思想学、思、用贯通。坚持将法治建设责任履职情况列入年终述职内容和市委巡察专项巡察内容，对巡察出的问题及时进行整改"回头看"，增强领导干部运用法治思维、法治方式推动发展、化解矛盾的意识和能力。坚持将县（市、区）党政"一把手"法治建设责任履职情况列入年终述职，常态化开展述法，规范述法内容和述法方式，探索开展述法评议，倒推第一责任人法治责任履行。坚持将领导干部法治建设责任履职情况及述法工作纳入领导干部提拔任用重要考量因素，进一步规范述法内容和要求，对述法内容照抄照搬、敷衍应付等情况发出提示函。二是加强市政府法律顾问的聘用和考核管理，充分发挥法律顾问的法律审查、把关、论证的"防火墙"职能作用。强化制度学习，督促各县（市、区）人民政府、市政府各部门加强对国务院办公厅《关于全面推行行政规范性文件合法性审核机制的指导意见》《宁夏回族自治区行政规范性文件合法性审核办法》等制度学习，提高审核能力。加强备案审查力度，严格落实"有件必备、有备必审、有错必纠"，把备案审查和工作监督结合起来，形成合力，提升备案审查工作规范化水平。三是制定《吴忠市重大行政决策事项目录管理办法》，明确部门职责和工作分工，为推动重大行政决策目录动态管理提供制度指引。严格按照《宁夏回族自治区重大行政决策规定》，督促各部门认真履行决策启动、公众参与、专家论证、风险评估、合法性审查、集体讨论决定、决策公布等程序，不断提高决策的质量和效率，提升吴忠市法治政府建设水平。对重大行政决策目录实行动态管理，根据年度工作任务的增加、变更等工作实际适时进行调整，确保决策的科学性、合法性。四是持续提升执法能力。全面提升行政执法人员能力素质，加强

对行政执法工作人员公共法律知识、业务知识和行政执法技能的培训，进一步强化执法队伍建设。严格落实行政执法责任制，进一步落实《吴忠市行政执法责任制管理制度》《吴忠市行政执法评议考核制度》《吴忠市行政执法过错责任追究制度》。印发《行政执法典型案例选编》至各行政执法机关借鉴学习，进一步增强程序意识，提高执法规范化水平。对全市法制审核机构和人员进行再次核查，督促各部门动态调整《重大执法决定法制审核机构和人员登记表》《重大执法决定法制审核目录清单》并在政府网站公示。印发《行政执法监督工作制度汇编》，持续推动说理式执法，督促各部门应用《吴忠市行政执法领域推广说理式执法工作指引》，督促各行政执法机关动态更新包容审慎监管三张清单，开展"伴随式"执法监督，严格落实行政执法监督与"12345"政务服务热线合作机制，督促整改存在的主要问题。提升乡镇执法人员持证率，选优配好乡镇（街道）执法人员队伍，加强乡镇（街道）行政执法人员业务培训。五是加强府院联系，法院对不出庭行政负责人，出庭不出声、行政争议实质化解积极性不高的单位制发司法意见书。加强行政执法能力培训，提升行政执法能力水平，规范行政执法，从源头上降低不合法或者不当行政行为发生概率。加强府院联动，对行政诉讼中出现的问题，法院提出化解行政争议的建议，行政责任单位会同司法行政部门与法院合力化解行政争议，努力将存在问题的行政诉讼案件化解在判决前，减少行政败诉案件数，降低行政诉讼败诉率。加大法治政府考核内容中行政执法被纠错的扣分力度，以及加大对行政执法被纠错案件相关责任人的惩处力度，倒逼行政执法机关规范执法，积极化解行政争议，降低行政诉讼败诉率。

2024 年固原市依法治市工作发展报告

单兴兰

2024 年，固原市高举习近平新时代中国特色社会主义思想伟大旗帜，深入学习贯彻党的二十大和二十届二中、三中全会精神，全面贯彻落实习近平法治思想和习近平总书记考察宁夏重要讲话和重要指示批示精神，协同推进依法治市、依法执政、依法行政，一体建设法治固原、法治政府、法治社会，统筹抓好科学立法、严格执法、公正司法、全民守法，为固原现代化建设提供了坚强法治保障、营造了良好法治环境。

一、2024 年固原市依法治市工作成效

（一）以习近平法治思想为指导，坚定政治站位

1. 深学细悟提高政治站位

将学习宣传贯彻习近平法治思想纳入各级党委（党组）理论学习中心组、党校（行政学院）和学校日常教育重点内容，融入国民教育、干部教育、社会教育、家庭教育各方面。市委常委会、政府常务会议带头落实"第一议题"制度，从严执行领导干部"会前学法、年终述法、理论测试"机制，领学习近平法治思想和党内法规及法律，示范带动学法用法，全市上下对习近平法治思想的政治认同、思想认同、理论认同、情感认同不断增强。

作者简介 单兴兰，宁夏固原市委依法治市办秘书科科长。

2. 强化领导彰显政治担当

市委常委会、政府常务会议 9 次专题听取法治建设汇报，研究部署重点任务，推动解决困难问题。召开依法治市委员会、依法治市办和各协调小组会议，制定下发年度工作要点、法治领域改革任务、年度立法工作计划、法治政府建设"八大行动"等文件，修订完善依法治市委员会工作规则和办公室工作细则，专题召开法治政府建设会议，推进法治建设向纵深发展。

3. 督察考核压实政治责任

将法治建设工作列为市委巡察和年度督查检查重要内容，分层分级开展全面督察、专项督察。深化落实法治督察与巡察监督协作配合机制，对16 个党组织主要负责人近三年履责情况进行反馈。将法治建设纳入效能目标管理考核体系，科学设定考评指标。"述职述廉述责述法"一体落实，实现"应述尽述"常态化。严把"统筹报、会议审、公开晒、督察评、闭环考"五个环节，从严落实法治政府建设年度报告制度。

（二）以良法善治，护航全市经济社会发展

1. 做好地方立法

紧盯解决法治建设堵点难点和人民群众急难愁盼，制定年度立法计划6 件（法规、规章各 3 件），已出台《固原市城市环境卫生管理条例》《固原市河道管理保护条例》《固原市城市供热管理暂行办法》，正在组织起草《固原市犬类管理办法（征求意见稿）》，组织开展了古雁岭公园保护、移风易俗整治高额彩礼等立法调研活动，立法引领、法治保障作用逐步凸显。

2. 做实审查备案

加强重大决策合法性审查，落实重大行政决策目录管理制度。率先在全区出台备案审查办法和合法性审查指导目录清单，严格行政规范性文件管理，审核各类文件、政府重大事项、重要协议等 128 件（其中规范性文件 10 件、重大行政决策事项 8 件）。建立现行有效的行政规范性文件目录和备案目录，向自治区政府和市人大报备行政规范性文件 5 件，审查县（区）部门规范性文件 11 件。

3. 做细评估清理

集中开展涉及不平等对待企业的法规规章政策文件和罚款规定的清理，

全市梳理现行有效的地方性法规和有关决议决定 30 件；市政府规章 2 件，涉企 1 件；行政规范性文件 230 件，涉企 52 件；政策性文件 41568 件，涉企 1066 件。

（三）以推进依法行政为核心，全面提升法治政府建设水平

1. 优化机构设置

成立市、县（区）人民政府行政执法协调监督局（办公室），通过单设或挂牌的方式实现行政执法部门法制审核机构设置全覆盖、人员全配备。市本级 34 个行政执法部门配备法制审核人员数量占行政执法人员总数的 7%。

2. 细化执法监督

制定行政执法协调监督工作方案，明确监督重点任务 11 项，全面推进严格规范公正文明执法。开展涉企行政执法专项监督，建立企业联系点 9 个，畅通投诉举报渠道，建立行政执法突出问题清单，督促整改到位。

3. 强化执法能力

组织开展行政执法人员全覆盖式轮训，分批次、分领域线上培训 2822 人次，线下培训 5 期，执法能力大幅提升。加强行政执法人员资格管理，清理执法人员 112 人，707 人通过考试取得行政执法证。

4. 实化争议化解

深化府院联动，出台行政争议化解中心工作规定、预防和化解行政争议任务清单，推动中心实质化运行。出台行政应诉工作办法，对 2019 年以来的行政败诉案件和涉民事案件进行全面梳理，逐案分析研判，深挖问题根源，定准整改措施。行政机关负责人出庭应诉率均为 100%。截至 2024 年 10 月底，争议中心受理法院转办案件 134 件，化解成功 54 件，化解率为 40.3%，行政案件败诉率较 2023 年同期下降 9.65 个百分点。

5. 深化行政复议

制定出台行政复议案件办理等 10 项工作制度，充分发挥 71 个行政复议代收点作用，复议主渠道作用初步显现。截至 2024 年 10 月底，全市收到复议申请 338 件，受理 303 件，办结 252 件，纠错 52 件，调解和解数 51 件，行政复议受案数已超过一审行政诉讼案件数。

6. 优化营商环境

推进政务服务标准化、规范化、便利化，健全政务服务标准体系，落实"高效办成一件事"，政务服务好差评评价率为 91.2%，满意度 100%。开展优化营商环境突出问题专项整治，建立领导包抓重点企业责任制。推行行政处罚决定书与信用修复告知书"两书同达"机制，实现处罚与修复齐步走，"办事不求人、合规自然行"固原营商环境品牌持续优化。

（四）以促进公平正义为追求，坚决维护人民群众合法权益

1. 扎实开展案件评查

率先在全区出台了案件评查办法，组建全市政法系统执法监督专家库，对涉法涉诉信访案件、群众反映强烈的案件，以及减刑、假释、暂予监外执行等案件按照不低于 10% 的比例抽查复查，实现了让专业的人审专业的案，累计评查各类案件 9277 件。

2. 严格落实责任追究

研究出台案件责任追究办法，奖优罚劣，对优秀案件承办人给予表彰奖励，对案件评查过程中发现的瑕疵案、不合格案等问题案件全部倒查、依法纠正，真正给司法人员执法办案戴上了"金箍"，实现"警示一案，教育一片"。

3. 持续加强重点案件监督

研究出台执法监督实施细则，针对涉及公共利益、网络舆情、特殊领域的敏感案件或社会关注度较高、公检法司意见不统一的案件，通过事前研判、执前协调、事后监督等方式，依法妥善处理了一批重大案件、化解了一批信访事项，极大提高了办案水平。

4. 全面深化司法领域改革

市委政法委召开政法委员会会议，听取公检法司各部门全面深化改革情况汇报，协调纵深推进政法领域改革。法院系统开展刑事制度改革，落实人案突出矛盾体制机制改革 10 项措施。检察系统"捕诉一体"新机制有效落实，形成"四大检察""十大业务"并行的法律监督总体布局。公安系统推进"互联网+公安政务服务"建设，网上群众办事满意度保持在 95% 以上。司法行政系统优化行政复议管辖机制，将市公安局原州区分局、市

场监管局原州区分局的行政复议案件管辖权移交原州区人民政府，提升复议质效。

（五）以提高法治素养为抓手，切实增强法治宣传教育质效

1. 抓细两项重点举措落实普法责任制

制定出台普法责任制实施意见和考评细则，组建普法讲师团、普法志愿者、"法律明白人"三支普法队伍，深入机关单位、乡村社区、企业学校开展精准普法，主动参与法律政策宣讲和矛盾纠纷化解。

2. 抓实两个重点内容扩大宣教力度

紧盯宪法、民法典两个重点内容，组织开展集中和专项宣传等 440 余场次。常态化开展新任职领导干部宪法宣誓。在中小学校组织开展"宪法伴我成长"等特色活动。打造固原智慧普法平台，建立新媒体普法矩阵，设置《民法典普法》专栏，探索"云上"学法等普法模式。举办法律明白人培训班 175 场次，持续开展"百名律师基层大宣讲"活动 326 场次，培育农村学法用法示范户 3100 户、法律明白人 8708 人。

3. 抓住两类重点对象营造浓厚氛围

紧盯领导干部、青少年两个普法重点对象开展普法。严格落实会前学法制度，市委理论学习中心组扩大学习会邀请自治区党校教授作专题辅导，全市各级党委（党组）会前学法 1450 场次，领导干部讲法 161 场次。通过集体学法、日常学法、网络学法、法治培训等举措，提高干部法治素养和依法办事能力。深化推进"法律进校园"，在中小学全覆盖聘请法治副校长，市青少年示范性综合实践基地入选第三批全国法治宣传教育基地，尊法学法守法用法在全社会蔚然成风。

（六）以创新基层社会治理为重点，全力保障社会大局和谐稳定

坚持抓基层、打基础，充分运用党的建设这个重要法宝引领基层社会治理，围绕建强 1 个功能型党组织、建好 1 个综治中心平台和联动调解体系、建立"问题、责任、考核"3 张清单，探索推进"塞上枫桥"基层法治工作机制"1+1+3"固原实践，蹚出了深化基层法治、护佑一方平安的新路子。2024 年以来，排查矛盾纠纷 11737 件，化解 11709 件，化解成功率达 99.76%。2024 年 1—9 月，全市诉前调解案件数同比上升 52.44%，由矛盾纠纷引发的命案数同比下降 57%，信访总量下降 1.9%，信访及时受理率达 100%，按期答复率达 100%，一次性化解率达 95.41%。全市人民调解组织共化解各类矛盾纠纷 7412 件，调解成功 7346 件，成功率达 99.1%；制定《关于进一步健全公职律师跨部门调配统筹使用机制的通知》，推动公职律师统筹调配，市本级统筹 43 名律师到 41 个党政机关担任公职律师，双向选择匹配率达到 65%，市本级党政机关公职律师实现了全覆盖；村（居）法律顾问开展法治讲座 510 场次，办理各类法律援助案件 3918 件，为 3965 名受援人挽回经济损失 2725.14 万元。全市各级社区矫正机构累计开展排查 2307 人次、心理测评 1341 人次、社区心理矫治 10 场次。

二、固原市依法治市工作面临的主要问题

2024 年，固原市依法治市工作虽取得一定成绩，但依然存在诸多短板弱项。

一是立法质效有待进一步提高。随着经济社会发展步伐的加快，对市域立法质量和数量都提出更高要求，也带来更多挑战，但由于现有立法力量有限，地方立法质效提升还有很大空间。

二是执法规范化水平还有待提升。为适应经济社会发展，固原市深化推进行政执法机制改革，但在队伍建设、制度体系和机制支持等建设方面与现实发展还有很大差距，仍需持续强化行政执法规范化水平建设。

三是法治领域改革还需持续深化。党的二十届三中全会通过的《中共中央关于进一步全面深化改革、推进中国式现代化的决定》对法治领域改革提出明确要求，固原市应积极响应中央号召，持续深化推进法治领域改革，纵深推进改革，切实提高法治固原、法治政府、法治社会水平。

四是利用新媒体、新方式创新开展法治宣传教育还有待进一步加强。法治宣传是法治建设的重要领域和内容，随着信息技术的快速发展，法治建设的领域也不断拓展，固原市应紧跟时代发展，充分利用微信公众号、小程序、网络直播等新媒体拓展法治宣传阵地和领域，不断丰富法治宣传方式、方法和内容。

三、2025 年固原市依法治市工作发展展望

2025 年，固原市将深入学习贯彻党的二十大和二十届三中全会精神，认真践行习近平法治思想，全面贯彻习近平总书记考察宁夏重要讲话和重要指示批示精神，扎实落实"一规划、两纲要"各项任务，坚持依法治市、依法执政、依法行政共同推进，法治固原、法治政府、法治社会一体建设，持续深化立法领域改革，深入推进依法行政，健全公正执法司法体制机制，完善推进法治社会建设机制，努力建设更高水平法治固原，为全市现代化建设提供坚强有力的法治保障。着力抓好以下几个方面工作。

（一）着力抓好统筹协调工作

充分发挥法治建设议事协调机构统筹协调作用，统筹推进法治建设"一规划两纲要"有效实施。积极争取自治区有关的支持，加强统筹协调，对标对表落实，推动市、县一体扎实开展全国法治政府建设示范创建工作。全面落实领导干部应知应会党内法规和国家法律清单制度及领导干部学法用法激励机制。落实法治督察与纪检监察监督协作配合机制，形成监督合力。开展法治建设实地督察、年度法治考核和述法工作，压实法治建设责任。

（二）持续提升立法工作质效

坚持党对立法工作的全面领导，立足全市经济社会发展的大局和实际，聚焦"两个市"建设的目标要求，做好地方立法工作。编制年度立法计划，注重协调联动，推行立法双组长制，坚持"一盘棋"协同推进立法工作，发挥好人大在确定立法选题、组织法规起草等方面的主导作用，发挥好政府在统筹立法需求、组织法规起草等方面的依托作用，建立相互通报工作、重要情况协商、重大事项报告、联合开展调研等常态化协作机制，共同推进地方立法工作有序有效开展。进一步健全立法制度机制，深化立法调研，健全立法程序，增强立法的整体性、协同性。突出"小切口""小快灵"立法模式，围绕发展急需、群众期盼制定立法计划、开展立法工作，增强立法的针对性、适用性、可操作性。积极推动党内法规同地方性法规、政府规章、规范性文件有效衔接。落实规范性文件质量评估，加强对规范性

文件实施的动态管理。拓宽公众参与立法渠道，完善人大代表、政协委员、普通群众参与立法工作的制度机制，建好基层立法联系点，加强立法咨询专家库建设，更好发挥基层立法联系点和立法咨询专家库专家的作用。结合立法各环节的工作，有计划、有组织、多渠道地开展立法培训学习，不断更新立法工作人员知识结构。积极探索立法人才任用和激励机制，加大高学历法律专业人才的招录力度，注重从基层一线遴选具有政法工作经验的法治人才，逐步建设一支人数比较充实、人员相对固定、法律素养高、专业能力强的立法专业队伍。

（三）深入推进依法行政

持续完善政务服务标准体系，规范审批服务，推进政务服务事项集成化办理，促进政务服务标准化、规范化、便利化。科学编制 2025 年度市政府重大行政决策事项目录。严格落实行政规范性文件合法性审核办法和备案审查管理办法，确保重大行政决策和行政规范性文件审核、备案全覆盖。贯彻落实《提升行政执法质量三年行动计划（2023—2025 年)》。完善行政执法监督工作机制，推动行政执法监督与其他各类监督有机贯通、相互协调。严格落实优化法治化营商环境 50 条措施，深化"综合查一次"改革，强化涉企行政执法监督，全面纠治涉企行政执法领域突出问题。加强执法人员培训，不断提升执法能力和水平。抓好深化行政复议体制改革、完善"府院府检联动"推动行政争议实质性化解机制等改革工作，推动落实府院、府检联席会议制度，实质性化解行政争议。严格落实行政机关败诉案件过错责任追究办法，全面推进落实行政机关负责人出庭应诉制度。健全行政复议配套制度，推进行政复议工作，加大复议调解力度，发挥行政复议的主渠道作用，倒逼依法行政。

（四）落实公正执法司法体制机制

深化法治领域改革，着力解决法治领域存在的突出矛盾和问题。落实监察机关、公安机关、检察机关、审判机关、司法行政机关各司其职、相互配合、相互制约的体制机制，切实发挥联席会议制度在提升工作质效方面的推动作用。持续落实执法监督实施细则和案件评查办法，加大对执法司法办案的监督力度，确保执法司法各环节全过程在有效制约监督下运行。

深化司法体制综合配套改革，健全完善执行公开工作机制，加强公安机关、检察机关、审判机关、司法行政机关之间的协作配合，提高执法司法工作的协同性和效率。

（五）完善推进法治社会建设机制

扎实开展"化解矛盾风险 维护社会稳定"专项治理，积极践行"塞上枫桥"基层法治工作机制"1+1+3"固原实践，依法及时就地防范和化解矛盾纠纷。着力抓基层、夯基础，从政治建设、组织建设、阵地建设、资源统筹等六个方面强化司法所在基层法治建设工作中的职能作用。创新法律服务方式方法，推动利用现代信息技术手段提供在线法律咨询、法律援助等服务，积极推动城乡、区域间的公共法律服务实现均衡发展。设立公共法律服务工作站，开展法律援助志愿服务活动，有效推动"四新经济"公共法律服务创新突破。加强法治宣传教育，以铸牢中华民族共同体意识为主线，积极组建六盘山下"石榴红"普法宣讲团，聚合力量，统筹使用，持续开展"百名律师基层大宣讲"活动，打造固原法治宣传教育特色品牌。创新法治宣传方式方法，加强新媒体普法力度，以小视频、情景剧等方式开展新媒体普法。加强法治文化阵地建设，不断推进"法律明白人"培养工程，培育壮大普法志愿者队伍。严格落实重点人群管理服务实施方案，强化部门联动，落实主体责任，实施分级分类管理，全面摸排管控，确保重点人群安全稳定。加强社区矫正执法规范化建设，落实社区矫正对象分级管理、分类教育和个别化矫正。持续开展"五心教育"，提升社区矫正对象行为素养，落实社区矫正对象及安置帮教人员申请社会救助、参加社会保险、获得法律援助社会优抚等政策，实现精准帮扶。

2024 年中卫市依法治市工作发展报告

李 斌 张 娟 王 晶

2024 年，中卫市坚持以习近平新时代中国特色社会主义思想为指导，贯彻落实党的二十大和二十届三中全会精神，认真落实自治区党委十三届九次全会部署要求，深入学习贯彻习近平法治思想，积极应对各种困难和挑战，凝心聚力、奋楫笃行，法治建设迈出坚实步伐，为全面推进中国式现代化宁夏实践提供坚强法治保障。

一、2024 年中卫市依法治市工作成效

（一）坚持学深悟透，深入学习贯彻习近平法治思想

1. 强化法治理论学习

建立了学习习近平法治思想"1+3+N"工作体系，制定《中卫市领导干部学法清单制度（试行）》等学习制度，成立学习宣传研究习近平法治思想学习小组，印发《学习宣传研究习近平法治思想学习小组 2024 年重点任务》，举办全市领导干部学习贯彻习近平法治思想专题讲座，将习近平法治思想列为各级党委（党组）会议会前学法、党委（党组）理论学习中心组和干部理论学习必学内容并常态化开展，市委常委会、市政府常务会议带

作者简介 李斌，宁夏中卫市司法局党组书记、局长；张娟，宁夏中卫市司法局党组成员、副局长；王晶，宁夏中卫市司法局法制监督科科长。

头学法 50 余次，带动全市各级开展学习研讨 1000 余次，部门负责人带头讲法 200 余次。

2. 转化解决问题能力

自觉用法治思想指导解决实际问题，各级党委（党组）遵守党章等党内法规，坚持民主集中制原则，对"三重一大"事项会议集体决策、依法决策、民主决策。对专业性、技术性相对较强的事项，对一些重要政策、重大改革、重点工程等严格落实公众参与、专家论证、风险评估、合法性审查和集体讨论决定的决策机制，强化决策法定程序的刚性约束，不断提高依法执政水平，切实把学习成效转化为推进全面依法治市的生动实践。

（二）坚持党的领导，扎实推进法治建设重点任务

1. 全面加强党的领导

市委统筹谋篇布局，锚定法治中卫建设的目标方向，认真贯彻落实中央"一规划两纲要"和自治区"一规划两方案"，制定印发《市委全面依法治市委员会 2024 年工作要点》《2024 年中卫市法治政府建设工作要点》等文件，调整市委全面依法治市委员会及委员会办公室名单，确保各项工作有安排。根据工作需要组织召开市委全面依法治市委员会会议和委员会办公室等会议，对年度重点工作进行专题研究和阶段性规划部署，确保依法治市各项工作提早谋划、大力推进、有效落实。

2. "关键少数"履职尽责

按照《党政主要负责人履行推进法治建设第一责任人职责规定》，将述法工作纳入领导干部年度述职报告和领导干部考核内容，考核结果作为党政主要负责人年度考核重要参考依据。组织召开党政主要负责人履行推进法治建设第一责任人职责述法评议会议，选取市直 8 家单位主要负责人分层次在市委全面依法治市委员会和委员会办公室会议进行了现场述法，市委主要领导和市委全面依法治市委员会办公室主任现场提问，并将评议结果向社会进行了公示。建立了部门报送工作信息机制，向自治区党委依法治区办及市委、市政府相关领导报送全面依法治市工作信息 10 期 67 篇、工作专报 6 期。

（三）坚持依法行政，为经济社会高质量发展提供有力支撑

1. 提升依法依规决策能力

强化重大行政决策规范化建设，编制并公开 2024 年重大行政决策事项目录。加强行政规范性文件监督管理，行政规范性文件合法性审核率、报备率、规范率、公开率均达 100%。建立"1+1+N"法律顾问服务模式，政府法律顾问常态化列席政府常务会议、专题会议，实现审核意见"零差错"，为依法决策加上"安全围栏"。

2. 扎实开展涉企行政执法专项监督

成立市人民政府行政执法协调监督局，建立行政执法监督企业联系点 14 个，制发行政执法通知、建议书 17 件。对市本级 675 本涉企行政执法案卷进行集中评查，推行"行政执法监督+"模式，建立与纪检监察、巡察监督、法治督察联合督察模式，实行与"12345"、行政复议等信息共享工作机制，群众认可度逐渐提高。

3. 提升行政执法效能

扎实开展提升行政执法质量三年行动，对行政执法三项制度进行自查评估，认真开展行政执法突出问题专项整治。深入推行"柔性执法"，行政处罚罚没金额逐年下降。制定 2024 年"双随机、一公开"抽查计划和抽查事项清单并按要求进行公示，规范开展行政执法检查备案。组织 25 个部门 191 名新申领行政执法证件人员参加考试，创新开展"点单式"行政执法培训，结合行政执法领域突出问题推出 7 个方面的课程，"接单" 11 次，授课 20 节，覆盖人数 500 余人，现场解答问题 9 个。

（四）坚持法治为民，以法治建设打造一流营商环境

1. 优化制度政策体系

严格落实合法性审查和备案审查制度，对市直部门 22 份行政规范性文件、9 份重大行政决策进行合法性审查，提出审查意见 140 余条；对市政府及市直各部门、三县（区）42 份行政规范性文件进行备案审查，提出审查意见 20 余条。

2. 优化审批备案登记服务

优化政务审批环节，精简重户删除、姓名变更、育婴捡拾等事项中 8

个环节、12 项证明材料，身份证件办理时长缩短 50%。深化保安监管改革，将审批许可、法人变更、证件核发等权限下放至保安服务公司。提升窗口服务质效，整合政务服务中心窗口功能，设立"一窗通办""跨省通办""办不成事反映"等窗口，在 4 个警务室和工业园区设立户籍业务办理点，办理量达 1400 件。完善网络平台功能，上线"交管 12123"APP 单位用户版，备案单位用户 1964 人，实现掌上亮证亮码。开通"宁警通""无犯罪记录证明"线上申请功能，线上办理 2.8 万件。

3. 优化公共法律服务

建强法律服务阵地，市委政法委牵头，整合政法单位资源力量，投入 20 万元在中卫工业园区设立营商环境法治工作站，向园区企业和职工提供"一站式"法律服务，解决企业生产经营中的堵点、痛点问题 61 个。精准提供法律服务，推进"百所联百会"工作机制和"服务实体经济律企携手同行"专项行动，与 139 家企业签订公证法律服务协议，为 53 家企业提供公证法律服务 76 次，当场受理现场出证 800 余件。为企业梳理法律风险点、提出法律意见建议 34 条，提供法律咨询 200 余人次。

（五）坚持凝聚共识，积极维护社会公平正义

1. 深入推进平安中卫建设

常态化开展扫黑除恶，开展涉企矛盾纠纷排查化解，落实"塞上枫桥"基层法治工作机制，成立中卫市多元矛盾纠纷商事调解中心、知识产权纠纷人民调解委员会，化解涉企矛盾纠纷 131 件，涉案金额 3000 万余元。强化企业周边治安防控，选派 102 名企业警长包保 201 家企业，在企业集中区域、"夜经济"商圈、重大项目建设工地设立警务室、警务岗亭 21 处，实现"警种联动、警保联控、警民联防"。严厉打击经济违法犯罪，开展涉企专项行动 10 次，侦破各类经济案件 52 起，成功打掉犯罪团伙 12 个，挽回经济损失 1.1 亿元。

2. 着力强化司法保障

发挥仲裁"一裁终局"优势，受理涉企案件 1433 件，为企业减免仲裁费用 300 万余元。高效处理各类民商事纠纷，各类民商事案件结案率 86.12%，执行案件结案率达 70.75%，执行到位金额 8000 万余元。健全市

场主体司法救助机制，受理强制清算与破产案件34件，结案8件；受理强制清算审查与破产清算审查案件12件，结案9件。

（六）坚持普治并举，不断提高社会治理水平

1. 扎实开展"八五"普法

指导督促各县（区）、各部门（单位）结合民法典宣传月等重大时间节点，常态化开展与人民群众利益密切相关领域的主题法治宣传教育活动1000余场次，不断提高普法质量，不断增强广大人民群众的法治意识，着力营造学法、懂法、守法的良好社会氛围。全市获评全区"八五"普法中期表现突出单位10个、个人20名。

2. 实施精准普法

紧抓领导干部"关键少数"，印发《法治参考》14期，设计开发"中卫市领导干部任前法律法规知识考试"程序。加强青少年法治教育，开展未成年人保护普法宣传活动，对全市250所中小学（幼儿园）法治副校（园）长进行调整，印制《中卫市法治副校（园）长手册》，开展"法律进学校"活动200余场次。开展"法律明白人"精准培养工程，举办各类"法律明白人"培训250余场次，共计培育"法律明白人"9479名、"法律明白人"骨干2334名。

3. 打造普法品牌

深入推进"互联网+普法"，推出"法治中卫直播间""法治沙坡头直播间"等开展直播普法60余场次。全系统共制作各类普法短视频、宣传片等200余部。全系统共推送各类普法短信107万条，组织开展各类法律知识有奖竞答3次，"法治中卫"等微信公众号共推送6000余篇文章。持续加强法治文化阵地建设，建成了中卫市民法典主题公园、宁夏中卫工业园区公共法律服务中心法治社会实践站、沙坡头区阳光大麦地黄河法治文化产业园、中宁县丰安屯旅游度假区法治文化阵地等。

二、中卫市依法治市工作存在的问题

中卫市的法治建设工作虽取得了一定成效，但还存在一些问题和薄弱环节。

（一）法治建设责任落实机制有待进一步完善

法治建设是系统、综合、全面的工程。法治建设离不开法治建设责任主体的推动和落实，当前中卫市全面落实党政主要负责人推进法治建设第一责任人制度的工作有待进一步深化，领导干部述法评价标准和结果运用机制还不够健全，推动述法结果与干部考核、评价、使用相结合还有一定差距。在统筹协调推进法治建设工作中，各单位之间的沟通还不够密切，联系还不够紧密，"单打独斗"的现象还不同程度的存在。

（二）依法行政的能力和水平有待进一步加强

近年来，中卫市多措并举推进行政执法能力和水平提升，但某些领域存在环节薄弱，需要进一步加强。如，个别领导干部和工作人员学法不深、懂法不够，办事依法、遇事找法、解决问题靠法的观念树立得还不够牢固。对重大行政决策事项范围把握得还不够精准，执行程序与规定还有偏差。行政争议实质性化解力度有待加强，有些部门对化解行政争议不够主动积极，"宁判不调"的现象仍然存在。

（三）严格规范公正文明执法还需进一步推进

中卫市一些领域和环节的行政执法不作为乱作为、执法不严格不规范不文明等问题仍有发生。涉企行政执法检查中还不同程度存在多头检查、重复检查等问题。个别执法人员执法水平不高，受执法力量不足的制约，存在编外人员从事执法工作的情况。一些乡镇（街道）对下放的执法事项还存在接不住、管不好的问题。

（四）地方立法质效还需进一步提升

虽然，近年来中卫市地方立法取得诸多突破性成绩，但仍需进一步探索"小快灵""小切口"立法实践，提高立法质量和效率。现有的人大和地方立法工作机构队伍结构不够合理、人员资源力量薄弱，队伍专业化、综合性等立法素养还有待提高。实践中的法规规章草案的起草、研讨、修改、审议水平还不够高，新形势下立法工作机制还需健全完善。

三、中卫市依法治市工作发展展望

2025 年，中卫市将继续坚持以习近平新时代中国特色社会主义思想为指导，深入学习贯彻习近平法治思想，把党对法治建设工作的绝对领导贯穿始终，坚持以人民为中心的发展思想，不断凝聚工作合力，统筹实施依法治市战略，加快建设法治政府，深入践行法治为民担当。

（一）持续筑牢法治建设根基

一是推动习近平法治思想学思用贯通。发挥学习宣传研究习近平法治思想学习小组作用，制定年度重点工作任务，切实把习近平法治思想贯彻落实到全面依法治市各方面和全过程。坚持将学习习近平法治思想纳入各级党委（党组）理论学习中心组、市委常委会会议和市政府常务会议学习内容，纳入党校教学内容和领导干部任职培训、在职培训的必修课程。二是抓住"关键少数"。推动党员领导干部特别是党政主要负责人带头尊法学法守法用法，创新述法方式，规范网络直播述法流程，强化年终述法结果运用，加强与纪检监察和市委巡察的协作配合，落实好部门主要负责人年度专题讲法工作，不断提升运用法治思维和法治方式深化改革、推动发展、化解矛盾、维护稳定、应对风险的能力。三是压实工作责任。健全法治督察工作机制，规范工作程序，完善法治建设考核评价机制，加强对法治建设的考核评价。发挥好市委全面依法治市委员会办公室统筹协调作用，形成委员会总揽、办公室统筹、协调小组归口、成员单位承办的工作机制，形成强大工作合力。

（二）持续推进法治政府建设进程

一是提升依法决策水平。严格落实公众参与、专家论证、风险评估、合法性审查、集体讨论决定等程序，制定并公布重大行政决策事项目录，对重大行政决策目录实行动态管理，根据年度工作任务的增加、变更等工作实际适时进行调整，确保决策的科学性、合法性。持续提升重大行政决策质量和效率。二是加强行政规范性文件管理。严格落实自治区和中卫市关于行政规范性文件合法性审核工作的规定，建立程序完备、权责一致、相互衔接、运行高效的合法性审核机制，规范审查意见反馈，提高审查工作质量。提高行政规范性文件的报备率、报备及时率、规范率，加大对违法或者明显不当行政规范性文件的纠错力度，对县（区）和部门行政规范性文件制定备案管理工作进行专项督导。三是提升行政执法质量。持续开展行政执法质量三年提升行动,深化行政执法体制改革,推动市辖区跨领域跨部门综合执法改革,不断完善协调联动机制,形成执法合力。推进"无事不扰"和"综合查一次",建立企业"白名单""黑名单"制度,规范涉企行政执法,建立行政执法监督长效机制。广泛运用说服教育、劝导示范、警示告诫、指导约谈等方式,改进执法方式。加快建设市、县、乡三级全覆盖的执法监督体系,健全日常监督、个案监督、专项监督、综合监督和投诉举报制度。四是提升行政争议化解质效。健全完善行政争议多元化解机制,发挥行政争议协调化解中心作用,与人民法院协调联动,建立行政复议导入机制,对于移送中心的行政纠纷主动参与调解。健全和完善府院联动行政争议预防和化解机制,召开府院联席会议,通报和研究预防化解行政争议重大事项。五是扎实做好行政复议与应诉工作。发挥行政复议主渠道作用,确保行政复议案件数量超过同期一审行政诉讼案件数量,推进案件繁简分流调裁结合机制。加大行政复议调解力度,坚持"能调尽调",实施行政复议受理、答复、审理等各环节全过程调解。全面落实行政机关负责人出庭应诉各项要求,加大败诉案件通报力度,落实责任追究制度,努力实现全市行政诉讼案件败诉率不高于上一年全区行政诉讼案件平均败诉率。六是强化普法宣传。创新普法宣传形式,打造普法宣传品牌。扎实开展宪法学习宣传活动,深化法治文化阵地建设,广泛开展民法典普法工作。健全完善国家机关"谁执法谁普法"履职情况报告评议制度,全面落实普法责任制。将普法宣传教育融入诚信建设,定期开展公益法治宣传教育活动,探索法治文化体系化品牌化生活化发展。培育"法律明白人",壮大社会普法力量,定期开展网络直播普法。

(三)持续优化法治化营商环境

一是深入推进政府职能转变。持续归并减少各类许可事项,及时调整公布行政许可事项清单,降低市场准入门槛。进一步精简业务办理流程,压缩审批时限,认真落实好一次性告知、限时办结、延时服务、容缺受理等制度,大力推行同时申请、并联审批、同步发证、一次办结工作模式。二是做实做优"法治护航工业园区"项目。深化公共法律服务,持续推进"线上、线下"公共法律服务体系建设,推动市、县(区)、乡(镇)三级公共法律服务平台建设升级，深化"百所联百会"，推动法律援助、公证、仲裁、复议领域改革。着力预防化解矛盾纠纷，做好人民调解、做实行政调解、做强司法调解、做优商事调解、仲裁调解等行业性专业性调解，加强各类调解协调联动，落实社会矛盾纠纷风险闭环管理。加大涉企行政执法监督力度，推动行政执法部门创新涉企执法方式，探索在重点领域开展"执法+服务"，不断创新监管方式，提高监管效能。实施行政检查计划、重大执法决定备案制度，着力解决检查频次高、随意检查、重复检查等问题，努力实现"进一次门、查多项事、一次到位"，最大限度减轻对企业正常生产的干扰，严格规范涉企行政检查。三是不断提升司法公信力。全面深化司法体制改革，坚持深化司法公开，完善政法单位之间的制约监督机制。建立健全行政执法和刑事司法衔接机制，建立行政执法机关、检察机关、审判机关信息共享、案件通报、案件移送制度。加强涉企案件诉讼活动监督，加大涉企案件线索移送力度，开展切合企业现实需求的多形式法治宣传，不断优化涉企司法服务，引导促进企业加强自身法律风险防范和合规建设。四是发挥立法引领推动作用。加强立法队伍建设，严格执行自治区立法工作规定，规范立法程序，提高立法的精准性和有效性，把党的领导和社会主义核心价值观融入法规规章立改废释全过程，加强重点领域立法修法进程。拓宽公众有序参与立法渠道，通过听证会、座谈会、公开征求意见等方式，充分发挥县（区）基层立法联系点和基层立法联络员的作用，做好立法项目征集、立法建议收集，丰富民主立法形式。有序开展立法评估工作，健全立法过程中的风险评估机制。对现行有效的政府规章、行政规范性文件进行评估，定期开展清理工作。

附 录

2024年宁夏法治发展大事记①

徐东海

1月

3日，宁夏回族自治区生态环境厅、发展和改革委员会、财政厅等8部门联合修订出台《宁夏回族自治区排污权有偿使用和交易管理办法》，确定从1月25日起，在全区各市、县（区）和宁东能源化工基地同步开展排污权有偿使用和交易。

8日，宁夏着手通过自治区、市、县三级"上下联动、集中联查、从严联处"，集中开展校外培训执法检查活动，严查快处违法违规培训，形成有力警示震慑，营造寒假校外培训良好环境，让广大中小学生度过一个平安祥和、轻松愉快的假期。

9日，宁夏公安厅隆重举行全区公安机关人民警察荣誉仪式暨2023"最美基层民警"揭晓仪式。

11日，宁夏回族自治区政府举行第五届法律咨询委员会和法律顾问聘任仪式。

13日，宁夏回族自治区十三届人大常委会第八次会议在银川召开。

作者简介 徐东海，宁夏社会科学院社会学法学研究所助理研究员。

①本文根据2024年《宁夏日报》、《新消息报》、宁夏人大网、宁夏法治微信公众号、宁夏新闻网等相关信息资料整理。

17日，宁夏回族自治区政府新闻办举行2024宁夏蓝皮书系列丛书及《西北蓝皮书》新闻发布会。

22—25日，中国人民政治协商会议第十二届宁夏回族自治区委员会第二次会议在银川召开。

23—26日，宁夏回族自治区第十三届人民代表大会第二次会议在银川召开。

2月

26日，宁夏全区中小学开学的第一天，全区各地纷纷开展形式多样的"法治开学第一课"普法活动，增强广大中小学生的法律意识和法治观念，扣好开学"第一粒法治扣子"。

27日，宁夏回族自治区司法厅举办的全区人民调解工作培训班开班。

3月

9日，十三届全国人大四次会议宁夏代表团举行全体会议，审议最高人民法院工作报告和最高人民检察院工作报告。"两高"工作报告中，有3处内容点赞宁夏法检"两院"工作。点赞的背后，体现着宁夏法检系统司法为民的情怀，彰显了宁夏法检系统维护公平正义的法治担当。

13日，经十三届宁夏回族自治区党委全面依法治区委员会第二次会议审议，第三批全区法治政府建设示范地区（单位）和项目名单出炉。

15日，宁夏回族自治区人民检察院部署开展"检察护企"专项行动。

18日，宁夏检察机关全面开展"检护民生"专项行动。

21日，宁夏回族自治区人大常委会主任会议交办了自治区十三届人大二次会议代表议案和建议，并确定了19件代表建议为自治区人大常委会2024年重点督办建议。

4月

9日，宁夏首家公益一类事业机构社区矫正中心在灵武市成立。

同日，为期3个月的涉企行政执法专项监督拉开帷幕。

11日，宁夏回族自治区公安厅、司法厅等有关部门起草的《宁夏回族自治区电动自行车管理规定（草案）》面向社会公开征集意见。

15日，宁夏回族自治区司法厅、财政厅联合修订出台的《宁夏回族自治区人民调解员以案定补管理办法》开始执行，这将进一步健全完善人民调解员以案定补经费保障制度。

18日，宁夏回族自治区人力资源和社会保障厅、高级人民法院、司法厅等六部门联合印发《关于全面加强新就业形态劳动纠纷一站式调解工作的通知》，全面推动各类调解衔接联动，统筹落实一站式调解维权，促进新就业形态劳动纠纷一体化解，进一步维护新就业形态劳动者劳动保障权益。

30日，宁夏回族自治区司法厅联合教育厅、人力资源和社会保障厅等十部门联合印发《关于开展"法援惠民生"系列专项活动实施方案》，在全区部署开展"法援惠民生"七大专项活动。

5 月

3日，宁夏回族自治区党委全面依法治区委员会守法普法协调小组印发通知，部署开展2024年"民法典宣传月"活动，以"美好生活·民法典相伴"为主题，以优化法治化营商环境为重点，针对经营主体和人民群众急难愁盼问题，深入开展民法典等相关法律法规普法宣传，为高质量发展营造良好法治环境。

21日，银川市政府发布消息，为进一步规范电动车道路交通安全管理，根据有关规定，按照自治区《关于加强电动自行车安全管理的方案》要求，银川市决定自2024年6月1日至2027年5月30日期间，依法对不符合国家标准的电动自行车实施过渡期管理。

30日，宁夏回族自治区十三届人大常委会第十次会议在银川闭幕。会议传达学习了自治区党委十三届七次全会精神，表决通过了关于修改《〈宁夏回族自治区湿地保护条例〉等三件地方性法规的决定》《宁夏回族自治区实施〈中华人民共和国工会法〉办法》的决定，表决批准了《银川市燃气管理条例》《银川市人民代表大会常务委员会关于废止〈银川市村庄和集镇规划建设管理条例〉等两件地方性法规的决定》《石嘴山市人民代表大会常务委员会关于修改〈石嘴山市市容和环境卫生管理条例〉的决定》《固原市人民代表大会常务委员会关于修改〈固原市城市环境卫生管理条例〉的决定》的决定，表决通过了有关人事任免议案。

6月

14日，宁夏回族自治区市场监督管理厅会同自治区公安厅、商务厅、邮政管理局召开全区电动自行车安全隐患全链条整治平台企业行政指导会，对抖音、美团、饿了么、多点、肯德基、顺丰同城、达达快送等即时配送平台企业开展行政指导。

7月

1日，宁夏回族自治区公安厅交通管理局发布消息，自当日起，公安部出台的公安交管8项便民利企改革新措施正式在宁夏落地实施。

13日，中国共产党宁夏回族自治区第十三届委员会第八次全体会议在银川举行。全会审议通过了《中共宁夏回族自治区委员会关于深入学习贯彻习近平总书记在听取自治区党委和政府工作汇报时的重要讲话精神，加快建设美丽新宁夏、奋力谱写中国式现代化宁夏篇章的意见》。

15日，由宁夏回族自治区人大常委会民族宗教外事侨务工作委员会、宁夏日报报业集团共同举办的"铸牢中华民族共同体意识法治护航"征文活动正式启动。

22日，宁夏回族自治区党委常委会召开会议，传达学习习近平总书记在党的二十届三中全会上关于《决定》的说明及《决定》精神。

23日，宁夏回族自治区自然资源厅于日前印发《关于加强和规范电动自行车停放场所及配套充电设施规划管理的通知》。

8月

1日，宁夏回族自治区十三届人大常委会第十一次会议圆满完成各项议程后在银川闭幕。会议表决通过了《宁夏回族自治区行政复议条例》《宁夏回族自治区征兵工作条例》和关于修改《〈宁夏回族自治区道路运输管理条例〉等两件地方性法规修正案（草案）》的议案，批准了关于2023年自治区本级财政决算的决议、关于2024年自治区本级预算调整方案（第一次）的决议，批准了《吴忠市人民代表大会常务委员会关于修改〈吴忠市城乡容貌和环境卫生治理条例〉的决定》。会议还表决了人事任免议案。

9月

4日，宁夏回族自治区版权局发布消息，全区"剑网2024"专项行动已正式启动。

13日，第十四届全国人民代表大会常务委员会第十一次会议通过《全国人民代表大会常务委员会关于实施渐进式延迟法定退休年龄的决定》。

26日，宁夏回族自治区十三届人大常委会第十二次会议圆满完成各项议程后在银川闭幕。会议表决通过了《宁夏回族自治区知识产权保护条例》《宁夏回族自治区奶产业发展条例》《宁夏回族自治区档案条例》《宁夏回族自治区电动自行车管理规定》，作出了批准2024年自治区本级预算调整方案（第二次）的决议，批准了银川、固原、中卫市的1件法规和2个决定，确认了补选代表的代表资格。会议还表决了有关人事任免议案。

10月

14日，自治区人民政府办公厅印发了《关于进一步规范涉企行政执法行为优化法治化营商环境的通知》。

16日，宁夏检察机关举办"行政检察与民同行　助力法治宁夏建设"新闻发布会。

30日，宁夏回族自治区司法厅发布消息，在全区法治精品课与全区青少年普法视频征集评选活动中，专家组对全区范围内征集的323件法治精品课进行评审，选出20件优秀法治精品课。

11月

5日，新修订的《宁夏回族自治区医疗机构管理办法》已经自治区人民政府第61次常务会议审议通过，自2025年1月1日起施行。

6日，第二届法治时代创新论坛暨2024年法治创新案例和创新论文成果展于日前在北京召开，《宁夏创新"1+2+N"法律服务模式 护航新业态新就业群体》从全国700余个案例中脱颖而出，获评2024年公共法律服务工作创新案例。

13日，宁夏全面启用检察机关酒驾醉驾综合治理平台。

14日，宁夏首个少年警校在中宁县公安局特警中队揭牌成立，中宁县将通过不断深化少年警校品牌建设，积极探索"警校共建"新模式。

12月

2日，宁夏首批挥发性有机物（VOCs）排污权交易在银川市落槌。

4日，宁夏举办以"宪法之光 法治之路"为主题的2024年宪法宣传周主场宣传活动。

10日，宁夏印发《自治区证明事项清单（2024年版)》《自治区实行告知承诺制证明事项清单（2024年版)》，确定了21个部门（单位）的258项证明事项，明确了政务服务过程中相关主体索要证明事项的范围，以及13个部门（单位）的100项证明事项实行告知承诺制，鼓励有条件的地级市先行先试，推进"无证明城市"建设，切实解决群众和企业开具基层证明材料跑腿多、耗时长等问题。

23日，宁夏回族自治区司法厅发布消息，宁夏于日前发布了2024年行政复议十大典型案例，这是新修订的行政复议法自2024年1月1日实施以来，全区公布的第一批典型案例。

25日，中国共产党宁夏回族自治区第十三届委员会第十次全体会议暨党委经济工作会议在银川举行。全会由自治区党委常委会主持。自治区党委书记李邑飞受常委会委托报告了一年来的工作，对深入学习贯彻党的二十届三中全会、中央经济工作会议和习近平总书记考察宁夏重要讲话精神，以及做好明年工作作出全面部署。自治区党委副书记、自治区主席张雨浦就明年经济工作做了具体安排。

28日，宁夏回族自治区十三届人大常委会第十三次会议圆满完成各项议程后在银川闭幕。会议作出了关于召开自治区第十三届人民代表大会第三次会议的决定，表决通过了《宁夏回族自治区国土空间规划条例》《宁夏回族自治区生态环境保护条例》《宁夏回族自治区实施〈中华人民共和国水法〉办法》，批准了 2024 年自治区本级预算调整方案（第三次）的决议，批准了银川市、石嘴山市、中卫市的 4 件法规，通过了代表资格审查报告和有关人事任免议案。